议事谏言
媒语百篇

孙太利◎编著

中国文史出版社

民建界别住津全国政协委员合影

住津全国政协委员合影

住津全国政协委员合影

民建天津市委会新老班子成员合影

孙太利委员参加全国两会

孙太利委员两会期间讨论热点问题

中国民主建国会天津市第十三次代表大会 2022年6月

民建天津市委会第十三次代表大会合影

民建界别七组全国政协委员合影

住津十三届全国政协常委、委员（部分）合影

孙太利委员和全国政协委员赴南京考察调研

中国个体劳动者协会常务理事工作会议合影
（孙太利委员时任第五届中国个体劳动者协会副会长）

天津市老区建设促进会第五届会员大会合影
（孙大利委员时任第五届天津市老区建设促进会副会长）

中国人民武装警察部队指挥学院领导及外国军官莅临庆达科技产业园区考察指导

孙太利委员与庆达集团荣获天津市五一劳动奖章，当选天津市工商联执委、西青区人大代表，担任政协委员的员工合影。

目　录

第二章　双周协商座谈会与专题协商会

第三章　求取真经的调研足迹

第四章　守正笃实　久久为功

第五章　经济建设

第一节　企业创新与高质量发展 ·········· **185**

第六章　法治建设

第七章　文化建设

第八章　社会建设

第九章　生态文明建设

第十章　记者眼中的孙太利委员

第一章
十五年执着坚守的主要成果

　　孙太利委员花费了大量时间和精力，连续七次向全国政协提交有关修改《室内装修装饰材料，人造板及其制品中甲醛释放量限量》（GB18580—2001）国家标准的提案，最终推动国家相关部门修订标准；2016年—2019年连续四年，呼吁最高人民法院尽快修改《关于人民法院审理借贷案件的若干意见》中有关规定和相应司法解释，重新审议、界定"民间借贷的利率可以适当高于银行的利率，但最高不得超过银行同类贷款利率的四倍"的条款，建议在充分调研论证的基础上，适当调低标准；持续深入研究污染防治攻坚战系列问题的解决对策并不断发声，为推动改变这一现状出一份务实之力。

　　"似此等语，不可枚举。"三届两百余件提案建议全部是孙太利委员用足迹和心血换取的真经，真真切切用行动为百姓发声，为发展献策。

第一节 建议甲醛释放量标准修订

【摘要】针对不少家庭面临"人造板"装修甲醛污染的问题，孙太利委员花费了大量时间和精力，找症结挖根源、出实招破难题，相同提案，不同角度，连续七次向全国政协提交有关修改《室内装修装饰材料，人造板及其制品中甲醛释放量限量》（GB18580—2001）国家标准的提案，最终推动国家相关部门修订标准。一份执着，为千家万户筑起了"安全屏障"，这段事迹被多家媒体争先报道，记录着孙太利委员用心用情、用智用力书写的履职答卷。

2010年3月6日，《今晚报》刊登《控制甲醛污染保障百姓健康》报道。

2010年3月9日，《天津日报》刊登报道中提到：孙太利委员递交的《关于大力开发低碳生物质复合工程材料的提案》被列为首批重点协商办理。

报　道　**1**

国家技术标准创新基地：以标准化助力高技术创新，促进高水平开放，引领高质量发展

　　党的十八大以来，习近平总书记多次强调，要始终把人民生命安全和身体健康放在第一位。我国是世界上最大的人造板及其制品生产国、消费国和国际贸易国。2020年，我国人造板产量达到3亿立方米，木竹地板产量达到5亿平方米，木材加工行业总产值超过3万亿元。人造板及其制品质量关系人民群众身体健康和生命安全，长期以来受到党和政府以及社会各界的广泛关注，中央有关领导同志就人造板及其制品甲醛释放量标准专门作出批示。这一系列批示指示和重要论述充分彰显了以习近平同志为核心的党中央全力保障群众切身利益的坚强决心和执政为民、心系群众的人民情怀。

　　以控制人造板及其制品甲醛污染、保障人居环境安全和消费者健康为目标，全国人造板标准化技术委员会组织制修订了《室内装饰装修材料人造板及其制品甲醛释放限量》（GB 18580）、《人造板及其制品甲醛释放量分级》（GB/T 39600—2021）和《基于极限甲醛释放量的人造板室内承载限量指南》（GB/T 39598—2021）等3项标准，筑牢人造板及其制品环保质量红线，有力推动低甲醛、无甲醛添加等绿色人造板及其制品产业发展，打造更环保的室内家居空间，保护人居环境安全和消费者健康，推动产业转型升级，实现人民美好生活向往。

　　2009—2017年全国政协第十一届、十二届委员孙太利先后提交7件提案，建议加快标准修订与发布，推动产业转型升级。2014年，孙太利委员提交的《关于加快国家标准修订，促进人造板产业转型，保障人居环境安全的提案》被列为国家标准化管理委员会当年的重点督办提案。2017年，孙太利委员在十二届五次全国政协会议提交的《修订人造板甲醛释放限量国家标准刻不

容缓》会议发言，得到时任国务委员王勇同志的重要批示，推动了《室内装饰装修材料　人造板及其制品甲醛释放限量》（GB 18580—2001）的修订。2017 年 4 月 22 日，批准发布新版国家标准《室内装饰装修材料　人造板及其制品甲醛释放限量》（GB 18580—2017）。

新修订的《室内装饰装修材料　人造板及其制品甲醛释放限量》（GB 18580—2017）坚决落实国家绿色发展战略、推动产业转型升级和保护消费者健康，积极响应社会各界提高甲醛释放量指标的要求，提高了人造板及其制品甲醛释放限量要求，标准技术指标与国际标准接轨。GB 18580—2017 规定了室内装饰装修材料用人造板及其制品中甲醛释放限量值小于等于 0.124 毫克每立方米（mg/m^3），限量标识 E1，取消原标准的 E2 级。新标准的甲醛释放限量值与 ISO 16893：2016《木质人造板刨花板》、ISO 16985：2016《木质人造板　干法纤维板》的规定一致；所有产品统一采用"甲醛释放量测定—$1m^3$气候箱法"检测，与国际标准 ISO 12460—1：2007《人造板甲醛释放量测定第 1 部分：$1m^3$ 气候箱法》检测方法一致，取消了干燥器法、穿孔萃取法。GB 18580—2017 的发布实施，取消了原标准的 E2 级，提升了人造板及其制品甲醛释放量指标要求，迫使只能生产原标准 E2 级产品的企业停产或关门，推动企业引进低甲醛、无甲醛添加的胶粘剂新技术进行转型升级，生产更环保的产品，有力推动人造板及其制品产业绿色发展。

推动产业高质量发展，保障消费者人居环境安全。高质量发展已成为社会经济发展的主旋律，人造板及其制品产业也进入高质量发展阶段。为更好满足消费者对高质量绿色环保人造板产品的需求，加快促进人造板产业高质量发展，国家标准化管理委员会于 2021 年 3 月批准发布了《人造板及其制品甲醛释放量分级》（GB/T 39600—2021）和《基于极限甲醛释放量的人造板室内承载限量指南》（GB/T 39598—2021）推荐性国家标准。

《人造板及其制品甲醛释放量分级》（GB/T 39600—2021）规定了室内用人造板及其制品甲醛释放量分级要求、试验方法以及判定规则。该标准将室内用人造板及其制品的甲醛释放量按照限量值分为 E1 级（≤ 0.124mg/m³）、E0 级（≤ 0.050mg/m³）和 ENF 级（≤ 0.025mg/m³）三个等级，是在强制性国家标准 GB 18580—2017 要求的基础上，进一步细化人造板及其制品的甲醛释放量，是 GB 18580—2017 的补充。该标准发布实施，可引导带动企业生产更环保、更绿色的人造板和人造板产品，引领行业技术进步，大力推动低甲醛、无甲醛添加胶粘剂如异氰酸酯胶粘剂和大豆胶胶粘剂等的广泛应用，能够满足消费者对不同环保等级人造板及其制品的需求，推进人造板及其制品产业高质量发展和绿色发展。

《基于极限甲醛释放量的人造板室内承载限量指南》（GB/T 39598—2021）规范了基于极限甲醛释放量的人造板室内承载限量的计算方法，适用于室内家具、橱柜、木质门、木质墙板、木质地板等木质制品使用的人造板承载限量。该标准可有效解决消费者购买的甲醛释放量达标的人造板产品，但在单位体积空间中使用过量，则空气中甲醛浓度超标，引起室内甲醛超标的问题。该标准的发布实施，为消费者室内装修选购合理的人造板数量、指导消费者在室内装饰装修中合理使用人造板产品，对保护消费者健康、保障消费者人居环境安全、消除室内环境污染具有重要意义。

供稿单位：全国人造板标准化技术委员会 SAC/TC

原载《国家标准委网站》2021 年 11 月 30 日

报 道 2

7 次提案，只为 1 个议题

连任三届全国政协委员，我有着深刻的感受：政协委员参政议政的责任重于泰山。2008 年，我新任第十一届全国政协委员时，充满了荣誉感和责任感，想到与全国那么多高水平的专家学者在一起同堂议政，更是激发了我的履职热情。除了抓紧时间学习，不断提高自己的业务水平外，我还虚心向老委员学习，摸索撰写提案的方式方法，力争成为一名称职合格的全国政协委员。

我曾经为一个相同的议题 7 次提交提案。这些提案，在我 10 年的政协履职经历中，留下了不可磨灭的印记。

在参政议政调研中我发现，一些人住进新装修的房子不久后得了白血病，这其中与装修污染有一定关系。我国人造板甲醛污染很严重，破坏了社会生态文明，关系到千家万户的生命健康。我国现行的国家强制性标准"人造板及其制品室内甲醛释放限量（GB18580—2001）"中对甲醛释放量的规定过于宽泛，是家庭甲醛污染的重要原因之一。该国家标准修订，由 2005 年申请修订到 2016 年，10 多年未完成修订，我心急如焚。

从 2009 年至 2017 年，我先后 7 次在全国政协会议提交了有关加快修订人造板甲醛含量国家标准的提案。2014 年我提交的《关于加快国家标准修订，促进人造板产业转型，保障人居环境安全的提案》，引起了国家标准化委员会的高度重视，作为标准化委员会的重点督办提案，并进行了专题调研和协商。

2014 年 7 月 31 日，时任国家标准化委员会农业食品标准部农业处处长带领提案办理组，会同我就该提案的落实，进行了专题调研和座谈。国家林业局科技司标准处、国家人造板与木竹制品质量监督检验中心、全国人造板标准化技术委员会秘书长等相关部门同志参加了提案调研活动。在河北省质量技术监督局、廊坊地区左各庄镇领导的陪同下，我们又调研了人造板企业生产销售和贯彻执行国家标准的情况，考察了国家人造板与木竹制品质量监督检验中心等企业。

"建议加快修订该标准！"我在提案专题调研会上不断呼吁，修订国家标准应服从、服务于国家生态文明建设，这是大方向，方向决定细节，早修订比晚修订好。该标准修订水平应与国际先进水平接轨，不能低水平。鉴于人造板产业的现状，可以在标准执行期限方面适当宽松，有 3 年至 5 年的过渡期。

2017 年，我在十二届五次全国政协会议提交的提案《修订人造板甲醛释放限量国家标准刻不容缓》得到国家领导的重要批示。2017 年 4 月 22 日，国家标准化委员会发布了修订后的《室内装修装饰材料，人造板及其制品中甲醛释放量限量》（GB18580—2017）国家标准，该标准定于 2018 年 5 月 1 日起实施。

9 年时间 1 项议题 7 次提案，终有成效。

（孙太利）

原载《中国政协》2018 年第 05 期，总第 308 期

报 道 3

应加快修订人造板甲醛释放限量国家标准

全国政协十二届五次会议于2017年3月3日在北京开幕。记者此前就市场、行业和消费者普遍关注的人造板甲醛释放限量国家标准等相关问题采访了全国政协委员、天津市庆达投资集团有限公司董事长孙太利。

"围绕人造板甲醛污染和修订国家强制性标准问题，我从2009年开始先后5次在全国政协会议上提交了提案。"据孙太利委员介绍，2014年7月31日，由国家标准委农业食品标准部主持，国家林业局科技司、国家人造板与木竹制品质量监督检验中心、全国人造板标准化技术委员会等单位参加组成的人造板提案调研组进行了专题调研和座谈。在北京市和河北省，既考察了人造板行业具有先进水平的企业，其生产自动化程度高，产品出口，文明生产好，低污染，企业具有较完备的质量检测手段；又考察了人造板生产一般企业和较差企业。

"有的企业生产环境非常恶劣，粉尘、甲醛污染严重，一进车间连眼睛都睁不开、呼吸困难，人造板行业的转型升级已经刻不容缓。而提案调研组经过调查讨论，也表示要尽快完成该标准修订的发布工作。"孙太利委员告诉记者，该国家标准在2005年由全国人造板标准化技术委员会提出修订申请，2007年批准立项，2012年2月完成该标准的修订，到现在已近12年时间。严重制约了人造板行业的转型升级和人造板产品的质量提升。

"按照创新、协调、绿色、开放、共享的新发展理念"，'十三五'期间应加快修订GB18580—2001标准。"孙太利委员认为，我国虽然大部分国家标准是先进的，但仍然有一些标准落后于国际先进水平，或已完全不能适应经济新常态的发展，不适应产业的转型升级。

"'十三五'期间，应对国家相关标准进行梳理，加快对落后国家标准进行修订，以充分发挥标准对我国国民经济和社会发展的技术支撑和基础保障作用。"孙太利委员为此建议：

一是国家标准化主管部门，应以 GB18580—2001 国家强制性标准，以拖延 10 多年未完成修订发布工作为典型案例，改进工作作风，强化问责制，建议今年一定要出台该标准的修订发布。

二是修订 GB18580—2001 国家标准指标水平，应坚持与先进的国际标准接轨。以最大限度减少我国甲醛等有害物质的污染，不断提高人们的绿色生活水平。政府应引导人造板行业，正确处理执行国家标准与企业利益的关系。对达标困难的企业，可设置 1—3 年的过渡期。

三是政府财税部门，应对人造板行业的转型升级改造减税降费，设立"技改专项基金"，加快扭转人造板企业普遍存在的设备落后、生产工艺不完善的问题。要充分发挥人造板行业商会、协会的作用，组织专业技术人员到企业，帮助指导企业按照国家标准，不断提高产品质量。

四是政府应加大对企业执行国家强制性标准的监管力度，对不达标的劣质人造板，对甲醛等有害物质超标的产品，要坚决封杀。加强该行业的安全生产和职业病的治理与防治，对从事有毒有害作业的员工，强制企业每年进行定期体检。

五是建议政府出台"室内甲醛含量（装载度）指南"，科学指导消费者合理装修，最大限度地减少甲醛等有害物质带来的危害，以利于人民生命健康。同时建议国家出台相关政策，鼓励社会绿色消费。

（夏　凌）

原载《中国工商杂志》2017 年 4 月 28 日

报　道　**4**

提高人造板甲醛释放限量标准

"国家强制性标准《室内装饰装修材料人造板及其制品中甲醛释放限量》，历经十多年未完成修订。使我国人造板甲醛释放限量标准长期低于欧美、日本等国标准，导致国内一些人造板生产企业怀着蒙混过关的心态，把低甲醛释放的产品出口，而把高甲醛释放的产品留在国内使用。"全国政协委员、民建天津市委会副主委孙太利关心国家标准工作已近 10 年，曾五次提交关于加快国家强制性标准"人造板及其制品室内甲醛释放限量"的修订建议。

近年来，我国室内甲醛污染事件经常发生，而世界卫生组织早在 2004 年 6 月 5 日发布的 WHO 第 153 号公告就已宣布，甲醛为 I 类强烈致癌物。国家强制性标准《室内装饰装修材料人造板及其制品中甲醛释放限量》于 2001 年颁布，2005 年全国人造板标准化技术委员会提出修订申请，2007 年国家标准化管理委员会批准立项，2012 年 2 月国家林业局组织全国人造板标准化技术委员会完成了对该标准的修订，但至今仍未完成审定发布。

孙太利表示，目前，有些国家标准明显滞后于生态文明，滞后于老百姓健康需求，落后于国际先进水平。他建议对以往的国家标准进行梳理，优化国家标准体系，对低于国际先进水平的标准，对滞后于绿色、滞后于安全、滞后于老百姓健康的标准，该废除的废除，该修改的修改，该创新的创新。在制定国家标准过程中，要广泛征求受标准影响的各方意见，严格保证标准制定过程的公开性和透明度。

（佚　名）

原载新华网 2016 年 4 月 7 日

报　道　5

甲醛污染是大事　"十三五"期间需加快优化国家标准

人民政协网北京 3 月 4 日电　"目前，我国在食品安全、环境保护、商品质量等方面，还存在着一些标准化管理跟不上社会发展的现象。"孙太利委员关心国家标准工作近 10 年，曾 5 次就加快国家强制性标准"人造板及其制品室内甲醛释放限量"的修订提交相关提案。他表示，明年他还会再提，甲醛污染实在是大事。

孙太利说，国家强制性标准"人造板及其制品室内甲醛释放限量"（GB18580—2001），历经10多年未完成修订。2009年至2012年，他连续提交关于彻底治理人造板甲醛超标，尽快修订人造板及其制品中甲醛释放量国家标准的提案。2015年，他提交的《关于加快新国家标准修订，促进人造板产业转型，保障人居环境安全的提案》，被国家标准化委员会作为重点督办提案。

孙太利说，"十三五"期间按照五大发展理念要求，应对国家标准管理工作进行梳理，充分发挥标准对国民经济和社会发展的技术支撑和基础保障作用。

孙太利为此建议，对以往的国家标准进行梳理，优化国家标准体系，对滞后于绿色、滞后于安全、滞后于老百姓健康的标准，该废除的废除，该修改的修改，该创新的创新。在制定国家标准过程中，要广泛征求受标准影响的各方意见，严格保证标准制定过程的公开性和透明度。

（张　原）

原载人民政协网 2016 年 3 月 4 日

报　道　6

甲醛释放限量标准亟待修改

两会期间，全国政协委员、天津市庆达投资集团有限公司董事长孙太利在接受记者采访时说，今年两会，带来了共计6件提案。孙太利特意将打印好的"关于亟待修改甲醛释放量国家标准　加快行业转型升级"的提案交给记者。孙太利告诉记者，制定的甲醛释放限量标准已经颁布10年，与"十二五"规划的要求、与我国人居环境的要求、与国外先进水平相比，存在较大差距。

据孙太利介绍，标准对在室内使用的人造板及其制品中甲醛释放限量的数值定位 1.5mg/L（E1 级标准，干燥器法），而代表世界大多数中等收入国家的一般水平的国际标准（ISO12460—4），规定甲醛释放量为：0.7mg/L（干燥器法）。相比之下，我国的标准严重放宽，是国际一般水平标准的 2.14 倍。

此外，标准没有对室内含甲醛产品使用量的限制。当室内的装修材料和人造板家具使用量超过一定数量时，导致甲醛浓度严重超标，进而对人们身体健康造成严重损害。

数据显示，2010 年我国的人造板产量达到了 1.15 亿立方米，名列世界第一。由于我国大量含甲醛人造板产品在室内装修以及家具等方面的应用，约有 75% 的建筑室内甲醛超标。

由于该国家标准制定的标准水平低，让许多生产高甲醛含量人造板产品的企业合法化了，这些企业在不进行技术改造或产品升级创新的条件下，其产品就可以顺利通过国家的强制环保关。因此，对解决甲醛污染致癌的问题，我们必须从国家标准入手，方可治本。

孙太利为此提出 5 条建议：

一是要国家强制性标准"室内装饰、装修材料，人造板及其制品中甲醛释放限量"，必须按国际先进水平制定，而现行的标准属于国际落后水平。

二是要标准中应取消 E2 级人造板及其封闭产品在室内使用的规定。

三是建议在标准中规定含甲醛的人造板不准在幼儿园、医院等场所使用。

四是有关部门要在制定事关社会环境、人体健康等方面的产品标准时，应将社会责任与行业利益结合起来。

五是国家应加大对无甲醛"环境安全型人造板及其制品制造技术"的推广。

（佚　名）

原载《中华工商时报》2011 年 3 月 14 日

报 道 7

委员关注材料环保标准

全国政协委员、天津市庆达投资集团有限公司董事长孙太利委员递交提案，建议尽快修订装修材料环保标准，降低人造板材中甲醛含量，让百姓生活环境更加绿色健康。孙太利说，目前我国木制家具年产量超过 1 亿件，占世界家具总产量的 10% 左右，根据质检部门的抽查显示合格率仅为 69.3%，不合格的原因主要是甲醛释放限量超标。

孙太利表示，甲醛已被世界卫生组织确定为致癌和致畸形物质，具有强烈的致癌和促癌作用，长期接触可引发慢性呼吸道疾病、鼻咽癌、结肠癌、脑瘤、白血病等疾病。目前我国准许在室内使用的人造板材甲醛释放限量标准为 1.5mg/L，而当前的 ISO 国际标准为 0.7mg/L。

为此，孙太利委员建议，应尽快修订现行的人造板及其制品甲醛释放限量标准，严格限制含甲醛人造板在儿童家具、玩具、医院、学校等环境中的使用，并对人造板产业实施技术改造战略，帮助鼓励企业淘汰有甲醛污染的产品，并对购买无甲醛产品的消费者实施适当的让利补贴。

（佚 名）

原载《京华时报》2010 年 3 月 12 日

附：

担当、执着，一个议题 7 次提案纪实

孙太利委员对事关生态文明、老百姓身体健康的人造板甲醛污染问题，先后 7 次在全国政协提交有关修订《室内装修装饰材料，人造板及其制品中甲醛释放量限量》（GB18580—2001）国家标准的提案。孙太利委员用他的勇

于担当和执着精神，推动了此项国家标准的修订。

一、实地调研人造板企业甲醛污染问题

2008 年 12 月 1 日，孙太利委员与中国林科院木材工业研究所的专家等同志实地调查了解人造板生产企业情况。文安县是全国人造板生产较为集中的地方，而左各庄又是文安县的人造板生产大户，全镇约 1200 户，人造板生产是当地的主要产业和经济支柱。

孙太利委员在调研中，对人造板加工的原料、生产工艺、产品销售和生产安全等问题认真查看，仔细询问。他秉持没有调查研究就没有发言权的理念，一定要弄清楚人造板甲醛污染是如何形成的？不懂就问，不明白就到生产车间转一转，只要深入一线，总会有答案。

人造板材是利用天然木材和其加工中的边角废料，经过机械加工而成的板材。在生产过程中绝大部分采用脲醛树脂或改性的脲醛胶，这类胶黏剂具有胶接强度高、不易开胶的特点，但它在一定条件下会产生甲醛释放。甲醛释放主要有两个来源：一是板材本身在干燥时，因内部分解而产生甲醛。二是用于板材基材黏接的胶黏剂产生了甲醛。表现在制胶、热压方面，其中制胶时尿素没有和甲醛完全反应，使胶中含有一部分游离甲醛，游离甲醛的浓度高低与采用的制板工艺有关。人造板材中的甲醛释放会随着热压温度和施胶量的变化而变化，将长期影响室内环境质量。

人造板的制造过程主要包括五个主要工艺。

一是切削。加工原材料处理加工都要应用切削工艺，如单板的旋切、刨切，木片、刨花的切削，纤维的研磨分等。将木材切削成不同形状的单元，按一定方式重新组合为各种板材。切削出的刨花形态影响刨花板的全部物理力学性能；纤维形态对纤维板的强度同样有密切关系。

二是干燥。包括单板干燥、刨花干燥、干法纤维板工艺中的纤维干燥，及湿法纤维板的热处理。人造板所用片状、粒状材料的干燥是在高温、高速和连续化条件下进行的。干燥的热源，大都是用蒸汽或燃烧气体。

三是施胶。包括单板涂胶、刨花及纤维施胶。淋胶方法适宜于整张化中板和自动化组坯的工艺过程。刨花及纤维施胶现在主要用喷胶方法。

四是成型和加压。胶合板的组坯，刨花板纤维板的板坯成型和加压都属于人造板制造的成型工艺。加压分预压及热压。使用无垫板系统时必须使板坯经过预压。它使板坯在推进热压机时不致损坏。热压工序是决定企业生产能力和产量的关键工序，人造板工业中常用的热压设备主要是多层热压机。

五是最终加工。板材从热压机卸出后，经过冷却和含水率平衡阶段，即进行锯边、砂光，硬质纤维板需经热处理及调湿处理。根据使用要求，有些板材还需进行浸渍、油漆、复面、封边等特殊处理。

当地绝大多数人造板生产企业的产品，都是使用尿醛胶等高甲醛释放的胶粘剂，人造板所含甲醛超标严重。其中许多企业，由于没有防毒防尘设施。人进到生产车间不到 1 分钟，呛得眼睛睁不开，泪流不止，鼻子喘不过气。生产工人就是在这样恶劣的环境里工作。

2004 年 6 月 5 日，"世界卫生组织（WHO）"发

人造板生产车间

车间内环境较为恶劣

布第 153 号公告，宣布甲醛为强烈致癌物。甲醛对人体健康的影响主要表现在嗅觉异常、刺激、致敏、肺功能异常、肝功能异常和免疫功能异常等方面。其浓度达到一定程度时，儿童就会发生轻微气喘，可刺激眼睛，引起流泪，引起咽喉不适或疼痛。浓度更高时，可引起恶心呕吐、咳嗽胸闷、气喘、肺水肿，甚至死亡。经了解，这种甲醛严重超标的人造板，大量用于制作家具及室内装修用板材而流向千家万户。长年累月地释放着甲醛，严重危害着人们的生命和健康。据有关部门统计，2007 年我国人造板产量达到 8839 万立方米，世界排名第一。但是我国 95% 以上的人造板产品是用含甲醛化工原料为黏合剂制造的有毒产品。

二、先后 7 次向全国政协提交有关修改人造板甲醛国家标准的提案

2009 年全国政协十一届二次会议，孙太利委员提交了《关于彻底治理人造板甲醛严重超标，实施重大技术改造战略的意见和建议》的提案。

2010 年全国政协十一届三次会议，提交了《关于尽快修订人造板及其制品中甲醛释放限量国家标准》的提案。

2011 年全国政协十一届四次会议，提交了《关于亟待修改人造板甲醛释放限量国家标准，加快行业转型升级》的提案。

2012 年全国政协十一届五次会议，提交了《关于亟待修改人造板甲醛释放限量国家标准，维护消费者身心健康》的提案。

2014 年全国政协十二届二次会议，提交了《关于加快新国家标准修订，促进人造板产业转型，保障人居环境安全的建议》的提案。

2016 年全国政协十二届四次会议，提交了《关于"十三五"期间加快优化国家标准工作的建议》的提案。

2017 年全国政协十二届五次会议，提交了《关于"十三五"期间加快修订人造板甲醛释放限量国家标准的建议》的提案。

7 次提案的主题：一是加快国家强制性标准"室内装修装饰材料，人造板及其制品室内甲醛释放限量"（GB18580—2001）的修订；二是促进人造板

产业转型升级；三是进一步保障人居环境生态安全。在我国的人造板产业中，由于人造板产品在生产中添加了甲醛等有毒有害物质，致使我国人居生态环境遭到污染的问题一直没有得到妥善解决。其中我国现行的国家强制性标准，对甲醛释放量规定得过于宽泛是重要的原因之一。

2010 年政协十一届三次会议孙太利委员提交的《关于大力开发生物质复合工程材料》提案，被列为政协会议首批重点协商办理的提案，国家发改委、科技部、工业和信息化部、财政部、环保部等部委领导参加了提案办理协商会，引起了社会各界的广泛重视。

三、孙太利委员专题调研协商一日记

孙太利委员在全国政协十二届二次会议提交的《关于加快国家标准修订，促进人造板产业转型，保障人居环境安全的提案》，引起了国家标准化委员会的高度重视，作为标准委当年的重点督办提案。2014 年 7 月 31 日，国家标准委农业食品标准部农业处处长带领提案办理组，会同孙太利委员就该提案的落实进行了专题调研和座谈。国家林业局科技司标准处副处长、国家人造板与木竹制品质量监督检验中心主任、全国人造板标准化技术委员会秘书长等同志参加了提案调研活动。

（一）调研组深入人造板生产企业调研

在河北省质量技术监督局、廊坊地区左各庄镇领导的陪同下，调研了左各庄人造板企业生产销售和贯彻执行国家标准的情况。考察了河北省 3 家木业公司等企业。考察了北京 1 家木业公司和国家人造板与木竹制品质量监督检验中心。企业专题调研体现了"看实情，听真话，观全貌"。

"看实情"就是在闷热的"桑拿天"，调研组成员走进高温车间、生产线、库房、检验室汗流浃背，穿梭于板材、刨花、枝丫材之中掌握一手资料。

"听真话"就是请企业讲目前的困难和要求。有的企业反映当前税负太重，不利于企业转型升级。同样一块地，种地纳税不到 1 万元，可是搞企业一年纳税二三百万元。劳动力成本年年提高，每年涨幅 10% 左右，企业负担重。

2014 年 7 月，孙太利委员同调研组考察人造板原料堆场

调研组在国家人造板与木竹制品质量监督检验中心考察

调研组对人造板产业环保生产问题进行调研

人造板生产所需环保胶投入成本高。环保板材有市场需求，但高甲醛板材成本低，也有市场。

"观全貌"。就是既考察了解代表我国人造板行业先进水平的企业，生产自动化程度高，产品出口，文明生产低污染，企业具有较完备的质量检测手段。也考察了解人造板生产一般企业和较差企业，生产环境恶劣，粉尘、甲醛污染严重，一进车间使人睁不开眼、喘气困难，企业亟待转型升级。

（二）该国家标准修订，因申请修订已近 10 年未完成，应高度关注

2005 年，全国人造板标准化技术委员会提出 GB18580—2001 标准修订的申请。

2007 年，国家标准化管理委员会批准立项。

2012 年 2 月，国家林业局组织全国人造板标准化技术委员会完成了对 GB18580—2001 标准的修订。

2014 年仍未完成该标准的审定发布。

（三）低水平的国家标准，严重制约了我国人造板产业的转

型升级和健康发展

调研组在讨论中指出，国家标准规定的甲醛"允许限量指标"，已经远远落后于欧美等发达国家。我国人造板生产企业许多是高耗能、高污染企业，甲醛含量严重超标。严重制约了我国人造板产业的转型升级和健康发展。应通过修订该标准，大力推动我国家居、装修等企业采用低甲醛和无甲醛的人造板产品，淘汰高甲醛、高污染、高排放的人造板产品。

（四）修改 GB18580—2001 标准，应坚持正确方向，方向决定细节

孙太利委员建议修订该标准，应坚持一是小道理服从大道理，党的十八大把"建设生态文明国家"作为党和国家的基本国策，提出了建设"美丽中国"的目标。修

调研组对人造板粉尘污染问题进行考察

孙太利委员与国家标准委提案协商组进行专题座谈交流

订国家标准应服从、服务于国家生态文明建设，这是大方向。方向决定细节。二是该标准修订水平应与国际先进水平接轨，不能低水平。鉴于人造板产业的现状，可以在标准执行期限方面适当宽松，有 3—5 年的过渡期。三是早修订比晚修订好。商务部已出台了《绿色板材采购规范》，并于 2013 年 12 月 1 日正式实施，对符合《规范》要求的板材产品，加贴了"绿居材 3G"标志。

（五）国家标准委提出了答复提案、修改标准的意见

国家标准委处长提出了答复孙太利委员提案、修订国家标准的意见。国家标准委十分重视孙太利委员的提案，曾于 2012 年在北京进行过一次专题研讨。结合孙太利委员 2014 年的提案，国家标准委已作为重点督办提案。一是加快标准修订工作，今年力争出台。最近对标准修改稿又退回人造板技术委员会，主要是对指标水平提出了更严格的要求。二是指标水平应与 ISO 国际标准接轨。人造板测试方法要有关联度，建议主要以一立方米气候箱测试方法为主。三是企业应严格执行国家标准，科学的提法应是低甲醛而不是无甲醛。企业应为消费者提供合格产品，加强行业自律是方向。四是我国实行的是四级标准，即国家标准、行业标准、地方标准、企业标准。国家标准是基础，一般企业标准可以高于国家标准。商业部的《绿色板材采购规范》是一个行业标准，目前还暂时未在国家标准委备案。

（六）关于室内甲醛含量指标问题

室内甲醛含量涉及人居环境安全，造成甲醛超标的因素很多，不仅仅是人造板及其制品问题，还涉及室内其他物品的有害物质，涉及室内空间的大小、方位等，与会人员建议出台《室内甲醛含量（装载度）指南》，科学指导大家合理装修，减少甲醛等有害物质的污染，有利于人民生命健康。

（七）关于促进人造板行业转型升级问题

与会人员建议，一是政府应对人造板行业的转型升级改造给予扶持政策，如减免税收，设立专项基金等。二是在人造板行业应树立严格执行国家标准、实施低甲醛生产的示范企业，政府应给予适当鼓励。三是要充分发挥行业商会、协会的作用，加强行业自律。同时应组织技术人员，到企业帮助指导企业按照国家标准，不断提高产品质量。四是要加大对企业执行国家标准的监管力度，加强安全生产和环保工作，重点改善粉尘污染、有毒有害气体污染、高温作业、职业病的治理与防治。

与会人员在讨论中，一致赞同孙太利委员对修改国家标准的观点、建议和国家标准委的答复意见。

孙太利委员对国家标准委、国家林业局、全国人造板标准化技术委员会、

中国林科院木材工业研究所的各位领导、专家对政协提案的重视和所作的工作表示衷心感谢！对提案的答复表示非常满意。

四、7 次提案终有结果

2017 年，孙太利委员在全国政协十二届五次会议上提交的提案被中央统战部以《修订人造板甲醛释放限量国家标准刻不容缓》为题，编入《零讯》2017 年专报第 64 期，得到国务委员王勇的重要批示。

孙太利委员在《关于"十三五"期间加快修订人造板甲醛释放限量国家标准的建议》提案中，提出：2015 年我国人造板的产量为 32256.13 万立方米，同比增加 6.76%。2016 年 10 月 29 日《人民日报》刊登了一篇文章"室内甲醛污染，不防不行"。文章指出，家庭中最常见的甲醛污染源就是板材，尤其是人造板所含的脲醛胶，市场上几乎超过 90% 的复合地板、密度板等建材都使用了脲醛胶。装修材料中的甲醛释放时间最长达 15 年。

按照"创新、协调、绿色、开放、共享"的新发展理念，我国虽然大部分国家标准是先进的，但仍然有一些标准落后于国际先进水平，已不适应经济新常态发展，不适应产业的转型升级。"十三五"期间，应对国家标准进行梳理，加快对落后的国家标准进行修订，以充分发挥标准对国民经济和社会发展的技术支撑和基础保障作用。为此提出建议：

（一）国家标准化主管部门应以 GB18580—2001 国家强制性标准，拖延 10 多年未完成修订发布工作为典型案例，改进工作作风，强化问责制，建议今年一定要出台该标准的修订发布。

（二）修订 GB18580—2001 国家标准指标水平，应坚持与先进国际标准接轨。以最大限度减少我国甲醛等有害物质的污染，不断提高人们的绿色生活水平。政府应引导人造板行业，正确处理执行国家标准与企业利益的关系。对达标困难的企业，可设置 1—3 年的过渡期。

（三）政府财税部门，应对人造板行业的转型升级改造减税降费，设立"技改专项基金"，加快扭转人造板企业普遍存在的设备落后、生产工艺不完善的问题。要充分发挥人造板行业商会、协会的作用，组织专业技术人员到企业，帮助指导企业按照国家标准，不断提高产品质量。

（四）政府应加大对企业执行国家强制性标准的监管力度，对不达标的劣质人造板，对甲醛等有害物质超标的产品，坚决封杀。加强该行业的安全生产和职业病的治理与防治，对从事有毒有害作业的员工，强制企业每年进行定期体检。

（五）建议政府出台《室内甲醛含量（装载度）指南》，科学指导大家合理装修，减少甲醛等有害物质的污染，以利于人民生命健康。同时建议国家出台相关政策，鼓励社会绿色消费。

2017 年 4 月 22 日，国家质检总局和国家标准委发布，根据中华人民共和国国家标准 2017 年 9 号公告，《室内装饰装修材料人造板及其制品中甲醛释放限量》（GB18580—2017）已于 2017 年 4 月 22 日公布并于 2018 年 5 月 1 日强制实施。该标准是人造板及其制品行业唯一的强制性国家标准，对促进我国人造板产业健康发展、保护消费者健康都发挥着十分重要的作用。

天津市庆达投资集团有限公司党支部原书记　孔宪明

第二节　建议修改民间高利率司法解释

【摘要】2016 年至 2019 年，孙太利委员通过提案以及会议发言等形式，呼吁最高人民法院尽快修改《关于人民法院审理借贷案件的若干意见》中有关规定和相应司法解释，重新审议、界定"民间借贷的利率可以适当高于银行的利率，但最高不得超过银行同类贷款利率的四倍"的条款，建议在充分调研论证的基础上，适当调低标准。他用 4 年时间为一件提案费尽心思，一股"较真"的劲头无处不在。2020 年 8 月 20 日，最高人民法院正式发布新修订的《最高人民法院关于审理民间借贷案件适用法律若干问题的规定》，终于明确了以一年期贷款市场报价利率（LPR）的 4 倍作为民间借贷利率司法保护上限。最高人民法院新闻局于 2020 年 8 月对孙太利委员进行采访，并将他的心里话以报道的形式展现在百姓面前。

孙太利委员执着于此的缘由，是看到身边诸多企业因融资难、融资贵而出现生存困难甚至倒闭的情况，因此对该问题进行了深入剖析。通过调研了解到，银行向企业发放贷款从申请到批准需经过多道复杂程序，超长的审批周期严重制约企业顺利生产经营。一些企业将银行贷款用于长期项目，造成短期无法还贷，续贷又遇空档期。企业难以顺畅地从正规融资渠道获得所需贷款，甚

2020 年 3 月，孙太利委员接受人民网采访。

至遇到断贷、抽贷等问题。此时民间高利借贷，成了这些艰难企业的唯一出路，这便形成过桥贷，造成有的企业最终死于高利贷。

通过走访、调研、交流座谈等，孙太利委员了解到出现上述问题的根源是由于对利率过高的宽泛解释和政府、金融、司法等监管不完善，致使一些贷款公司先从银行贷款，再以高利率贷给企业，造成企业融资成本直接上升，对实体经济的健康发展带来严重负面作用。

从提案伊始到最终修改，各个媒体持续关注该问题的落实进展，并对孙太利委员进行跟进采访。4年后的结果落成，媒体亦发挥了不可替代的独特作用。

报 道 8

一个影响深远的修改

——政协委员谈最高法修改民间借贷利率的司法保护上限问题

2020年8月20日，最高人民法院发布了《最高人民法院关于修改〈关于审理民间借贷案件适用法律若干问题的规定〉的决定》（下称《决定》），对《关于审理民间借贷案件适用法律若干问题的规定》（下称《规定》）做出了大篇幅的修改，除了进一步规范借贷合同的效力等内容外，还有一个影响深远的修改，就是将民间借贷利率的司法保护上限确定为一年期LPR的4倍，取代《规定》中"以24%和36%为基准的'两线三区'"的规定，推动民间借贷利率与经济社会发展水平相适应。

该消息一经发布，就在社会上引起很大反响。以往社会上对民间借贷诟病很多，建议修改民间借贷利率的呼声一直很高，不少政协委员提交了关于降低民间借贷利率的提案。本期我们邀请长期关注此事的委员们说说心里话。

孙太利（全国政协委员、民建天津市委会副主委、天津市庆达投资集团有限公司董事长）：过去有的影子银行及部分国企拿着从银行贷到的低利率资金，利用高利率的司法解释，获得4—6倍的利润空间，进行转贷"倒倒"。

大量资金在银行和影子银行之间循环空转产生收益，助推了金融脱实向虚，危害实体经济发展。实践说明大部分民营企业承受不了如此高的利率，高利率不符合民营经济发展规律。过高的利率也直接推高了企业融资成本。

2018年，全国工商联对1300多家民营企业调查显示，净利润在5%以下的占36.09%，在5%—10%的占33.70%，另外有15.77%的企业处于亏损状态。微利加上亏损企业合计达85%以上。民间借贷的司法保护利率过高，会直接推高企业的融资成本。另外，高利率的司法解释，使非法集资有了向民营企业放贷的空间。非法集资已成为吞噬资金的黑洞，严重扰乱了社会金融秩序。此次《规定》出台后，压缩了非法转贷、非法集资等行为的空间，让企业能够真正把资金用在发展上，也为实体经济带来了实实在在的利好。

希望司法部门能够继续对不适于我国新时代民营经济发展的有关法律法规进行梳理，加以修改、完善，以强化金融法治建设，有效提升防控金融风险能力，推动金融为实体经济服务。

（徐艳红）

原载中国政协网 2020 年 8 月 25 日

报道 9

建议修改关于民间借贷利率的规定
优化企业营商司法环境

人民政协网北京3月3日电　　"不少企业不是死在低利润上，而是倒在高利贷上。"全国政协委员、民建天津市委会副主委、天津市庆达投资集团有限公司董事长孙太利如是说。在调研中，孙太利委员发现，近年来，国家出台一系列优化民企营商环境的举措，提高了服务水平和完善了法治环境，深化"放管服"改革，持续激活了民营企业的市场活力和社会创造力。但是，民营企业融资难、融资贵等问题依然不同程度地存在，这既有企业内部原因，也有外部问题，其中他认为民间借贷的司法解释问题尤为突出。

孙太利委员以一实体企业为例，企业的过桥贷到期后，资金周转出现暂时困难，只好从信托机构借了 1 个亿，利率是每月 3%，这样每个月光利息就高达 300 万元。前几年，资金压力还不大，周转也没出现什么问题，但近两年，资金链吃紧，企业就吃不消了。去年，这家企业彻底变成空壳，只好关门歇业。孙太利委员说，这一现象还是比较普遍的。

"企业即使是微利也死不了，但高利贷却能成为压垮他们的最后一根稻草。"孙太利委员说。

《最高人民法院关于审理民间借贷案件适用法律若干问题的规定》指出"借贷双方约定的利率未超过年利率 24%，出借人请求借款人按照约定的利率支付利息的，人民法院应予支持"，"借贷双方约定的利率超过年利率 36%，超过部分的利息约定无效"。

孙太利表示，24%—36% 的高利率借贷的司法解释，最初对金融利率市场化起到了一定的积极推动作用，使企业融资能够多元化。但是，由于利率过高过于宽泛，金融监管又不到位，如此高的利率就有了负作用。

民间借贷的企业一般为生产规模不太大的中小企业，由于民营企业从银行贷款的期限一般在一年以内，企业不得不进行期限错配，短贷长投。一年期满后，企业仍然需要资金周转，就得重新向银行申请，而银行审批周期一般是一至几个月，有的银行甚至会抽贷。孙太利说，这时企业前期资金已投入且项目已上马，中间的资金断档期就会迫使企业不得不向影子银行借贷度日，于是就有了过桥贷，背上利息高达 24%—36% 的沉重包袱。企业一旦过不了桥，就会陷入负能量价值链的闭环，一环若输，环环相连，则全盘皆输。

"实体经济的利润一般不超过 24%，但为了资金周转不得不进行拆借，在整个社会经济高速运转之时，这些企业的资金周转问题并不明显，一旦有个风吹草动，企业就可能倒在了资金链上。"孙太利不无担忧地说。

据有关部门统计，银行业贷款余额中民营企业贷款不足 25%。民营企业大部分贷款只能从影子银行解决。孙太利称，大量资金在银行和影子银行之间循环流转产生收益，助推了虚拟经济的繁荣，导致实体经济脱实向虚。

2018 年，全国工商联对 1300 多家民营企业调查显示，净利润在 5% 以下的占 36.09%，在 5%—10% 的占 33.70%，另外有 15.77% 的企业处于亏损状态。实体经济如此低的利润根本承受不了 24%—36% 的高利率。

企业"融资难、融资贵"问题是民营企业发展中的问题，因此，优化营商环境也应当优化民营企业生存的司法环境。为推动民营经济持续健康发展，孙太利建议最高人民法院尽快修改《最高人民法院关于审理民间借贷案件适用法律若干问题的规定》，建议改为"借贷双方约定的利率未超过年利率 15%，出借人请求借款人按照约定的利率支付利息的，人民法院应予支持"，以此来限制民间借贷的高利率。

"政府应从防范金融风险的高度，加强对金融行业的监控。通过大数据系统完善金融监管平台，严厉打击非法集资和高利贷，保护民营企业的合法权益。"孙太利最后说。

（徐艳红）

原载人民政协网 2019 年 3 月 3 日

报　道 10

民建、九三学社界委员举行联组会

3 月 4 日下午，中共中央政治局常委栗战书参加了民建、九三学社界委员联组会。孙东生、周鸿祎、辜胜阻、孙太利等委员发言，围绕农业发展、城镇化、"放管服"改革、互联网安全、依宪治国、构建法治社会、推动高质量发展、推行煤改气、重大工程建设、民营企业发展等发表意见建议。

2018年3月5日，民建、九三学社联组会上孙太利委员发言。

附发言材料：

进入新时代　开启新征程
推动民营企业高质高效健康发展

党的十九大报告在重申坚持"两个毫不动摇"的基本经济制度基础上，就鼓励支持非公经济发展做出了许多新的重大论述，为我国非公经济持续健康发展指明了方向，非公经济发展迎来了新的春天。

进入新时代，我国已由高速增长阶段转向高质量发展阶段，我国一些民营企业发展还面临着诸多困难，主要表现为：

一、民营企业发展的市场环境，仍然面临一些不公平的待遇，造成了企业运营成本高、税费重、利润薄，制约了发展。有的行业准入，民营企业与国企存在一定的差别待遇，无形中抬高了民营企业的进入门槛。在土地资源和项目获取方面，对民企与国企不能一视同仁。有的民营企业银行贷款平均年息率在8%—10%，比国企贵一倍多，加大了民营企业财务成本。

二、一些企业发展战略缺失，观念滞后，商业模式陈旧，核心竞争力不强，造成同质化竞争，低端产品产能过剩。企业创新人才、工匠人才，中、高端管理人才匮乏，转型升级缓慢，难以快速形成高质量发展。

三、民营企业发展依然存在融资难、融资贵的问题。银行向有的企业抽贷、断贷、倒贷、过桥，增加了企业成本。一些小额贷款公司等从银行和民间贷款，再以不高于银行4倍的利率贷给企业，使高利率制约了民营企业的发展。促使社会资金脱实向虚。

　　四、企业营商环境有待加快改善,"放管服"落地缓慢。政府有的减税降费政策落实不到位,民营企业政策获得感不足。有的政府个别干部不作为、慢作为、乱作为现象依然存在,工作方法简单粗暴,一罚了之,一停了之,一关了之,缺乏对民营企业的保护、爱护和帮助。

　　我们要认真学习党的十九大报告,弘扬企业家精神,发挥企业家作用,坚守实体经济,落实高质量发展。为此,我们建议:

　　一、营造公平的市场竞争环境,推动民营企业高质量发展

　　政府要全面实施市场准入负面清单制度,按照非禁即入的原则,降低行业准入门槛,全力破除"三门",促进各类市场主体公平竞争。推动民营企业进入特许经营领域发展,支持民营企业进入政府投资行业、基础产业、公益服务业等。鼓励民营企业积极参与国企混合所有制改革,参与国企改制重组或国有控股上市公司增资扩股。

　　二、弘扬企业家精神,增强民营企业核心竞争力

　　政府要引导民营企业家抓住新一轮的科技革命和产业变革机遇,制定新的企业发展规划。一是政府要加快修订落后的国家标准,引领企业高质量发展。对长期坚持达标的企业给予奖励政策。二是政府要加大财政专项基金,用供给侧结构性改革的力量,推动质量第一、效益优先,加快淘汰落后、过剩产能;用信息化改造传统产业,提高经济发展质量。三是政府应引导企业通过对市场的差异化定位,优化技术结构、产品结构,提质、降耗,增效、安全。四是政府应加大力度激励企业深度挖掘技术创新人才、工匠人才,加快对产品进行升级换代,增品种、提品质、创品牌。

　　建议修改最高人民法院《关于人民法院审理借贷案件的若干意见》的有关规定,重新审议、界定"民间借贷的利率可以适当高于银行的利率,但最高不得超过银行同类贷款利率的四倍"。建议改为"低于银行同类贷款利率的四倍以下"。其原因:一是中小企业一般利润率较低,难以承受高于银行利率的四倍。二是明确不高于银行同类贷款利率的四倍,以此限制民间贷款的高利率。切实回归虚拟经济服务于实体经济。

　　三、加快政府"放管服"改革,优化民营企业营商环境

　　政府应加强行政许可标准化建设,严格执行收费清单制度。清理具有"垄

断"性质的中介机构，切实降低审批、评估等制度性交易成本。构建新型"亲""清"政商关系。加快提升"放管服"最后一公里的服务。建议政府对小微企业和劳动密集型企业进一步减免税收。政府应强化金融监管，防范金融风险，保护民营企业高质高效健康发展。

（杜　洋）

原载新华网、中国新闻网 2018 年 3 月 5 日

报道 **11**

建议适当下调民间借贷利率上限

中国网财经 3 月 6 日讯　党的十九大报告指出，建设现代化经济体系，必须把发展经济的着力点放在实体经济上。在今年两会上，"实体经济"再度成为热词。对于振兴实体经济，全国政协委员、民建天津市委副主委、天津市庆达投资集团有限公司董事长孙太利认为，当前企业融资难、融资贵的问题依然突出，如不改变当前的金融高利率，实体经济将难以健康持续发展。

不仅如此，在接受中国网财经记者专访时，孙太利指出，振兴实体经济，企业家自身至关重要。"无论大企业家还是小企业家，都应发挥企业家的主力军作用，让企业家成为改革的践行者和推动者。"

一、政府应强化金融行业的前置管理

当前，政府虽然出台了一些降准、降息的政策，但是企业融资难、融资贵的问题依然突出。在孙太利看来，企业融资难融资贵问题主要表现为贷款成本高、门槛高、期限短、审批慢。

孙太利指出，多种因素导致了正规融资渠道的狭窄和阻塞，使有的企业不得不从民间高利借贷，造成有的企业又死在了高利贷。"由于司法机构明

确了民间借贷可以不超过银行同类贷款利率的四倍,从而导致了贷款利率上浮,一些小额贷款公司从银行贷款,再以高利率贷给企业。"

对此,孙太利建议,修改最高人民法院《关于人民法院审理借贷案件的若干意见》的有关规定,重新审议、界定"民间借贷的利率可以适当高于银行的利率,但最高不得超过银行同类贷款利率的四倍"的条款,建议在充分调研论证的基础上,适当调低"最高不得超过银行同类贷款利率的四倍"的标准。

孙太利还建议,政府应深化"政银企"三方协同合作机制。发挥政府部门的主导作用,强化政府对企业的金融政策指导,帮助企业增强自身素质。政府应把解决融资难、融资贵问题,作为改善营商环境的重要课题。

"政府应强化金融行业的前置管理,列出负面清单,加强对金融行业高利率的监控。规范小额贷款公司,严厉打击非法集资的高利贷,防范金融风险,保障实体经济高质量健康发展。"孙太利指出。

二、弘扬企业家精神　增强核心竞争力

数据显示,截至 2017 年底,个体工商户已达 6579.4 万户,私营企业已达 2726.3 万户,从业人员合计达 3.41 亿人。党的十九大报告,就鼓励支持非公经济发展做出了许多新的重大论述。孙太利认为,民营企业家要弘扬企业家精神,发挥企业家作用,坚守实体经济,落实高质量发展。

孙太利指出,面对新时代高质量发展的要求,民营企业发展还有许多"短板"问题亟待解决,其中之一便是优秀民营企业家稀缺。"当下部分企业家观念滞后,跟不上时代发展,他们需要强化学习,重新审视定位企业之间的战略,规划好方向,调整在市场经营中的商业模式,生产出具有核心竞争力的产品。"

孙太利建议,政府按照高质量经济发展的要求,制定我国造就中国特色优秀民营企业家的战略规划。通过对我国民营企业家的现状分析,进行分层次、分类别的在职培训和高级研修,形成教育培训常态化、制度化。政府要增加专项企业家教育培训基金。

　　此外，孙太利还建议，政府要引导民营企业家抓住新一轮的科技革命和产业变革机遇，制定新的企业发展规划。政府要加快修订落后的国家标准，引领企业高质量发展。对长期坚持达标的企业，给予奖励政策。政府应加大奖励企业深度挖掘技术创新人才、工匠人才，加快对产品进行升级换代，增品种、提品质、创品牌。

（金易子）

原载中国网财经 2018 年 3 月 6 日

第三节 污染治理

【摘要】"垃圾靠坑、污水靠冲、雾霾靠风、百姓靠蒙。"这是十几年前民间广为流传的治污谚语。在经济高速发展阶段，工业发展水平不断提高，人民物质生活水平迈上新台阶。但我们赖以生存的环境却面临着极其严重的挑战。生态环境污染直接影响百姓的日常生活和身体健康，这成为孙太利委员最揪心的问题，他持续深入研究污染防治攻坚战系列问题的解决对策并不断发声，为推动改变这一现状出一份务实之力。在履职期间对大气污染、土壤污染、水污

2014年，孙太利委员呼吁的"治理雾霾也要'老虎苍蝇一起打'"的建议被网友绘制成漫画。

2015年3月，孙太利委员作客新华访谈两会特别节目，就强化法律监督监管，有效治理大气污染话题与网友交流。

染等相继提出多项提案建议，涵盖顶层设计、法治监管、责任机制、金融杠杆多个维度。其中"治理雾霾也要'老虎苍蝇一起打'"的建议被网友绘制成漫画，各大媒体争相刊登，成为年度治污建议的吸睛热点。

经过党中央、国务院以及全国人民的多年持续努力，通过精准治污、科技治污，祖国的空气质量总体提高，重点区域明显好转，人民群众的蓝天获得感显著增强。

报　道　12

全国两会代表委员谈土壤污染治理思路

随着《中华人民共和国土壤污染防治法》正式实施，我国的土壤污染防治也进入了"新纪元"。这项关乎人民群众"菜篮子"的议题，在今年两会上，不少代表委员十分关注。

一、人居环境怎样保障？完善土壤污染治理责任机制

"土壤污染问题是一个全球性话题，对人类影响极为深远，与公民身体健康息息相关。"全国政协委员、民建天津市委副主委、天津市庆达投资集团有限公司董事长孙太利表示，"当前，除了农药的不合理施用和不当处理给土壤治理带来了不小的难题，在一些城市地区，来自工矿的废水、粉尘、工业垃圾等污染物排放也令城市建设用地的土壤污染防治难度加大。"

城市建设用地分为第一类用地和第二类用地。第一类用地主要是居住用地，儿童和成人均存在长期暴露风险。第二类用地主要是工业用地、物流仓储用地等，主要是成人存在长期暴露风险。对于两类地块的风险防控，孙太利认为还应将重点放在完善法律规范支撑体系，强化责任机制上。

在孙太利看来，当前各级政府应当进一步完善土壤污染治理责任机制法

律规范体系，增加和补充相应配套的法律规范和部门管理条例等，衔接与协调各项法律规范，保障和指导土壤污染治理责任机制的有效落实。对此，他建议，"可借鉴'河长制'，建立'污染土壤治理专项责任人制'，强化问责管理，从而保障居民的健康安全。"

二、修复难题如何解决？加快土壤污染修复领域科技平台建设与成果转化

"科学修复污染土壤意义重大。"孙太利表示，"政府有关部门应提供专项基金，组织专家对污染土壤进行分类治理。对污染土壤状况进行全面调查，科学分析成因、现状和周围环境。综合运用生物、物理、化学等技术，修复被污染土壤。通过技术支撑，优选种植具有吸收和降解能力及强抗性的植物，恢复植被群落，消除污染隐患，加快改善一些土壤地块的污染状况。"

（张　倩）

原载《中国环境报》2019 年 3 月 13 日

报 道 **13**

从调整经济结构入手治雾霾

人民政协网北京 3 月 5 日电　雾霾再次袭来，在京参加全国政协十二届四次会议的孙太利委员，连续多年提出此方面提案和大会发言。他认为，必须探寻雾霾背后的深层次原因，从调整经济结构入手治理雾霾。

"一段时间以来，我专门调研了京津冀雾霾的症结，主要是产业结构重型化、能源结构不合理。沿北京周边的外延圈，有近 3 亿吨水泥建材产能、3 亿吨钢铁产能、3 亿吨原煤转化为火电产力，还有上千万吨标箱的平板玻璃产能。

我国的能源结构中煤炭消费占比高达 66%，仍然停留在 100 年前世界能源结构水平上。华北地区煤炭在能源消费结构中占比近 90%，远超全国平均水平。我国清洁能源占比只有 13%，为发达国家占比的 1/3 到 1/4。"孙太利委员同时指出，违法违规成本仍然偏低，造成治理效果不明显。

"雾霾天气的罪魁祸首主要是工业布局、能源结构等问题。因此，雾霾治理必须剑指经济结构调整，在供给侧结构性改革中，以壮士断腕的决心，调整工业布局，调整能源结构，调整产品结构。"孙太利建议"十三五"期间要加强制定雾霾治理中长期规划的顶层设计，克服急功近利情绪，做到科学有序治理。规划应打破行政区划，列出时间表，明确重点，明确责任主体。要加大调整污染性产业结构、能源结构、交通运输结构力度，推动重工业环保技术改造，兼顾解决产能过剩问题，降低煤炭一次能源消费比例，提高新能源消费比例，加快发展电能交通，提高清洁出行比例。

他提出，政府应加大利用税收和金融杠杆作用，推动经济结构调整。在大幅度提高排污费征收标准、加大污染企业排污成本促其转型发展的同时，提高对清洁能源的补贴，鼓励企业采用新能源、新技术，抑制企业对污染性项目的投资。政府应进一步强化大气污染监管体系，使企业像反腐败那样，不想污染、不能污染、不敢污染。要将空气监测和信息公开、智慧城市建设相结合，从而使大气污染治理成为可量化、可监测、可预警、可控制的系统性管理工程。

（张　原）

原载人民政协网 2016 年 3 月 5 日

报　道　14

治污需加强执法力量和完善监测手段

新华网 3 月 12 日电　民建天津市委会副主委、天津市庆达投资集团有限公司董事长孙太利今天做客新华网 2015 全国两会特别访谈，与广大网友在线交流治理大气污染的过程中遇到的困难。

孙太利介绍道，目前针对治理大气污染，中央和地方均出台了一系列的法规。这些法规的出台给我们指明了方向，但是在执行中却遇到了监管不到位、执法不到位、措施不到位和落实不到位这几个困难。

孙太利认为，执行中遇到的困难是因为执法力量不足和监测手段不完善。

孙太利建议，加大对县或区级的执法力度，加大执法队伍建设和培训力度。同时，完善大气污染监测设备，加强对大气污染的监测和诊断。

（郭　妍）

原载新华网 2015 年 3 月 12 日

报　道 15

治理雾霾也要"老虎苍蝇一起打"

一场持续一周、波及百余万平方公里的大雾霾刚被风吹散了一天，北京又现灰色。陆续抵京的全国两会代表委员，不少人带来了有关大气污染的议案、提案。他们在思考：在那扑朔迷离的背后，还有哪些未被揭示的真相？怎样才能打掉阻碍治污的各种"拦路虎"？

最近的雾霾期间，环保部 12 个督查组赴京津冀等地督察发现，"顶风排污"现象仍然存在。

2 月 21 日，环保部有关负责人通报了天津陈塘热电有限公司大面积建筑垃圾裸露、未采取防尘措施问题。而通报三天后，这家公司厂房和南侧道路边，上万平方米区域内的建筑垃圾仍"素面朝天"。

长期关注大气污染问题的全国政协委员孙太利说，有的说要向高污染、高能耗的"吃饭产业"开刀，但大量被压被砍的都是"苍蝇"级的小企业、小作坊，很少有"老虎"级的大企业、上市公司，真正的排污大户关停并转遥遥无期。

"有没有保护伞的问题？"孙太利委员说，治理雾霾也要"老虎苍蝇一起打"，要挖出监管不力背后可能隐藏的腐败，有无官员从中捞取过好处？

（佚　名）

原载人民网 2014 年 3 月 3 日

建议把最好的科技成果用在雾霾治理上

雾霾危害公众健康，治理大气污染是保障民生最基本的东西，已是刻不容缓。长期关注大气污染问题的全国政协委员孙太利甫到驻地，就立即被记者们围堵，针对治理城市雾霾发表看法。

孙太利表示，雾霾虽然不直接危及人的生命，但这种威胁是以一种慢慢渗入的方式，必须引起足够重视。

要改变十面霾伏的现状，首先要调整能源结构。孙太利说，要千方百计增加清洁能源，并设立清洁能源比例的近远期目标，这是重中之重。此外，还要严格控制钢铁、建材、煤电等行业产能，能够整合的整合，能够提升的提升，能够淘汰的淘汰，防止产能过剩。

另一方面，还要让科技治霾贯穿全过程。治霾的成败，不完全取决于资金，而是取决于科技水平的高低。孙太利表示，治霾是一个全社会的问题，全国人民都有责任，人人都应动手来治霾，不应有地区界限、行业界限，要力争把最好的科技成果用于大气污染治理上。

有媒体此前报道称，中国科学家欲在北京怀柔建设世界最大的雾霾实验室以模拟雾霾的形成和治理。对此，孙太利表示，打造雾霾实验室非常有必要，没有科技作支撑，雾霾很难解决。我认为优化汽车尾气和工业燃气将是治理雾霾的最先突破口。

（孙金诚）

原载《人民政协报》2014 年 3 月 4 日

防治并举生态治污

天津北方网讯　出席全国政协十二届二次会议的在津全国政协委员、民建市委会副主委、天津市庆达投资集团有限公司董事长孙太利向大会递交提案，建议相关部门防治并举，尽快降低大气污染，大力度推进生态治污。

提案指出，近年来，我国不少地区遭遇了严重的雾霾天气，使得大家更加关注大气污染。其中，机动车排放问题日益突出、工业污染以及燃煤排放体量巨大、城市复合型污染严重、大气保护相关法律法规缺失，是导致我国大气污染、雾霾天气频发的四大主要原因。

为此建议，一方面，各地政府应摆正发展与治理的关系，真正树立绿水青山就是金山银山的发展理念；另一方面，修订《中华人民共和国大气污染防治法》，推动现阶段的大气污染治理，推动相关法规的落实；在此基础上，推动"生态治污"，增强环境污染防治的科技支撑，加快发展大气污染治理装备、产品和服务产业；并加大大气污染治理监管力度，推行网格化管理。

（佚 名）

原载北方网、《今晚报》2014 年 3 月 9 日

报 道 16

建设美丽中国要山清水秀天更蓝

"建设美丽中国，就是让人民群众在享有丰富物质文化生活的同时，通过大力加强生态建设，让我们的家园山更绿、水更清、天更蓝、空气更清新。"全国政协委员、民建天津市委会副主委、天津市庆达投资集团有限公司董事长孙太利在驻地和记者聊起"美丽中国"话题时这样说。

孙太利委员认为，让地下水不受污染，让天空的空气更清新，这是建设美丽中国最基本的要求。

一、保障人民饮水安全

近年来，一些中小城市自来水质量不达标、平原农村地区井水变味、变色，癌症患病率上升、多地癌症村频现等报道屡见不鲜。据有关调查，截至2010年，全国有近500个癌症村，其中公开报道的便有223个。这便是由于地下水资源污染问题造成的，一些地方人畜饮用受污染的地下水后，会出现影响人类生育、牛羊绝育的现象，也有的地方大型水源地因受到严重污染面临废弃。

对于目前我国地下水源污染严重现象，孙太利认为主要原因有：

（一）农业污染严重。我国是农业大国，在广大的农村地区，过量使用化肥农药。年复一年地过量投放化肥和农药，不但导致了土壤的板结与毒化，而且化肥、农药的残留渗入地下。据调查，全国农药使用量从1990年的73.3万吨增加到2010年的175.8万吨，单位种植面积化肥农药施用量远高于世界平均水平。

（二）工业污染严重。许多年来，城镇、城郊和农村的一些工业企业用渗坑、渗井和缝隙排放废水，对地下水的污染非常严重。尤其在一些欠发达地区，非法开采矿山和冶炼、石化和化工等高污染行业，使水源污染物排放总量远远超过环境容量。而通过这种方式排入地下的工业废水含有大量难以分解的有机毒素如多环芳烃、PCB 及永远不会分解的重金属。

（三）城市污水排放造成的污染。城市污水排放量增加，但处理能力不足。据调查，中国一年洗衣污水量将近 22 亿吨，相当于 34 个十三陵水库、76 个昆明湖。全国还有很多中小城市没有完善的污水处理设施，很多生活污水未经任何处理，就被排放到河流、湖泊中。

（四）地表水源污染严重。全国地表水质总体为轻度污染，湖泊（水库）富营养化问题突出。据调查，黄河、松花江、淮河、辽河总体为轻度污染，海河总体为中度污染。在被统计的我国 131 条流经城市的河流中，严重污染的有 36 条，重度污染的有 21 条，中度污染的有 38 条。而被污染的河流湖泊会直接渗透到地下水源。

针对上述现象，孙太利委员提出以下几方面的建议：

（一）政府在制定经济发展规划时，要充分考虑到水体污染对环境的影响。尽快完成集中式饮用水水源保护区划定工作，相邻地区应全面规划，建立区域性防护体系，进行区域性综合治理，以实现相邻地区经济利益的共赢以及社会的可持续发展。

（二）政府要加大政策和资金扶持力度，合理安排农业灌溉，提高农业净水喷灌的普及率，减少水资源的浪费，杜绝污水灌溉。要求使用生物农药、生物肥料。加强农村的环保、畜禽养殖等污染产生源的管理。

（三）政府应严格控制饮用水源上游和周边地区高污染、高风险企业的环境准入，切实做好水源周边的工业企业和园区、污水处理厂、垃圾填埋场、危险废物处置场等典型风险的防范，杜绝工业废水和生活污水任意排放。鼓励工业企业积极进行清洁生产，强化节约用水，提高用水效率，减少污水排放量。同时，大力开展污水的综合利用，以再生水部分代替新水源，提高污水再生利用率。

（四）加强城市管网及污水处理设施建设，防止城市管网渗漏。要加大生活垃圾和各类固体废弃物的管理和无害化处理的力度，有效保护和改善地表水源。要把水质较好的河流湖泊保护起来，切实杜绝直接排入地表水源的污染源。要设立阶段性目标，对已污染的河流湖泊进行治理。同时对相关部门设立责任制考核，确保阶段性治理目标的时效性。

（五）政府应尽快出台专门保护地下水水质的法规，重点加强对规划和建设部门及其主要负责人的监督，加大对违法乱纪的处罚力度。通过深化改革，实现社会治理的法治化。同时，政府应加大在水质监测方面的投入，提高设施和技术水平，定期公布水质监测数据。加强信息公开和社会监督，推动污染源信息的全面公开，建立畅通的民意渠道，将污染源状况置于公众监督之下。对破坏水源的企业及个人要依法严肃处理，以保证全民用水的安全。

二、让人民呼吸清新空气

据报道，2013 年 1 月份，全国多地遭遇雾霾天气，霾面积扩至 143 万平方公里，8 亿以上人口受到影响，其中，北京一个月内接连发生四次严重雾霾天气。如此集中突发的雾霾天气将公众的视线一下子聚焦到大气污染问题上。

孙太利委员认为，虽然从表面看来，大气污染并不直接危及人的生命；但这种威胁是以一种慢慢渗入的方式危害公众的健康，必须引起足够重视。据北京各大医院统计，1 月份由于雾霾笼罩的呼吸道疾病患者数量同比增长 52%。

据北京市环保局的数据表明，北京 PM2.5 的污染源中，机动车直接和间接的排放占 22%，煤炭污染占 16.7%，工业喷涂占 16.3%，城市扬尘污染占 16%，农村秸秆焚烧等占 4.5%，还有 24.5% 来自北京周边地区。

结合以上数据以及探究我国国情，孙太利委员建议：

（一）政府要加强城市规划及结构性治理和综合性治理。通过城市规划及布局改造防止人口、交通高度集中；扩建绿地，保持城市绿化率，将环保理念放在经济利益之上，即便是在寸土寸金的市中心也要保持足够的绿化；城市内使用无烟燃料，将重污染企业及发电厂等大型污染源尽量搬迁至郊区外。严格控制机动车保有量以及提升车用成品油质量，普及国 5 排放标准。

（二）政府要加大鼓励发展绿色行业，引导产业转型，不过度依赖制造业，大力发展服务业和高科技产业。

（三）政府应建立城市空气污染应急预案：设置城市可吸入颗粒物（PM2.5）上限，如果空气出现严重污染达到上限值，必须立即采取行动快速应对：一是对部分车辆实施禁行，或者在污染严重区域禁止所有车辆行驶；二是限制重污染企业排放，关停大型锅炉和工业设备；三是限制城市内的建筑工地运作。四是禁止燃烧木头、焚烧垃圾、燃放烟花爆竹等行为。

（四）政府应严格大型锅炉和工业设施排放标准，对于燃煤电厂的氮氧化物、二氧化硫和颗粒物的排放制定更严格的监管标准。对于不达标的燃煤电站进行强制整改甚至关停。同时严格控制燃煤等非清洁能源的使用率，积极鼓励清洁能源发展，设立清洁能源比例的近远期目标并严格执行，实现目标。

（五）综合以上各方面观点，结合我国国情，迅速修改或出台新的空气治理法案，以法律的形式将空气治理的长短效机制严格执行。

三、向垃圾要能源要效益

在城市化建设中，垃圾曾被看作是城市发展的负担，而孙太利委员认为，城市垃圾应该是最具开发潜力的，是"放错了地方的资源"。他提出，要向生活垃圾要能源，要效益。

孙太利委员认为，生活垃圾处理的"零排放"和资源化是一个系统工程，利用城市生活垃圾中分离出的废塑料可以生产生物质复合工程材料；分离出的废金属可回收；堆肥可配制成有机肥；渣土可制砖；餐饮垃圾可制成生物肥料。

孙太利委员说，从垃圾综合利用的实际需求来看，我国环保装备制造业发展还不能完全满足需要，产业发展本身还存在一些突出问题。呈现产业集中度低、工艺装备落后、规模效益较差、产品成套化与系列化程度低，严重制约环保产业发展水平的提高。

孙太利委员建议，国家应制定环保装备制造业的发展规划，着力研制具有高性能的高端环保装备，着力夯实基础，着力推进信息化与工业化融合，以提升环保装备制造业整体素质。唯此才能加快垃圾综合利用的步伐。

（外文局环境与气候报道组《今日中国》　记者李国文）

原载中国网 2013 年 3 月 8 日

报道 17

加强垃圾无害化处理

　　天津北方网讯　　出席全国政协十一届四次会议的政协委员、民建天津市委会副主委、天津市庆达投资集团有限公司董事长孙太利向大会递交提案，建议促进生活垃圾处理"零排放"，实现生活垃圾资源化处理。

　　孙太利建议，应实现加强垃圾分类的常态化管理，奖励企业回收有毒有害垃圾物品，对不回收的企业给予制裁；以高科技手段，对餐厨垃圾等有机废弃物进行无害化处理，强化餐厨垃圾的收集、监管体系，实现资源循环再利用；鼓励社会各界积极参与垃圾减量、分类收集和回收利用。鼓励垃圾处理设施建设投资多元化，运营市场化。

（刘　超）

原载北方网 2011 年 3 月 13 日

第二章

双周协商座谈会与专题协商会

　　孙太利委员履职 15 年来，先后 3 次参加全国政协双周协商座谈会，11 次参加全国政协专题协商会，2 次列席全国政协常委会并发言，8 次参加移动履职主题议政并发言。参会期间与相关领域知名专家和专业人士，以及中共中央、国务院相关部门负责人等人员，现场面对面交换意见，直接把意见和建议传达给相关中央部委，共同推动建言献策成果转化，这在他的履职生涯中具有重要而特殊的意义。

2010年3月，孙太利委员参加全国政协十一届三次会议重点提案办理协商会。

2014年10月，孙太利委员参加全国政协双周协商座谈会。

2015年3月，孙太利委员在全国政协联组会议上发言。

2016 年 3 月，孙太利委员在全国政协联组会议上发言。

2017 年 3 月，孙太利委员在全国政协小组会议上发言。

2018 年 3 月，孙太利委员在全国政协联组会议发言，人民政协网刊登发言报道。

报道 18

合力打好防范化解金融风险攻坚战

——全国政协"健全系统性金融风险防范体系"专题协商会综述

　　围绕中心、服务大局，近年来全国政协高度关注防范化解金融风险问题。5月15日，在密集调研的基础上，十三届全国政协召开第一次专题协商会，集中围绕"健全系统性金融风险防范体系"议题，邀请委员和专家学者、相关部委建言资政、凝聚共识，为打赢这场攻坚战贡献政协力量。

　　如何扎紧防范系统性金融风险的"篱笆"，筑牢"防火墙"？专题协商会上，来自监管部门、学术机构、企业界的20多名全国政协委员纷纷结合自己所在领域及调研情况建言献策，相关部委的负责同志就委员关注的焦点问题现场回应，协商层次高，内容丰富，观点鲜明，务实高效。

　　脱虚向实，回归本源。金融和实体经济的良性互动，是国家金融稳定和金融安全的基础。由于近年来实体经济的回报率不高，对资金的吸附能力较低，导致资金一直无法流向实体经济。正如全国政协委员、天津市庆达投资集团有限公司董事长孙太利所言，当前我国金融"脱实向虚"程度较深。他建议应该让实体经济利率真正降下来，避免资金在银行内部"空转"，促使金融真正为实体经济服务。"如果能将庞大的资金引导到对核心高科技的长期投资，则可以同时兼顾化解金融和实体风险。"

（朱国鑫　张永飞　孙芸辉）

原载《中国政协》2018年第10期

报道 19

着力推动实体经济提质增效　看看政协委员们的研究

　　新华社北京 7 月 10 日电　全国政协 10 日在京召开"发展实体经济、提高供给体系质量"专题协商会，中共中央政治局常委、全国政协主席汪洋出席并讲话。

　　26 位委员在会上发言。委员们认为，近年来各地区、各部门认真贯彻落实中共中央的决策部署，牢固树立新发展理念，坚持把振兴实体经济摆在经济工作的突出位置，坚持以供给侧结构性改革为主线，我国经济保持了增长平稳、结构优化、效益提升、动能转换的良好势头，成绩来之不易。同时也要看到，适应高质量发展的法律法规、政策体系、标准体系、绩效评价、人才支撑还没有形成，实体经济发展仍面临不少困难，提高供给体系质量任重道远。要继续推进"三去一降一补"，优先降低能源、物流、通信、资金、土地五大基础性成本，以不良资产处置为抓手，加快经济新陈代谢，破除无效供给。要加快制造强国建设，集中攻克关键核心技术，推进互联网、大数据、人工智能与实体经济深度融合。要深入实施创新驱动发展战略，建立以企业为主体、市场为导向、产学研深度融合的技术创新体系，加大知识产权保护，厚植激励创新创造的土壤。要落实鼓励民间投资的政策，切实解决民营企业融资难、融资贵、税费重等问题，破除各种隐性壁垒。要坚持引进来与走出去相结合，坚决反对保护主义、单边主义，以高水平开放倒逼高质量发展。以下为发言要点摘编——

　　标准是构成国家核心竞争力的基本要素。孙太利委员建议：以高质量发展为引领，优化国家标准体系。坚持国家标准的先进性、科学性和公正性。以中国标准国际化为目标，向国际先进水平看齐。建议对以往国家标准体系进行梳理，优化国家标准体系。

加强标准化建设，推动企业实现质量变革。企业要加强技术标准和产品标准的研究、制定工作。用先进的标准打造企业自主品牌，走中国特色的品牌发展之路。

实施先进标准，有利于推动企业人才发展战略。企业的人才战略，要引进与培养并行。一方面要引进国内外高端科研技术人员、职业经理人等；另一方面，通过加强专业培训，加快企业三支队伍的建设，即企业家人才队伍、技术管理人才队伍和工匠型职工人才队伍建设。

强化标准执行的法治监管。健全标准执行的法治监管体系，强化新的标准体系供给侧结构性改革。

（刘红霞　姜贵东）

原载《人民政协报》2018 年 7 月 11 日

新华社、搜狐网

报　道　20

构建供需匹配的养老服务体系
夯实积极应对人口老龄化基础
——全国政协"努力推进养老服务"双周协商座谈会发言摘登

新华社北京 10 月 13 日电　全国政协 13 日下午在京召开第 57 次双周协商座谈会，围绕"努力推进养老服务"建言献策。全国政协主席俞正声主持会议并讲话。

全国政协委员张世平、王永庆、马学平、苏华、孙太利、鲁安怀、钱学明、吴小丽、孙洁、马蔚华、白鹤祥、岳泽慧、计时华，以及专家学者辜胜阻、陈东升、方嘉珂在座谈会上发言。

以下为部分发言要点摘编——

全国政协委员、天津市庆达投资集团有限公司董事长孙太利：化解"公建民营"养老短板问题

当前，我国呈现出日益严峻的老龄化趋势，老年服务存在许多短板问题，突出体现在投资建设和运营管理上。投资建设上，养老院及社区养老服务房屋短缺，严重制约养老事业的发展。运营管理上，养老服务经营模式缺乏创新，一方面公办养老机构条件好，但床位紧缺，管理机制相对滞后，多数高耗低效；另一方面，民办养老机构规模较小、资金缺乏，功能不全，经营困难。

为解决上述问题，补齐养老服务的短板，吸引民间资本参与是一条有效的途径。民间资本参与养老服务一般有三种方式：公办民营、民办公助、公建民营。公办民营主要目的是提高存量国有养老资产的效率，民办公助是用少量国有资金引导民间资本的投入方向。对于投资规模大、回报期长、利润微薄的养老服务项目，在财政实力较好的东部地区，采取"公建民营"模式，可以实现国有资本投资能力和民营资本运营机制的有机结合，应加快推进。为此，建议：

一、政府加强顶层设计，把解决养老房地产问题，纳入供给侧结构性改革方案，实现"公建民营"。在编制规划、项目土地招拍挂和产权移交各个环节体现"公建民营"的要求，形成不同区域、不同规模的公建养老综合平台。

二、"公建民营"养老模式，主要体现以"公建民营"为平台，以"医养结合"养老为主体，辐射居家养老和社区养老。政府通过委托经营、租赁经营，引进民营资本参与养老事业。一是整合国企、民企好的养老品牌资源，形成连锁经营，打造养老品牌规模经营集团。二是培育具有养老服务功能的物业企业，承担社区养老，与公建平台相对接。三是整合地区医疗资源，突出医养结合养老与公建平台相对接。

（丁海涛）

原载新华网 2016 年 10 月 14 日

报道 21

天蓝云白不再遥不可及

政协建言献智力

4月22日下午，全国政协主席俞正声主持双周协商座谈会，就"推进京津冀协同发展中的大气污染防治"问题提出意见建议。多位全国政协委员及专家学者在座谈会上发言。

事实上，每年全国两会期间，"大气污染"都是委员们关注的热点问题之一。

全国政协委员孙太利在提案中写道：各地政府应摆正发展与治理的关系，真正树立绿水青山就是金山银山的发展理念。一是政府要加强城市规划及结构综合性治理。二是要加大鼓励发展绿色行业。三是政府应建立城市空气污染应急预案。四是政府应严格大型锅炉和工业设施排放标准。五是把治理大气环境污染问题，作为本地区"重点工程"进行重大部署。

（佚　名）

摘自《人民政协报》2015年7月23日

报道 22

寻求垃圾围城的突围之路

——全国政协"利用水泥窑协同处置垃圾废弃物"双周协商座谈会

协同资源化处理废弃物是指特定行业利用工业窑炉等生产设施，在满足企业生产要求且不降低产品质量、符合环保要求的情况下，将废弃物作为生

孙太利委员在全国政协双周会上发言

产过程的部分原料或燃料等，实现部分废弃物资源化、无害化处置的处理方式。在产业废物日益增多，"垃圾围城"日趋严重、污染治理设施不足的情况下，推动协同资源化处理废弃物，对解决废弃物处理、传统产业转型、促进循环经济发展都有积极作用。目前，我国已投入运行的水泥窑协同处置生活垃圾项目近10个，另有多地正在规划建设相关项目。10月30日，全国政协召开了"利用水泥窑协同处置垃圾废弃物"双周协商座谈会。

全国政协委员王小康、刘炳江、刘晓榕、王福强、杨维刚、杨松、李谠、秦升益、高云龙、孙太利、邓小虹、董配永、林积灿，以及李叶青、蒋明麟、聂永丰等专家学者围绕此话题提出意见建议。工信部、财政部、环保部、住建部的负责同志出席会议并与委员们真诚互动、协商交流。现将委员发言摘登如下：

实践证明，利用水泥窑协同处置城市生活垃圾技术，与垃圾填埋处理方式相比，可节省用地、减少二次污染、降低投资成本，具有集约化、安全环保、运行可靠、经济合理等优势。但目前我国城市生活垃圾处理方式主要以填埋、堆肥和焚烧为主。

孙太利委员为此建议：

一、城市生活垃圾处理必须监管与处理一体化。建议国家相关部门首先完善垃圾处理相关法律，强化垃圾监管工作，同时加大执法力度。应推行垃圾监管与垃圾处理一体化，即垃圾监管与处理的管理机构一体化，奖惩办法一体化，治理措施一体化。

二、城市生活垃圾重在分类，才能真正资源化。城市生活垃圾成分比较复杂，必须做到先分类，才能物尽其用，真正资源化。

三、城市生活垃圾处理方式及设备的配置、使用要科学化。一要因地制宜，充分考虑垃圾处理经济半径与处置能力半径的大小，兼顾环境可持续性、经济可承受性以及社会可接受性。二是城市垃圾的处理方式要科学论证，不要千篇一律。有的可利用水泥窑协同处理方式，有的可利用沼气方式等。三是城市生活垃圾处理设备规模大小要兼顾。如餐厨垃圾处理设备，既可以配备日处理几百吨、上千吨的设备，也可以在一个社区、学校等配备日处理几十、几百公斤的小型设备。

（佚　名）

原载中国政协网 2014 年 11 月 3 日

报道 23

如何让职教生能文能武

全国政协 3 日在京召开"深化产教融合、校企合作，加快现代职业教育体系建设"专题协商会。中共中央政治局常委、全国政协主席俞正声主持会议并讲话。记者从专题协商会上获悉，"自 2006 年以来，中等职业学校毕业生就业率一直稳定在 95% 以上，去年，高职、高专院校初次就业率达到 78%，这一数据高于 211 重点大学的 75.5% 和普通本科院校的 75.4%"。

在专题协商会上，委员们热烈探讨靠什么打造适应社会需求的升级版职业教育。

一、供不应求：月薪近万　技工难招

民建天津市委会副主委孙太利委员指出，许多民营和中小企业面临招工难，特别是技术操作工，"有的后继无人技术断档，有的关键技术岗位如电焊工、数控机床操作工等，尽管有的月工资近万元，仍不好招工"。

二、缺乏前瞻：课程设置　存在问题

有的职业院校专业及课程设置与企业需求不完全适应。"存在着许多职业院校毕业生学的专业到企业用不上，企业需要的专业，又没有毕业生。职业院校定位不清，专业设置仿照大学，职业教育特色不突出，发展缓慢。"孙太利委员指出。

三、未来方向：能文能武　产教融合

委员们认为，加快建设以就业为导向的职业教育体系，一年比一年迫切，一年比一年重要。

对于职业教育水平的提升问题，孙太利委员认为，职业教育应立足培养"能文能武"复合型人才，学生既要掌握专业理论知识，也要能够实际动手操作，毕业时既可以拿到技术员资格证书，又可以拿到技师资格证书。

（叶晓楠）

原载《人民日报》海外网 2014 年 6 月 4 日

本科应增设专业学士学位

职业教育社会认同度不高，先天不足，成为学生考不上高中和本科的备胎。政协委员建议：普通学校和职业学校学生可试行学籍流动、互修学分并颁发双文凭；鼓励企业通过"委托培养"等与院校合作，深化校企互动的"现代学徒制"；行业组织应预测行业发展的人力资源需求，制定行业职教准入标准和发展规划。

"一边是大学生就业难，一边是企业招工难，人才供需不协调，一定是职业教育出现了问题。"6月3日，全国政协在京举行专题协商会，主题是加快现代职业教育体系建设，全国政协委员孙太利说。

数据显示，目前我国高职院校有1300多所，在校生人数超过1000万人，已占据高等教育的"半壁江山"。职业学校有着骄人的就业率：2013年高职、高专院校初次就业率达到78%，这个数字高于211、985重点大学的75.5%和普通本科院校的75.4%。数字亮丽尽显职业教育的就业优势，却难掩其发展困境。

"职业教育的目的是培养高素质劳动者和技能型人才，如果不以需求为导向，人才供给必然出现问题。"孙太利呼吁，应以政策安排调动企业参与职业教育的积极性，让职业教育走出"剃头挑子一头热""闭门造车"的发展窘境。

（刘维涛）

原载《人民日报》2014年6月4日

报道 24

全国政协双周协商座谈会建言"建筑产业化"

本报北京11月7日电　全国政协7日下午在京召开第二次双周协商座谈会，围绕"建筑产业化"进行协商座谈。全国政协主席俞正声主持会议，全国政协副主席杜青林、罗富和、张庆黎、马飚、马培华出席座谈会。

座谈会上，赖明、仇保兴、孔庆平、陈昌生、黄艳、田在玮、茅永红、王美华、孙太利、秦升益、缪昌文、毛大庆等全国政协委员和专家学者结合自己熟悉的领域，围绕我国建筑产业化发展，建筑产业化在政策法规、标准和技术体系、财税及有关配套政策方面存在的一些问题坦率地发表意见、提出建议。以下为部分发言要点摘编——

全国政协委员孙太利：建筑产业化是一个大方向是发展之要，是民生的一件大事。而推动建筑产业化发展，目前存在几个问题，一是传统建筑产业高能耗、高污染、高排放、低效率现象。规划和设计滞后于发展，造成建和拆重复问题，这是最大的浪费。二是尽管已经推广新能源、新材料等新技术、新工艺，但因涉及利益驱动的问题，当前还没有落地。三是配套措施滞后，尤其是在城镇化建设当中，二次污染严重，重复建设严重。四是我们对建筑质量缺少忧患意识，有原材料以次充好等现象，比如用海沙没有通过冲洗代替河沙，这样造成建筑物强度低，黏性较差，但建起来以后，却难以发现问题。另外，目前的建筑设计规划应该是70年或者上百年的规划，但可能用到30年、40年的时候，房子就夭折了。原因就是原材料存在伪劣现象，而且存在行业保护。比如，人造板的甲醛问题，我们国家标准是1.5mg/L，国外一般标准是0.7mg/L。甲醛释放限量标准与"十二五"规划的要求、与我国人居环境要求、与国外先进水平相比，存在较大差距。

为此，建议制定顶层规划，通过抓安全、抓质量、抓规划执行、抓科学施工，将每一个项目打造成百年建筑。

首先要制定好规划设计，而且制定好的规划设计不能变。建材的链条也不能出现问题。应该把建设程序规范化，要有质量保证体系。同时，建筑产业应该加快转型升级，以科技为支撑，优化产品结构、优化组织结构，使绿色理念贯穿建筑产业的设计阶段、建材生产、建造阶段、建筑物运营与使用阶段的整个周期，对建筑产业进行全产业链的优化，促进质量保障体系建设。现在我们建造商品房，也鼓励成品交易，不要再二次装修，二次装修带来很大污染。最后，还要注重加强监管，培养相关人才。

（黄敬文）

原载人民网、《人民日报》2013年11月8日

报道 25

多名政协委员建议成立统一部门领导新兴产业

在 8 日全国政协举办的"加快经济发展方式转变，大力发展战略性新兴产业"提案办理协商会上，多数委员在发言时均不约而同地建议，成立一个统一和专门的政府部门或者领导小组来主管本行业的事务，并在各相关部门之间进行协调。

国务院总理温家宝此前在政府工作报告中表示，要大力培育新兴产业，提出把新能源、新材料、节能环保、生物医药、信息网络和高端制造产业六大行业作为决定国家未来的产业，并将给予财政、金融、产业政策的全面支持。

来自各个界别的政协委员 8 日分别就低碳、新能源、物联网等多件提案发言并提出建议。

全国政协委员孙太利在关于低碳生物质复合工程材料提案发言中提出，在国家层面成立一个专门的低碳国家机构。

附发言材料：

在人类社会经济飞速发展的今天，由于煤炭石油等矿物能源的大量使用，排放出大量二氧化碳，导致全球气候变暖，对人类生存的影响已经越来越严重。

目前，我国经济发展的很大一部分，是依靠对资源的大量消耗来实现的。我国现在是世界上水泥和钢铁的最大生产国，也是煤炭的最大消费国。在我国的建筑体系中，主要是以钢材、水泥和黏土砖为主要建筑材料。这些建筑材料在生产过程中多属于高耗能、高二氧化碳排放和高环境污染。因此，大力发展低碳经济和低碳技术，已经成为我国亟待解决的重要问题之一。

发展低碳经济，实质上是构建一种二氧化碳排放量最低限度的经济发展模式与消费方式。低碳经济的基本目标是努力推进两个根本转变：一是将社会经济发展由高度依赖能源消费向低能耗、可持续发展方式的根本转变；二是将能源消费结构由高度依赖化石燃料向低碳型、可再生能源的根本转变，使整个经济社会活动尽可能低碳化、无碳化。

在我国各类建筑体系中，竹（木）结构建筑是发展潜力较大的低碳建筑体系之一。大力开发和采用新型低碳排放的生物质复合工程材料，逐步替代高耗能、高二氧化碳排放、高环境污染的建筑材料，是当务之急。为此我们建议：

一、国家应将生物质复合工程材料的研发、生产，纳入重点支持的产业。用生物质复合工程材料，逐步替代钢、水泥、黏土砖等高耗能、高二氧化碳排放的建筑材料，广泛用于低密度建筑。

二、以科研院、校、所的专家为领军人才，联合有实力的企业，建立开发生物质复合工程材料的产、学、研联盟。采用低碳生物质复合工程材料和风能、太阳能，设计和建造具有现代气息的竹、木新型结构房屋，为我国低碳建筑体系的建立，提供强大技术支撑。

三、加大贯彻落实国务院办公厅〔2008〕105号《关于加快推进农作物秸秆综合利用的意见》力度，有关部门应制定优惠政策，扶持、鼓励以农业秸秆和林区"三剩物"、次小薪材、枝丫材或锯末、木屑、竹屑、稻壳、麦秸、花生壳、棉秆等生物质纤维为主要原料，采用特定工艺，制造新型生物质复合工程材料。

大力宣传低碳消费理念和低碳建筑新产品，以扶持家电产品销售，给予适当补贴的方式，引导和促进城乡居民转变消费观念。

要进一步完善建筑节能运行监管体系，强化建筑能耗限额标准的执行力度。

（熊剑锋）

原载《第一财经日报》2010年3月10日

第三章

求取真经的调研足迹

　　孙太利委员始终认为调研是寻找真相的过程。担任政协委员伊始，调研成为他履职工作中最重要的内容，十五年步履不停、激情不减，随国家领导人、政协全国委员会、民建中央等走过全国诸多城市与乡村，体察贫困山区物力维艰的生活，感触陷入困局中企业微弱的脉搏，为实现绿水青山出过谋，为高质量发展划过策。

　　他对贵州黔西县有着血脉交融的感情，曾先后10次到黔西扶贫考察。2006年捐赠小学，2012年在民建中央指导下，率先在东部十省市启动贵州省黔西县乡村骨干教师培训计划。用一举一动践行初心，帮助贫困地区提高师资水平，让孩子们掌握知识、改变命运、造福家庭。

2006 年 6 月，孙太利委员随同民建中央副主席、全国政协副秘书长陈明德到贵州扶贫调研。

2010 年 7 月，孙太利委员随同天津市政协主席邢元敏出国考察。

2013 年 11 月，孙太利委员扶贫调研。

2014 年 4 月,
孙太利委员在贵
州扶贫调研。

2020 年 4 月,
孙太利委员赴河北
丰宁扶贫调研。

2022 年 6 月,
孙太利委员赴贵
州和安徽调研。

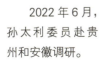

报 道 26

参加全国政协"全面巩固拓展脱贫攻坚成果"专题调研

2022年9月17日至24日，全国政协农业和农村委员会"全面巩固拓展脱贫攻坚成果"专题调研组在甘肃、云南开展调研。

全国政协农业和农村委员会副主任刘永富率调研组分别在兰州和昆明召开调研座谈会，与党政有关部门进行座谈交流，深入17个村庄了解当前巩固拓展脱贫攻坚成果的经验做法、存在的主要问题，并提出具体政策建议。孙太利委员全程参加调研，并在座谈会中发言。

委员们认为，党的十八大以来，以习近平同志为核心的党中央把脱贫攻坚摆在治国理政的突出位置，作为全面建成小康社会的底线任务，组织开展

孙太利委员随调研组在云南泸水市怒江绿色香料产业园调研怒江香料产业发展情况

孙太利委员随调研组在云南福贡县匹河乡老姆登村调研旅游发展情况

了气壮山河的脱贫攻坚人民战争，取得了举世瞩目的成就。要认真学习贯彻习近平总书记关于"三农"工作的重要论述，特别是结合学好用好习近平总书记《论"三农"工作》，认真贯彻落实党中央关于"三农"工作的大政方针和决策部署，把坚决守住不发生规模性返贫的底线作为重要政治任务摆在突出位置，压紧压实各方责任，切实维护和巩固脱贫攻坚战的伟大成就。

委员们建议，要以更硬的措施、更强的执行力，推动巩固拓展脱贫攻坚成果同乡村振兴有效衔接，牢牢守住不发生规模性返贫的底线，扎实有序做好乡村发展、乡村建设、乡村治理重点工作，确保巩固拓展脱贫攻坚成果上台阶、乡村全面振兴见实效。要把增加脱贫群众收入作为根本措施，严格落实"四个不摘"要求，完善产业联农带农机制，多措并举促进稳岗就业。要加大对易地扶贫搬迁集中安置区支持力度，加强安置社区治理，完善组织体系，健全治理机制，提升服务水平。要加强"三农"领域干部能力和作风建设，大力弘扬脱贫攻坚精神，分级分类开展乡村振兴干部学习培训，汇聚更强大的力量，以实际行动迎接党的二十大胜利召开。

（包松娅）

摘自中国网 2022 年 9 月 27 日发布的文章《围绕全面巩固拓展脱贫攻坚成果　全国政协农业和农村委员会在甘肃云南开展专题调研》

附发言稿：

科学配置应用"三农"资源，持续促进农民增收致富

孙太利

习近平总书记在安徽考察时强调，"中国要强农业必须强，中国要美农村必须美，中国要富农民必须富。"迈入巩固拓展脱贫攻坚成果同乡村振兴有效衔接的历史新阶段，党中央、国务院全面部署，各地各有关部门扎实有序推进各项工作，脱贫地区人居环境不断改善，群众收入稳步增长，产业发展取得积极成效。数据显示，脱贫地区群众对巩固拓展脱贫攻坚成果的认可度达 94.9%。

"胜非其难也，持之者其难也。"面对复杂、严峻、不确定的国内外经济发展环境，巩固拓展脱贫攻坚成果亦面临诸多难题，主要包括：一是脱贫基础不牢固，产业就业支撑不足。二是政策落实保障能力不充分，体制机制不完善。三是权益保障体系不健全，农民内生动力不足等。

农业兴方能基础牢，农村稳方能天下安，农民富方能国家盛。因地制宜配置资源要超前科学谋划，实现农村资源配置市场化、政策资源配套化、土地资源节约化、人才资源集聚化、产品资源品牌化。提升存量资源战略价值、使用价值，发展集产业生态、社会生态、自然生态三位一体的新型农村，持续促进农民增收致富。为此建议：

一、聚焦摸底调研，科学精准布局，强化协同互通

一是建议政府深度聚焦返贫高危地区专项摸底调研，全方位梳理闲置宅基地、闲置农房、闲置耕地等低效利用情况，完善建立农户承包地有偿退出机制，扩大开展闲置土地集约节约整治利用，充分盘活资源。二是建议健全完备的农村要素市场体系，包括土地市场、劳动力市场、资本市场、技术市场和数据市场等，充分提高农村资源市场化配置效率，发挥资源配置主观能动作用。通过市场化运作，拉动民间资本积极参与，实现农村资源价值生态化。

三是优化建立省、市、县、村协同交流推进机制。根据区域定位，协同系统推进城乡财税制度、农村产权关系和产权保护制度、农村社会保障制度等基础性制度建设，破除制约要素合理流动的堵点，纠正资源要素的错配。

二、坚持标准引领，加速政策落实，促进产业造血

一是建议政府因地制宜将特色资源挖掘、前瞻技术突破相结合，深耕相适应的乡旅产业、种植养殖园区基地、手工艺等优势产业，在类别、规模、环境、装备、质量等方面形成科学化、标准化。实现产业振兴化、模式创新化、产品质量化、物耗节约化、经济效益增长化、生产安全化，让高附加值农村品牌走向世界，致富乡村。二是建议政府加大对返贫高危地区转移支付力度，确保政策落实的精准性、时效性，切实用在没有能力发展的优质产业项目上。三是建议政府深入推进特色产业集聚发展，引导、扶持村集体利用衔接资金抱团与优质企业合作，打造产业孵化中心、产业基地、冷链物流中心等，带动村集体增收。

三、深化人才资源多维集聚，提升发展质效

一是鼓励各地扩大建设专业新农人人才培训基地，与高校合作，培养愿意扎根农村的复合型人才。二是建议运用新技术方法，重点围绕村企共建共享、数字治理、庭院经济等扩大开展乡村运营试点，建成三产融合发展的创意创新乡村。动员社会力量完善搭建全国性新农人公益平台，增加人才跨地域沟通途径，促进各地区乡村人才交流互动。三是建议政府引导企业与鼓励农户通过订单农业、入园创业等方式完善利益共享机制，将更多就业岗位、创新机会和产业链增值收益留给属地农民，激发农民内生动力。

报道 27

参加全国政协"聚焦农村改厕问题改善人居环境"专题调研

为认真学习贯彻习近平总书记关于深入推进农村厕所革命的重要指示精

孙太利委员随调研组调研

神，深入贯彻落实"十四五"规划中有关农村人居环境整治提升的重大决策部署。2022年6月23日至27日，全国政协副主席辜胜阻率全国政协农业和农村委员会"聚焦农村厕所问题改善人居环境"调研组赴贵州、安徽开展民主监督性调研。本次调研是全国政协农业和农村委员会组织开展的一项重要民主监督工作，孙太利委员全程参与调研，并在贵州省贵阳市和安徽省合肥市召开的座谈会中发言。

调研组坚持问题导向，深入贵州省遵义、毕节、贵阳以及安徽省合肥、芜湖、宣城等12个村庄了解情况，分析制约当前农村改厕的难点问题，提出有关对策建议。调研期间和调研之后，调研组围绕调研主题认真地进行了研究讨论，每位调研组成员均提交了意见建议，形成了《关于聚焦农村厕所问题改善人居环境的调研报告》（征求意见稿）。

9月2日上午，全国政协农业和农村委员会副主任吴晓青主持召开了一场别开生面的协商会议。部分全国政协委员与应邀而来的财政部、生态环境部、住房和城乡建设部、水利部、农业农村部、国家乡村振兴局六部门有关同志面对面、点对点，就农村改厕问题深入交流、共商良策。

参加调研的委员耳闻目睹脱贫攻坚和乡村振兴伟大实践给两省农村、农业和农民所带来的巨大变化，深受鼓舞，同时对于农村改厕工作中存在的问题也有了充分的认识。孙太利委员建议，政府应完善差异化补贴标准，加大对老区苏区等欠发达地区财政专项资金支持力度和财力统筹力度，确保资金按需应用到村、到户。同时，加大对农村改厕的政策性贷款支持力度，充分发挥资源配置的主观能动作用，通过市场化运作，拉动民间资本积极参与，实现改厕价值生态化。

两个多小时的时间里，委员们结合调研就自己关注的问题发表了不少务实建议，部委的同志时而倾听，时而记录，深感收获不小。

（吕　巍　包松娅等）

以上内容摘自人民政协报于 2022 年 6 月 30 日发布的文章《围绕"聚焦农村改厕问题　改善人居环境"辜胜阻率全国政协调研组在黔皖调研》、人民政协报于 2022 年 9 月 6 日发布的文章《协商式监督，推进农村厕所革命——全国政协农业和农村委员会"聚焦农村改厕问题改善人居环境"民主监督调研情况沟通协商座谈会侧记》《安徽日报》《贵州日报》等

附发言稿一：

关于技术引领常态化生态厕改，提升人居环境质量的建议

孙太利

厕所改革是推进农村人居环境整治，实现乡村文化振兴、生态振兴的重要举措，也是推动农村全面进步、农民全面发展的有力抓手。近年来，各地各有关部门按照党中央、国务院部署要求，深入扎实推进农村厕所改革，不断积累新经验、探索新思路、创新新模式，卫生厕所逐步推广普及，农村人居环境得到明显改善。

数据显示，截至 2021 年年底，全国农村卫生厕所普及率超过 70%，2018 年以来累计改造农村户厕 4000 多万户。但要让厕所革命照亮每一村每一户，依旧任重道远。当下，由于部分区域规划与实施不科学、技术标准不完善、高寒干旱地区技术路线不成熟、整治资金不足、关键人才匮乏等，致使农村

厕改不充分、不均衡等现实问题依然存在。

在全面推进厕所改革进程中，高质量保障农村生态安全、满足农民生活品质需求，需要科技引路。强化生态厕改技术创新与应用，为生活生态复合系统施加正向压力，利于促进良性循环发展，高效提升人居环境质量。为此建议：

一、强化落实科学规划引领

一是建议持续加强规划编制技术支撑。因地制宜加快落地县乡村规划中关于农村厕改设施设备、建设验收、运行维护等生态化标准体系和技术规范制定，明确时间线，强调整体性、前瞻性、系统性和可持续性。二是建议加快推进关键技术定型。高校院所、创新企业等强化联合创新，以高效资源化为核心，突破排泄物安全卫生收储、资源化利用等关键技术与核心装备研发，加快适应高寒、高原、丘陵等多种地形的厕所技术攻关、成果转化。三是建议国家级专业团队对科研成果进行充分论证。以低成本强实用标准，推进集成方案研究和技术集成示范应用，形成适合多种地域和地形特征的综合性解决方案，帮扶县乡村诊断厕改技术对口性，选择适用方案并产业化推广。

二、优化推进政策活力效用

一是建议持续加大财政专项资金支持力度和财力统筹力度。深入摸查各类别村庄厕改所需投入底数基础，因地制宜完善差异化补助标准，加大对地理位置偏远、短板更加突出的老区苏区等地区政策支持和倾斜力度。科学整合资金，加大其他领域预算沉淀资金和无须用财政专户资金回收力度，清理财政挂账资金，统筹用于亟须支持的生态治厕领域科研、装备等厕改难题项目。二是建议创新金融活动。政府因地制宜扩大绿色金融改革创新试验区建设，加快构建完整信用体系和风险防控体系，引导信贷资金精准支持科学生态治厕重点工程，对以生态化、资源化等厕改建设加大信贷倾斜。三是鼓励发展厕改科技型龙头企业。加大对优质厕改类惠农创新主体政策支持力度，引领企业和社会组织积极参与产业创新。完善入围技术标准、环保标准、价格标准、奖励标准等，对达标企业适当税费减免，使社会及企业资源与农村厕改深度融合。

三、高效运用数智融合监管

一是加强数据要素、区块链与厕改监督技术应用。落实数据安全、精准识别、精准过程管理、监测预警评估等，严把厕改工程设计关、材料质量关、施工监管关等。二是健全常态化智慧管护长效机制。完善建立城乡村环卫一体智能化户厕维修、公厕管护统管统运体系平台。镇街区搭建指挥平台，村庄配备智慧终端，市镇村实现互联互通、实时监控、闭环监管，提升生态化厕改维护与提高质量。三是强化智慧服务链保障体系。细化并健全厕改智慧管护工作人员保障措施，落实人员定职、定位、定责管理等，确保服务工作有序推进。

四、完善构建多元平台支撑

一是建议构建联农惠农厕改产业化发展平台。通过标准化经营联结模式、股份合作共享发展成果模式等应用场景，加大引导龙头企业联农惠农，发展农村厕改与有机肥料经济业态，提升农民各项权益保障，激发农民参与内生动力。二是优化人才引进与使用平台。对复合科技型人才、技术专业型人员等开设定向输入绿色通道，完善乡镇机构建设和人员配置支持政策，推动城乡要素开放交流，鼓励能人回乡。三是凝聚向善力量搭建专项慈善平台。根据区域特色分类成立生态化厕改慈善微基金，政府鼓励企业家共担使命，投身慈善工作。坚持饮水当思源，先富帮后富，坚持义利兼顾、以义为先、精准发力、真帮实扶，形成特色品牌专项基金，赋能农村厕改生态化、资源化、产业化发展，带动人居环境高质量提高。

附发言稿二：

科学推进厕改生态化，提升人居环境质量

孙太利

近年来，各地各有关部门按照党中央、国务院部署要求，深入扎实推进农村厕改，不断积累新经验、探索新思路、创新新模式，卫生厕所逐步推广普及，农村人居环境得到明显改善。数据显示，截至2021年年底，全国农村卫生厕所普及率超过70%，2018年以来累计改造农村户厕4000多万户。

通过调研发现，凡是经济发达地区厕改成效相当显著，欠发达地区和边远分散地区，推进工作非常困难。综合来看，全面推进农村改厕依然面临诸多基层工作难题，主要包括：一是部分区域规划与技术选择不科学。二是政策落实保障能力不充分，体制机制不活，资金投入与需求缺口较大，投入机制有待完善。三是常态化管护机制与保障体系不健全，农户厕改主动性不强等。

小厕改，大民生。厕改是人居环境改善的前提。习近平总书记在张北县考察时强调："改厕问题也要科学设计。"科学推进生态化厕改，要完善统筹规划与建设的关系、厕改质量与数量的关系、守正创新与模式定型的关系、村民认同与改善环境的关系。

谋划厕改要因地制宜，要厕改资源配置市场化、厕改模式集约节约实用化、厕改价值生态化、厕改服务场景化、厕改能力平台化。为此建议：

一、加强科学统筹，落实规划引领

一是建议政府明确时间节点，进一步强化落实主体责任。深入摸查厕改需求底数基础，根据需求性、可行性分类分区编排优先次序，按需、按类、按质完成目标任务。加快落地农村厕改设施设备、建设验收、运行维护等生态化标准体系制定，加强规划编制技术支撑。二是建议有治污专长的院所、专家、企业强化联合创新，加快适应高寒、高原、丘陵等各类地形厕所技术攻关、成果转化，确定可供选择和推广的关键模式定型，实现厕改模式集约节约实用化。三是建议完善基层专业队伍，对模式成果充分论证，帮扶县镇村户科学诊断，选择适用方案并针对性推广。

二、优化推进政策活力效用

一是建议政府完善差异化补贴标准，加大对老区苏区等欠发达地区财政专项资金支持力度和财力统筹力度，资金按需应用到村、到户。确保将政策落实的精准性、时效性，切实用在没有能力厕改的县镇村户上。二是建议加大人居环境厕改在农业发展银行政策性贷款支持力度。三是建议政府将厕改资源配置市场化，充分发挥资源配置的主观能动作用。通过市场化运作，拉动民间资本积极参与，实现厕改价值生态化。

三、平台化推动新模式

一是建议构建联农惠农厕改产业化发展平台，发展农村厕改与有机肥料经济业态，提升农民权益保障，激发农民参与内生动力。二是优化人才要素交流平台。组织行业专家、业内人士等人才队伍，围绕不同亟须解决的难题开展主题论坛、专业分论坛和闭门会议等，集思广益，促进成果落地应用。三是凝聚向善力量搭建专项慈善平台。根据区域特色分类成立生态化厕改慈善微基金，鼓励企业家共担使命，投身慈善工作。坚持饮水当思源，先富帮后富，精准发力，真帮实扶。

四、高效运用数智融合监管

一是建议加强数据要素、区块链等与厕改监督技术应用。强化落实数据安全、精准过程管理、监测预警评估等，实现互联互通、实时监控、闭环监管，提升生态化厕改维护与提高质量。二是健全常态化智慧管护长效机制，完善搭建基层维护服务管理体系，建立质量保障体系、科学管理保障体系、资源利用保障体系等，落实人员定职、定位、定责管理，确保服务工作有序推进，实现服务场景化。

报道 28

参加全国政协"推进乡村建设，改善人居环境"专题调研

改革开放以来，中国乡村面貌发生了翻天覆地的变化，农村居民收入提前实现了翻一番的目标，但中国城乡发展还不平衡，乡村发展仍然滞后。2021年5月24日至31日，由全国政协副主席、民建中央常务副主席辜胜阻带队，全国政协农业和农村委员会围绕"推进乡村建设，改善人居环境"组织调研组赴福建、湖南两省开展民主监督性调研，为助推相关问题解决贡献智慧和力量，孙太利全程参与调研。

7月19日下午，全国政协农业和农村委员会召开"推进乡村建设，改善

调研组一行在湖南省张家界市武陵源区协合乡杨家坪村调研

孙太利委员在调研座谈会中发言

人居环境"民主监督调研情况沟通协商座谈会。宋建朝、崔丽、司马弘、孙太利、杨忠歧等委员就调研中发现的问题及有关建议发言，这些包含在总的问题建议中的真知灼见，是调研组对整个民主监督调研活动倾情投入的一个缩影。国家发展改革委、自然资源部、生态环境部、住房城乡建设部、农业农村部等部门同志与委员互动交流并回应。

"调研发现，集体经济发展好的乡村，人居环境基本也都不会差。"全国政协委员孙太利说的是完善投入机制问题，乡村人居环境整治尽管有了良好开局，但他认为现阶段资金投入仍有瓶颈，需在加大财政投入基础上，用好用足金融资金，构建多元投入格局，进一步提升资金使用效率。

国家发改委农村经济司二级巡视员曹传贞对孙太利的意见表示认同，他回应道："现在农村人居环境整治中的投入与需求的缺口还是比较大的，尤其在当下脱贫攻坚成果仍需进一步巩固的背景下，建立普惠性乡村建设投入机制时机还不成熟，还需分清轻重缓急，分步推动，久久为功。"

会后，全国政协办公厅向中央办公厅、国务院办公厅报送的民主监督性调研报告获得中共中央政治局委员、国务院副总理胡春华的重要批示，调研成果意义重大。

2022年8月，孙太利委员接受《中国政协》杂志采访，就"推进乡村建设，改善人居环境"民主监督性调研畅谈参与体会。他表示：全国政协农业和农村委员会聚焦"推进乡村建设，改善人居环境"主题，不间断跟进调研，是对习近平总书记关于"三农"工作重要指示要求的重要践行。作为参与者，深感收获良多。在跟随调研组走访福建、湖南、贵州、安徽等地过程中，看到一座座村庄旧貌换新颜，走上了乡村振兴的新征程，这是党和政府惠民富民好政策贯彻落实的伟大成果。

小乡村，大民生。调研发现欠发达地区因规划实施、资金投入、政策支持、人才运用等不充分不平衡问题，依然存在提升空间。建议从完善乡村规划与建设的关系、发展质量与速度的关系、守正创新与模式定型的关系、村民认同与改善环境的关系等维度，持续加强顶层科学谋划，系统推进乡村建设。因地制宜完善差异化标准，加大对欠发达地区政策支持和倾斜力度，为其不断集聚资金、人才、项目等，激发乡村建设内生动力，增强循环造血能力。

作为政协委员，反映不同群体的诉求，是发挥民主监督作用，为人民而担当的责任让我们感到无比自豪。

（包松娅　马欣等）

以上内容摘自《人民政协报》于2021年6月11日发布的文章《"推进乡村建设，改善人居环境"全国政协农业和农村委员会开展专题调研》、人民网人民科技官方账号—人民资讯于2021年7月22日发布的文章《第二次"碰面"，这次民主监督调研有什么不同？》《中国政协》杂志2022年第14期总第413期发布的文章《推动农村人居环境建设取得更大成效——全国政协委员谈"推进乡村建设，改善人居环境"民主监督性调研体会》

附发言稿：

关于强化资金精准应用，助力人居环境高效改善的建议

孙太利

在"三农"工作重心转移至全面实施乡村振兴战略背景下，改善人居环境，建设美丽宜居乡村，是实施乡村振兴战略的重要任务，是全面建成小康社会的重要内容，亦是推进农业农村现代化的关键抓手。各地各部门按照党中央、国务院部署要求，聚焦重点、聚集资源、聚合力量，全力抓好各项措施落实，乡村基础设施和公共服务等都有明显改善，人居环境整治实现良好开局。

在全面建设社会主义现代化国家大背景下，高质量改善人居环境依然面临资金投入缺口较大的难题，现阶段制约资金投入的瓶颈主要包括：一是资金投入与建设需求相比远远不足。"十三五"期间，有的行政村环境整治资金不足 10 万元。据初步估算，到 2025 年达到农村生活污水治理率 40%、消除较大面积农村黑臭水体目标，每年约需投入 660 亿元。目前，中央农村环境整治专项资金每年仅 36 亿元。一些地方反映，上级财政奖补资金和项目较少，单靠基层自己想办法筹措资金难以为继。二是中西部地区财力有限。中西部很多地区县区财政自给率低，很多县都是"吃饭"财政，村集体普遍底子薄，而农村污水管网、垃圾清运等基础设施欠账多，有的建好设施受资金问题制约，存在短期整治易、长期维持难等现实问题。三是社会资本参与不够。农村人居环境整治有很强的公益性，收费难、项目小，难以吸引社会资本。四是资金统筹存在难度。农村人居环境整治覆盖广、链条长、环节多，资金分散各级各部门，存在项目管理多头、资金渠道多元、管理考核标准多样等问题，资金使用效率需要进一步提升。五是事权划分和财政支出责任不清晰。省市县各级财政分担机制尚不明确，主要依靠县级财政，资金短缺已经成为制约设施建设运维的重要因素。以高质量谋划推动资金精准应用，有利于助推人居环境高效改善，为此提出如下建议：

一、加大财政支持力度

中央财政通过新增预算、调整支出结构等方式增加投入，根据各地状况制定差异化补助标准，加大对中西部地区特别是老区苏区支持力度。调整完善各级土地出让收入使用范围，将农村人居环境整治提升作为支持重点。整合涉农资金，将有限财政资金用在刀刃上。进一步明确中央和地方的事权和财政支出责任，发挥中央投资引导撬动作用，支持地方积极探索适合本地实际的有效工作路径和技术模式。

二、用好用足金融资金

支持地方发行一般债券、专项债券用于符合条件的乡村公益性项目，适当放宽边远地区资金争取条件，引导涉农金融机构参与乡村建设。在标准化下根据地域特色，差异性建设绿色金融改革创新试验区，创新绿色金融产品服务、加强绿色金融发展考核等，推动农业产品绿色化、服务绿色场景化、产业链价值生态化，实现农民工人化、农业企业化、农村产业化、资产资本化，拉动村级集体经济，激活并提升"三农"内生动力。

三、构建多元投入格局

一是完善搭建民间资本信息对接平台。建立国家乡村产业及市场化基础设施项目库，统筹项目成果信息资源，将商业与公益项目融合到一个"项目篮子"里，通过平衡投入与产出，积极引入社会资本的战略投资者。二是加大国有资本下沉力度。调动村民和乡村企业家投身乡村建设积极性，引导鼓励社会资本结合发展乡村产业，参与农村基础设施建设，积极探索PPP模式。鼓励农民和集体经济组织自主筹资开展村内基础设施建设管护，建立财政补贴与农户付费分担机制，探索"群众自主定标、群众自主付费、群众自主约束、群众自主监督"。

四、凝聚向善力量，慈善基金赋能内生经济

根据区域特色分类成立乡村慈善微基金，政府号召企业家共担使命，投身慈善工作。坚持饮水当思源，先富帮后富，坚持义利兼顾、以义为先、精准发力、真帮实扶，形成特色品牌专项基金，赋能村级集体经济发展，带动人居环境建设与改善。

报　道　29

参加全国政协"加快发展牧区草业 促进畜牧业高质量发展"专题调研

2021年7月5日至12日，孙太利委员随全国政协农业和农村委员会"发展牧区草业，促进畜牧业高质量发展"专题调研组在甘肃、新疆开展调研。此次调研由全国政协农业和农村委员会副主任马中平、张建龙率队，全国政协农业和农村委员会副主任刘永富、部分委员会及所联系界别委员和国家林草局有关部门负责同志参加调研。

调研组在八路军兰州办事处、中国工农红军西路军总支队纪念馆开展党史学习教育，与有关党政部门进行座谈交流，深入基层了解当前加快发展牧区草业、促进畜牧业高质量发展的具体做法、存在的主要问题和具体政策建议，并做好有关政策宣传工作，在建言资政和凝聚共识上双向发力。

此次调研从中央领导到有关部门，再到有关地方都高度重视。全国政协办公厅将本次调研报告在报送中央办公厅、国务院办公厅后，获得中共中央政治局常委、国务院副总理韩正，中共中央政治局委员、国务院副总理胡春华的重要批示。新疆维吾尔自治区人民政府积极组织有关部门研究贯彻落实意见，于10月形成《关于贯彻落实〈政协全国委员会关于加快发展牧区草

孙太利委员随农业农村委在新疆调研

孙太利委员与调研组在新疆调研　　　　　孙太利委员与调研组在新疆参加党史学习教育活动

孙太利委员与调研组在甘肃调研　　　　　　孙太利委员在座谈会中发言

业促进畜牧业高质量发展的调研报告〉有关意见的报告》，专门函自治区政协转呈给全国政协办公厅，就牧区草业调研成果进行反馈，这是此次调研所取得的重要成果。

（包松娅）

　　以上部分内容摘自人民政协报于 2021 年 7 月 14 日发布的文章《围绕"加快发展牧区草业促进畜牧业高质量发展"全国政协农业和农村委员会在甘肃新疆开展专题调研》

附发言稿：

精益创新发展牧区草业，促进畜牧业高质量发展的建议

孙太利

　　畜牧业是农村、农民赖以生存的传统产业，是关系国计民生的重要产业，

是乡村振兴的基础性、支撑性产业。推动实现畜牧业高质量发展直接影响人民群众生活质量和社会经济发展水平。牧区草业则是畜牧业生产系统中良性循环的中枢性产业和实现现代化转型升级的基础性产业，其发展水平直接体现了畜牧业和农业现代化程度。

党的十八大以来，以习近平同志为核心的党中央深刻总结人类文明发展规律，深入推进生态文明建设，战略性布局草原生态保护工作，走出一条具有中国特色的草原发展道路，我国草原生态环境发生了历史性、全局性变化，呈现总体改善、稳中向好的态势。在国家政策扶持和市场拉动下，我国牧草业产品产量不断增长，产品供应能力逐步增强，规模化水平显著提高，产业化水平持续提升，产业链条逐步延伸完善等。但草种、草业、草原科技支撑水平尚待提升，扶持政策连续性、稳定性、可持续性亟须加强，草原保护修复与发展投入力度不足，高端复合人才匮乏等问题依然突出，不利于提高牧区草业生态系统质量和稳定性。

牧区草业和草原绿色发展是实施农业结构调整、保障国家食物安全、维护国家生态安全的重要途径。我国60亿亩草原覆盖2/5国土面积，近4亿农牧民生活在草原地区，草业和草原肩负生态保护与高质量协同发展的重任。以精益的发展、创新的思维加快发展牧区草业，有利于进一步促进畜牧业高质量发展，为此提出如下建议：

一、与时俱进优化顶层设计

一是强化科学布局，确保规划先行。建议根据草原的保护、建设、合理利用定位，确保维护生态的多样性，完善制定以生态为基础、以人为本、以落地执行为前提的草业高质量发展远景规划，对饲草、旅游、生物价值提取等领域进一步明晰发展路径，做到分段实施、分层评价、分步激励落实落地。二是持续强化生态草业发展战略地位。建议政府将发展生态草业纳入国家产业GDP核算体系，加强对草业与草原科技工作的总体部署，提升草业国家重点研发计划项目比重等。三是完善建设国家级直属草业草原生态研究院，成为草原科学研究领衔机构。因地制宜以草业草原生态研发应用优质化和乡土化、种植生产基地化、管理法治化等为总目标，探索建立国家、企业、金融资本等共同投入项目研发的机制。开展草业和草原生态多功能全链创新，通过研发链、种植链、资金链、产业链、供应链、平台链、资源配置要素链、价值链的闭环融合发展，充分挖掘草业在生态、牧业、能源、食品、医药、旅游等方面的附加值最大潜力，实现生态效益、社会效益及经济效益最大化。

二、完善政策措施，以市场机制整合创新资源

一是建议政府加大草业草原科研、装备制造、基础设施、互联网新兴技术等专项基金投入，创新资金运用机制，以市场化思维提高资金运用效率。二是运用"财政引导资金支持＋吸引社会资本投入"模式，整合集聚产、学、研等激活草原发展的内生动力，对重大难题和关键技术进行联合攻关，突破草业和草原生态产业发展的技术瓶颈，提升整体科技创新能力，为未来智慧牧场、无人牧业、数字草原、山水林田湖草综合治理等新业态新模式提供技术支撑。

三、标准化助力高值草业绿色长效发展

一是加快《产品质量法》完善修订工作，明确草原土地质量、生态质量、草业社会经济价值品质等质量促进调整范围，保持草业生态健康，保证草原农牧产品质量安全。二是以"一区一品"为标准，打造草牧业品牌效应。政府根据地域特色科学分类指导，在规模、环境、装备、草业深加工等方面必须形成科学化、标准化，让高附加值草原品牌走向世界。

四、建议运用 5G、大数据、区块链等技术完善草牧业监管与维护平台建设，以高技术促进草种业、草加工、草机械、草添加剂等草原智能监测与生态治理的质量认证体系落地执行

加强草牧业生产过程监测分析，扩大数据共享范围，逐步实现交易网络化、服务平台化、产业发展智能化、管理数据化，提升草牧业信息管理水平和综合服务能力。

五、完善人才培养与使用体系

建议完善设立国家级草原大学，提高草原科研教学水平，以高度专业性和权威性集聚高端人才，不断增加合力。同时健全草业人才评价机制，落实以实际能力和贡献评价人才。加大力度推行草业专业职称和人才技能制度，将草业科学研究实用人才职称评价体系纳入专业技术人才评价体系，加大人

才队伍培养力度，重点打造草业科学领军人才。

报道 30

河北省丰宁县精准扶贫调研

2017年2月24日至25日，孙太利委员随民建中央主席郝明金赴河北省丰宁县调研，走访当地龙头企业了解产业扶贫情况，深入建档立卡困难户家中走访调研。其间，先后考察丰宁缘天然乳业有限公司和民建会员企业元始种植有限责任公司，深入黄旗镇乐国村走村入户了解脱贫情况。

2月24日，民建中央帮扶丰宁县精准脱贫座谈会在丰宁县行政中心举行，郝明金出席会议并发表讲话。民建北京市委常务副主委任学良、民建天津市委副主委孙太利、民建河北省委副主委郭士刚分别介绍了京津冀民建组织帮扶丰宁的成果和新一年的工作计划。

（薛　雯）

以上部分内容摘自人民政协网于2017年2月28日发布的文章《民建中央常务副主席郝明金赴丰宁调研精准扶贫》

报道 31

举办黔西县乡村骨干教师培训班

7月24日，民建中央社会服务部主办的黔西县乡村骨干教师培训班在天津市电子信息高级技术学院开班。培训时间为7天，采取集中授课、现场观摩、交流座谈相结合的培训方式，学员们的培训、食宿、资料等全部免费，所需经费由天津市庆达投资集团有限公司提供赞助，该集团董事长孙太利为民建天津市委会副主委。

在2011年10月召开的"同心同行民建助推毕节黔西发展签约暨捐赠仪式"上，民建东部10省市与黔西县签订了培训黔西县千名乡村骨干教师协议书。2012年是千名乡村骨干教师培训计划实施的第一年，计划培训200名乡村教师。该项计划由民建北京市委、民建天津市委率先启动，分别负责培训100名乡村骨干中学教师、100名乡村骨干小学教师。

（杜　萍）

以上部分内容摘自人民网于2012年7月27日发布的文章《民建中央社会服务部举办黔西县乡村骨干教师培训班》

附：

举办"黔西县乡村小学骨干教师培训班"
教育扶贫活动纪实

2011年10月，在民建中央举办的"同心同行·民建助推毕节黔西发展签约暨捐赠仪式"上，民建东部10省市与黔西县签订了培训黔西县千名乡村骨干教师协议书。2012年2月7日，民建中央下发文件《关于举办第一期黔西县乡村骨干教师培训班的通知》，对培训工作提出了具体要求。

一、精心组织

为了贯彻落实民建中央工作部署，民建天津市委员会在欧成中主委领导下，孙太利具体负责组织实施，率先在我国东部十省市启动培训贵州省黔西县乡村骨干教师计划。明确提出，要高标准完成这次培训计划，让黔西县参加培训的老师不虚此行，学到真本领。

（一）成立民建天津市委会黔西县乡村骨干教师培训领导小组，孙太利

任组长，统一组织协调教学培训工作，制订关于筹备《第一期黔西县乡村骨干教师培训班》计划和《接待手册》。

（二）孙太利带领工作组成员，经过多次走访调研，最后确定在天津市电子信息高级技术学校进行此次培训工作。该校坐落在天津海河教育园区，以其严谨的治学传统、规范的内部管理、优异的育人质量、优美的校园环境和一流的校园基础设施，具备胜任此次教师培训工作的条件。天津电子信息高级技术学校刘江校长表示，要拿出学校最好的设施为培训班服务。

（三）为办好这期培训班，孙太利带领民建市委会工作人员，多次与民建中央、贵州省黔西县教育局协商汇报工作，征求黔西县教育局意见，落实培训内容，聘请优秀教师。在授课教师的选聘中，工作得到了天津市河北区教育局、南开区教育局、和平区教育局的大力支持。授课教师全部为来自教学一线的优秀教师和学科带头人，用他们多年积累的教学经验，向黔西县的老师们传授教学方法、教学技艺和教学理念。根据黔西县教育局要求和老师教学需求，安排了包括语文、数学、英语、班主任工作技巧及硬笔书法等多类讲座。

"黔西县2012年民建中央乡村小学骨干教师培训班"于7月24日至30日正式开班。民建中央社会服务部夏赶秋副部长和杜萍处长，全国政协委员、民建天津市委会欧成中主委，全国政协委员、民建天津市委会副主委、天津市庆达投资集团董事长孙太利出席了会议。培训班开班和结业仪式由孙太利主持，黔西县教育局常务副局长曾艳、教研室袁娟副主任等领导出席。在培训班结业仪式上，民建天津市委会和天津电子信息高级技术学校向参加培训的老师们颁发了培训结业证书。

民建中央夏赶秋副部长在培训班开班仪式上做了重要讲话，强调了开展"同心同行　民建助推毕节黔西发展"活动的重要性，对培训班开班表示热烈祝贺！

民建天津市委会欧成中主委，亲自在开班和结业仪式讲话。他从参政党职责的高度，要求做好教育扶贫、智力扶贫工作，全力办好培训班。要求动员更多的天津民建企业家参与教育扶贫，培训更多的贫困地区老师，天津民建市委会就是要带好这个头。

黔西县教育局常务副局长曾艳受中共黔西县委、县政府委托，专程来津向民建中央、民建天津市委、天津市电子信息高级技术学校以及所有协助办班的单位和教师表示衷心的感谢。

二、老师们旅途的辛劳

黔西县的老师们乘坐火车于 23 日下午到达天津。由于北京大雨成灾，本应 20 多小时的车程，延误到 30 余小时。没有卧铺，没有空调，老师们下了火车脚都是肿的。他们这种吃苦耐劳的精神深深地感动着每一个人。有的老师从北京下车再到天津，被不善之人骗到不准时的"大巴车"，负责接站的民建天津市委会潘印增副处长得知此事后，马上电话告诉他们要到北京南站乘坐京津高铁，帮助老师们顺利抵津。在天津站，有 6 位老师走散了，负责接站的同志，立即行动分头寻找，帮助他们快速归队。这些细节，让参加培训班的老师们，在天津有了"家"的感觉。

三、友情、亲情的相融，让大家眼睛"湿润"了

夏副部长曾经在黔西县当了两年多副县长，老师们在天津又看到夏部长熟悉的面孔，又听到夏部长亲切的问候时，那些在黔西县的情景又浮现在眼前。夏部长的眼睛湿润了，老师们的眼睛湿润了，一股暖流在相互传递着友情和亲情。

孙太利曾先后 4 次到黔西县扶贫考察，2006 年捐款修建"庆达双坝希望小学"，对黔西县有着特殊的感情。本次培训班吃住以及教学全部费用都由其公司天津市庆达投资集团捐助。在 23 日晚餐致欢迎词时，他又看到了黔西县的老师们，眼睛湿润了。他说，为了帮助贫困地区的教育事业，再多的付出也是值得的。

四、一堂别开生面的音乐观摩教学课

培训班第一堂课是音乐现场观摩教学。由天津市政协委员、天津市音乐学院附中副院长、天津小天使艺术团团长朱经白教授主讲，有 20 多名演员参加观摩教学演出。朱教授首先介绍了音乐教学的先进理念，音乐教学主要是通过音乐教学来培养学生的学习能力、创作能力、理解能力，而不是成为音乐家。通过小学生的电子手风琴演出、电子鼓乐器演出、小学生自己作曲演出，展示了音乐教学的效果。对于创作，朱教授特别强调老师要尊重学生的自我创作，而不要以教师视角去修改学生作品。学生有自己的视觉、自己的创作灵感和自己的快乐。老师的责任在于去挖掘，去鼓励，而不是去压抑。为了展示音乐的魅力，朱教授与艺术家们共同演出了小提琴合奏《二泉映月》和《梁祝》。那悠扬的乐曲，那跳动的音符，让老师们品尝了一次音乐大餐。许多黔西县的老师们是第一次现场观看小提琴的演奏，第一次现场聆听音乐，用他们自己的话讲，"醉"了！

五、请有一线教学经验的老师讲课，听了真"解渴"

为了帮助黔西县老师们提高教学水平，培训班请的讲课老师全部是教学一线讲课老师，都具有丰富的教学实践经验。在课程设置上主要围绕小学的语文、数学、作文教学和如何当好班主任的研究。讲课题目包括："与兴趣牵手成就高效的语文教学""语文创造性作业的探索""低年级拼音与识字教学初探""让学生快乐自信地走进小学""高年级不同体裁阅读教学研究""班

主任工作技巧"等。由于授课老师讲了许多教学案例，以及自身教学体会和当班主任的体会，很有针对性和可借鉴性。参加培训班的老师分别发表感想。有的老师说，讲课老师把几十年的教学经验传授给了我们，使我们享受了他们的教学成果，帮助我们一下向前跨越了十几年。有的老师说，我们和学生也打成一片，但是工作没有像讲课老师那么深入、那么细微、那么耐心，有时老师的一句话可以改变学生的一辈子。有的老师说，这次学到了许多科学的教学理念和方法，例如启发式教学、趣味式教学、图文并茂式教学，由学生创新布置作业、数学题扩展等。总之，这次培训班是我们参加培训最好的一次，感到非常"解渴"。

六、为书写"漂亮的中国字"而努力

培训班进行了硬笔书法示范教学活动，由天津市西青区文联、西青区硬笔书法协会主办。天津市西青区文广局副局长、文联副主席刘金义向黔西县教师赠送了"杨柳青年画"和"西青民俗套书"；中国硬笔书法协会名誉副主席、天津市硬笔书法协会主席孙玉田和中国硬笔书法协会理事、天津市硬笔书法协会副主席、中央美院博士顿子斌教授向黔西县教师赠送了书法作品；天津市西青区硬笔书法协会向每位老师赠送了一本如何写好硬笔书法的教材和练习册。

天津市书法协会孙玉田主席在书法讲座中指出，书法是中华民族的文化瑰宝，是基础教育的重要内容。硬笔书法教育应注重培养学生的坐姿功、执笔功、运笔功、笔顺功、占格功和临摹功。孙玉田主席为培训班每位老师的硬笔书法

中国硬笔书法协会领导向黔西县教师赠送书法作品

练习册作业，逐一进行了点评和修改，不辞辛苦。孙玉田主席已年近70，一直工作到凌晨。他动情地说，我辛苦点没有什么，我的宗旨就是要让千千万万个学生书写"漂漂亮亮的中国字"，把中华民族几千年的文字传承下去。

顿子斌教授详细讲解了"书法是一种特殊的抽象人物画"。他指出，书法的线条、结体、章法三个方面，皆以人体作为依据，书法是以抽象的方式表达人体的形象，并且是深层次的形象。

孙玉田主席和顿子斌教授即兴挥墨，现场进行了书法示范。黔西县的老师们被浓厚的书法氛围所感染，其中洪举老师、周袁老师也即兴现场书写，请名师点评。孙玉田主席高度赞扬了老师们对书法的热爱，倍感欣慰。随后向老师们赠送了"翰墨情""翰墨缘""翰墨志"的条幅，寄语老师们一定要写好中国字！

七、用"爱心"做好服务

为了办好培训班，孙太利带领的团队从筹备工作开始就强调，培训班要组织最精干的人员，用"爱心"做好服务。工作要早动手、细安排，责任到人。民建天津市委会与庆达集团和学校组成了培训工作办公室，负责培训班的日常服务工作，并制订了详细的"接待手册"。民建天津市委会社会服务处的潘印增副处长，每天24小时服务，以"周到""细致"和"微笑"的服务，赢得了老师们的尊重和赞誉。天津市电子信息高级技术学校作为培训基地，为培训班提供了宽敞的阶梯教室、宾馆式的住宿公寓、丰富的文体活动和优雅的学习环境。特别是在伙食安排上，以黔西县当地的辣味为主，让老师们吃得可口又暖心，着实有着"家乡"的味道。民建会员、天津市浦津生态园艺公司高洁总经理，为培训班老师们无偿提供了文件包、写字笔、笔记本等学习用具。

培训班期间，邀请了天津市政协常委、民进市委会常委、天津医科大学第二附属医院耳鼻喉科黄永旺主任及全科的医生、护士，利用休息时间为黔西县老师们进行了耳鼻喉专科义务体检。体检结果，寄给了每位老师。耳鼻喉体检使老师们十分感动，收到了很好的效果。

在培训班结业当天晚上，团队宴请了黔西县的老师们，品尝了天津烤鸭等特色佳肴。培训班还组织老师们到天津新建的文化广场参观了"李岚清同志篆刻艺术展览"，游览了天津"五大道"、劝业场商业区等，为黔西县的老师们在天津的学习生活留下了美好的印象。

八、培训班的收获和硕果

一周的学习培训结束了，时间虽然短暂，但对参加学习培训的老师们却意义非凡。他们的每一天都是幸福而又充实的，每一天与不同风格老师学习技艺，每一天听不同类型的讲座，每一天都能感受到教育教学理念的升华。这次学习培训，让黔西县的老师们开阔了视野、丰富了知识、更新了理念、打开了思路，对他们今后的教育教学工作有很大帮助。

九、老师参加培训班的体会和感想摘录：

新仁乡徐林勇老师：

夏部长关心地问到山区孩子们是否都读上了书、是否都吃饱了饭的时候，我的眼泪直在眼眶里打滚。是的，祖国山区的孩子们条件确实苦了点，但有领导们这样的关心，这样的热忱，给我们注入满腔的热血，我想大声地对各位领导说："请你们放心，改变祖国山区，塑造祖国未来的重担，就放在我们身上吧！

沙井小学乔兴国老师：

此次天津之行，我"三醉"。醉于无微不至的服务；醉在迷人的音乐大餐；醉进了所有的课程和指导老师们的那份用心、对学生的爱心、对工作的尽心里面。真可谓是："精心准备，耐心传授，倾囊相送，处处欣喜，一石激起千层浪；用心而来，专心聆听，照单全收，步步精心，百师收获万立波！"

太来乡毛梅老师：

姜春雁老师的语文创造性作业，让我受用一生。引导学生自主设计创造作业，彻底改变过去那种机械、枯燥、繁重的作业形式，还学生以自主、生动、充满创新与情趣的创造性作业。老师的讲解使我恍然大悟：我们的教育工作可以如此地多姿多彩，只有老师拥有了过硬的素质，学生才会受益无穷。

协和乡杨柳小学罗娜老师：

听了苏惠琦老师的讲座，我才知道怎样才是关爱学生，那应该是"一个灵魂呼唤另一个灵魂"的教育。所以做一名教师不仅要有丰厚的文化，更要有健康的心理，无私的爱，要有人格的魅力，用自己的言行去感染学生，以身执教。

沙井黄泥小学张玉朝老师：

兴趣是最好的老师。讲课老师们的教法设计，均从学生的年龄特点出发，开发设计各种游戏，让学生们在玩中学，学中玩，最大限度地激发了他们的学习兴趣。学校教研课题，宜小不宜大，从解决实际问题入手。当一个个的小问题得以解决后，合起来就将是了不起的大成果。

羊场乡熊焱老师：

在电脑普及的今天，许许多多的人认为写字已经不重要了。但听了孙玉田主席的讲座，看了孙主席写的字以后，让我感触特别深。汉字不仅是中华民族文化的载体，本来就是一门伟大的艺术，是中华民族的财富和瑰宝。作为老师的我们，应该学习和掌握好写一手漂亮字的方法，先写一手好字，再教学生写一手好字，把祖国几千年灿烂的文化和艺术传承下去。

新仁苗族乡何健老师：

主办方考虑到我们是南方人，就让厨师为我们精心烹制适合我们口味的菜肴。为此，我向在这流火的七月还围着火炉为我们忙碌的全体食堂员工，表示诚挚的感谢！

匆匆地相逢，亦匆匆地离别。离愁别绪不尽言表，感激之情溢于胸膛。我衷心希望各级相关部门和主办方，将这种培训活动更好地常态化、系统化地深入开展下去，为贵州山区培训出更多优秀的教学能手。

新仁乡周袁老师：

我参加此次培训班，一是感谢，二是感动，三是感触，四是感悟，五是感召。无论是什么课堂，教师都可以把音乐带入，或是一首儿歌，或是一段曲子，把知识的学习融入音乐，让学生轻轻松松、快快乐乐地掌握学习内容，激发学生灵感。回贵州黔西后，我将与其他学员老师一起把本次"取经"之获与其他老师分享交流。同时会建议老师们要多向优秀老师学习，转变陈旧的教学观念，改变不科学的教学方法，关爱学生，乐于探究，少埋怨环境，多改变自己，与老师们携手努力，共同进步，为把黔西教育水平推上新台阶献出自己的微薄之力！

十、2013 年再次赴黔西县培训教师

为了扩大黔西县教师培训班的成果，深化教育扶贫，满足更多黔西县老师参加培训的愿望，2013 年 8 月 21 日至 24 日，民建天津市委会欧成中主委和孙太利带队，再次赴贵州省黔西县举办骨干教师培训班，庆达投资集团继续进行资助，承担全部培训费用。民建中央社会服务部智力开发处处长于艳斌参加了开班仪式。

此次培训活动，邀请了天津市和平区重点小学——万全小学的校长和优秀教师三人赴贵州黔西县，对当地 600 名小学教师进行培训。黔西县有的老师为参加培训班步行两天，不辞辛苦，十分感人。根据黔西县老师们教学需求，为其安排了德育、语文、英语等课程，授课教师用多年积累的教学经验，向黔西县的老师们传授教学理念和教学方法、教学技巧等。三位老师深入浅出的讲授，让黔西县的老师们获益匪浅。

黔西县参加培训班的老师回到当地后，把学到的先进教学理念、方法等进行流转培训，产生"滚雪球"效应，帮助贫困地区老师们丰富了知识，更新了理念，进一步开阔了视野，为脱贫摘帽贡献了力量。

十一、列席全国政协常委会并提交教育扶贫建议

孙太利通过举办黔西县教师培训班，深化了教育扶贫的实践和调研，提出了实施精准教育扶贫的提案建议。2016 年 6 月 22 日，他列席了全国政协十二届第十六次常委会，根据举办黔西县乡村骨干教师培训班的经验和体会，提出了《关于组建师资教育工作组，实施"一对一"精准教育扶贫的建议》，并在会议上发言。该发言材料，编入了政协第十二届全国委员会常务委员会

第十六次会议大会发言材料。

他在全国政协常委会发言中提出，总结以往的教育扶贫活动，取得了一些效果，但许多是一次性的，是零打碎敲的活动，缺少持续性，还很不解渴。通过民建中央主办的"贵州省黔西县乡村小学骨干教师培训班"等活动，充分说明改变贫困地区的教育，亟须先进的教学理念和教学方法。面对脱贫攻坚战，教育扶贫必须要有超常的措施。要立足建立贫困地区师资培训交流的长效机制，全面提高教师的教学水平和综合素质，实施精准教育扶贫。

他建议由东部北京、上海、天津等教育先进省市，抽调中小学具有教学实践经验的优秀一线老师组成工作组。"一对一"对口支援贫困地区的中小学。一般以地县为单位，两三年时间，制定中长期教育扶贫规划。规划做到四落实，即人员落实、时间落实、帮扶对象落实、责任目标落实。

他提出实施教育扶贫，提高贫困地区师资水平，是让贫困地区的孩子们掌握知识、改变命运、造福家庭，最有效、最直接的精准扶贫。

（天津市庆达投资集团有限公司党支部原书记　孔宪明）

报　道 32

毕节地区黔西县扶贫调研

2011 年 10 月 10 日至 12 日，孙太利委员随同全国人大常委会副委员长、民建中央主席陈昌智赴黔调研。看望了民建毕节支部部分会员、参观黔西县城镇建设、考察部分民建中央会员在黔投资企业并为企业授牌、考察黔西县新农村建设情况。

10 月 11 日，为进一步贯彻落实中央领导关于毕节试验区建设的指示精神和中央统战部 414 会议精神，研究部署民建下一步帮扶毕节试验区及黔西县的工作思路和任务，民建中央在黔西县组织召开对口帮扶黔西县座谈会。座

孙太利委员扶贫调研

谈会上，民建东部十省市组织民建会员企业与黔西县签订了合作协议和乡村千名骨干教师培训计划。

（佚　名）

以上部分内容摘自凤凰新闻于 2011 年 10 月 13 日发布的文章

报　道 33

边疆扶贫开发视察调研

2008 年 9 月 15 日至 22 日，孙太利委员随同以全国政协副主席、全国工商联主席黄孟复为团长，王少阶常委为副团长的全国政协委员视察团一行十七人，赴广西壮族自治区就"边疆地区扶贫开发工作"在百色、河池、南宁等地视察调研扶贫开发工作。

视察团行程数千公里，深入桂西北贫困地区，进村入户、访问企业、查阅资料、听取基层意见，详细了解贫困群众的生产生活情况和扶贫开发工作进展情况。在百色国家农业科技园区，视察团一行兴致勃勃地视察了园区科研发展情况和科研成果转换情况；在百色下甲乡河洲村东庭旺扶贫安置点，孙太利委员随同黄孟复走进农户家中，了解群众搬迁安置情况；在东兰、凤山县以及巴马瑶族自治县、环江毛南族自治县等地乡村，认真调研了当地群众生产生活情况，并为特困群众送上慰问金。

考察调研中，委员们积极为老区和贫困地区发展建言献策。

一些地方建设的公路不少是上级政府出一部分资金，县里或者村民再配

孙太利委员调研

套一部分。但是扶贫部门只修路，维护没有人来管，雨大就冲坏了。广西河池市贫困村有 5006 公里的通村四级路没有得到及时管护，需要管护费 1.3 亿元。

"北京的柏油路铺到了每一条街道每一个胡同，也没有听说要街道居民出钱。"全国政协委员、天津市庆达投资集团有限公司董事长孙太利建议，中央财政要把解决老少边穷地区的公路建设责任承担起来。

一些极端贫困人口的问题也引起了视察团的极大关注。

在视察团到过的一些地方，茅草房到处可见。广西全区还有 2 万多贫困户居住在不稳固的四面透风的茅草房或危房中，要改造这些茅草房，按每户补助 5000 元估算，全区需要投入扶贫资金 1 亿元。有 3450 个行政村未通四级路；有 7.3 万个自然村未通村级道路；有 99 个村未通电；有 700 多万人饮水困难。

"待在原地连温饱都解决不了，就是把路修到门前，脱贫也是个问题。"孙太利委员建议将零星的分散在山庄窝铺的人全部迁移出来，彻底根除贫困。

（任一龙）

以上内容摘自 2008 年 9 月 26 日人民政协报发布的文章《全国政协"边疆扶贫"视察系列：扶贫资金应与财政收入同步增加》。

案例 1

企业、专家学者与政府部门综合调研纪实

孙太利委员在全国政协十二届二次会议召开前夕，就社会关注的关于发展混合所有制经济、促进国企转型和产能过剩等问题进行深入调研，天津电视台新闻部"两会专题"栏目组全程跟踪提案调研过程。

为了使提案能够数据翔实、问题准确、建议可行，孙太利委员先后多次深入国企控股的混合所有制企业"百利环保设备有限公司"、民营资本控股的混合所有制企业"天津盛象管业有限公司"、准备与国企合作的民营企业"天津康科德科技有限公司"、国有独资的服务业企业"天津外轮代理有限公司"等具有典型代表性企业调研，与企业经营者和产业工人交流座谈，听取企业发展混合所有制的相关情况。

通过深入市国资委和天津市中小企业局，从国有企业和中小企业两个层面详细了解天津市发展混合所有制经济的有关数据，并与相关领导座谈，听取市发展混合所有制经济的计划和推动措施。通过深入天津社会科学院企业所、天津经济发展研究所等科研机构调研，与有关专家交流，共商推动混合所有制经济发展存在的瓶颈问题和对策建议。

一、深入企业走访调研

天津百利阳光环保设备有限公司既有职工参股的经验，又亟须引进民营企业机制，致力做大做活环保产业。

孙太利委员首先来到天津百利阳光环保设备有限公司，该企业是天津市高新技术企业，主要从事固体废弃物处理成套成线设备的生产制造。公司坐落在天津市北辰科技园区，主要产品包括城市生活垃圾综合处理线及配套设备和餐厨垃圾生化处理机等。该公司国有控股，在原有国有企业的基础上进

行改制，公司骨干个人参股，已经是混合所有制企业。

走进加工和装配车间，有大型立车加工设备、数台智能加工中心设备、出口泰国的生活垃圾处理设备等，正在进行最后调试。机器轰鸣，车间整洁。公司董事长任庆斌指出，原来国有企业一股独大，职工积极性不高，企业干好干坏与自己关系不大。企业职工入股后，积极性非常高，为完成任务主动加班，提合理化建议，进行技术革新。企业职工入股，形成利益一体化，进一步助力企业发展。但光有职工参股远远不够，还需引入民营资本，引进机制灵活、市场观念强、弥补国有企业不足的民营企业机制。此外，餐厨垃圾生化处理机，亦亟须通过混合所有制改革，尽快推向市场。

天津盛象塑料管业有限公司体验到混合所有制企业的优势，亟须政府构建更加宽松的市场环境，推动企业快速成长。

孙太利委员随后来到作为股份合作公司的天津盛象塑料管业有限公司。该公司位于天津北辰经济技术开发区，属天津市高新技术企业，专业生产、销售国家大力推广的新型绿色环保塑料复合给、排水管材。走进车间和场院，各种规格的管材有序码放在库房，展示介绍该厂发展历程和品牌效应，以及产品销售应用等情况。负责人介绍该企业是由国有企业、民营企业共同组建的混合所有制企业，具备两大特点：一是创新能力强，拥有市级认定企业技术中心，产品荣获天津市著名商标称号，拥有该领域多项专利技术。二是发展速度快，混合所有制后资产增长迅速。在调研过程中，负责人表示希望进一步优化营商环境，为后期企业健康发展提供更多支持。

天津市康科德科技有限公司产品将打入国际市场，亟须与同行业国有企业形成混合所有制企业，加快走出去步伐。

因同是民建会员，孙太利委员与天津市康科德科技有限公司总经理有着相同的责任与情怀，在调研过程中了解得更透彻、清晰。该企业是科技开发型企业，坐落于天津武清福源经济区，专业研制、开发、生产高纯化学试剂和医药中间体。公司拥有 40 个专利，其中有多个专利和产品执行均达到国际最高技术标准。公司董事长宋金链指出，企业目标是与国际最高水平无限接近，致力于打造国际产量最大的单品。因此亟须寻找拥有实力强、市场大优势的同行业国有企业合作，促进企业迈上更高的台阶。

二、走访天津市中小企业管理局

孙太利委员与天津市中小企业管理局局长以及相关处室领导召开座谈会，听取天津市中小企业发展现状和问题。局长强调，天津市中小企业管理局积极支持中小企业参与国有企业改革，积极协调有关部门强化服务措施，搭建混合所有制企业发展平台。

在座谈中了解到，制约天津市民营经济和中小企业发展的主要问题重点在"五个不够"和"发展六难"等方面。"五个不够"表现为：一是企业数量不够多。二是企业规模不够大。三是产业层次和集聚度不够高（散、弱、低、粗、污等问题较突出）。四是创新能力不够强。五是企业管理水平不够高。"发展六难"表现为企业发展不同程度地存在创办难、成长难、创新难、盈利难、融资难、办事难等问题。民营经济和中小企业发展的政策环境、服务环境、市场环境、社会环境、法治环境还有待于进一步改善。

2013年，天津市委、市政府出台《关于进一步加快民营经济发展的意见》，从完善创业政策和服务体系、全面放开竞争性行业和领域、放宽市场准入条件、支持参与国有企业改革、鼓励支持科技创新、培育民营大企业大集团、实施品牌战略、推动转型升级提质增效、实施"走出去"战略、加大财税政策支持力度、改善企业金融服务、保障集约节约用地、加强用工和人才服务、加大企业家及各类人才培训力度、支持各类协会（商会）发挥作用、规范管理优化服务等方面，推出了一系列力度较大的鼓励扶持措施。

三、走访天津市国资委

孙太利委员与天津市国资委领导相互交流沟通调研情况。天津市国资委领导表示，积极组织推动国有企业与非公有制企业加强合作，大力发展混合所有制经济。到2017年底，核心骨干企业80%以上实现股权多元化，其中混合所有制占较大比重。

据调研了解到制约市国有企业发展的瓶颈，主要体现在以下几方面：一是优势产业和核心主业不够强，品牌优、效益好、行业领先的龙头企业和集团较少。二是开放程度不够高，国有独资企业、控股企业数量较多，国有资本比重较大，公司法人治理结构不够健全，体制机制不够灵活。三是国有企业资本运作水平和能力不够高，国有资本放大功能和杠杆效应未得到充分释放，整体盈利水平不高，国有经济发展质量和经济效益有待进一步提高。

国资委表示将进一步加大开放搞活力度，积极组织推动国有企业与非公有制企业加强合作，大力发展混合所有制经济。到 2017 年底，核心骨干企业 80% 以上实现股权多元化，其中混合所有制占到较大比重。一是鼓励和支持非公有制企业参与国有企业改制重组。二是鼓励和支持非公有制企业参与国有企业大项目建设和东移搬迁改造。三是围绕延伸产业链，加强国有企业与非公有制企业合作对接。四是支持非公有制企业参与国有企业非主营企业改制剥离工作。五是为非公有制企业参与国有企业的产权制度改革搭建阳光交易平台。国资委将加强对混合所有制经济的引导和监管，推动混合所有制企业完善现代企业制度，改革和创新体制机制。研究探索由管理国有企业向管理国有资本过渡的途径。

四、深入科研机构调研

孙太利委员多次深入天津社会科学院企业所、天津经济发展研究所等科研机构调研，与专家交流了解产能过剩问题和混合所有制改革问题。产能过剩问题在当时国内大部分工业行业普遍存在。调查显示，2013 年上半年工业企业产能利用率不足 79%，仍处于 2008 年国际金融危机后的较低水平。其中，钢铁、电解铝、水泥、平板玻璃、船舶等行业产能过剩情况尤为突出。2012 年底，钢铁、电解铝、水泥、平板玻璃、船舶行业产能利用率分别仅为 72%、71.9%、73.7%、73.1% 和 75%，明显低于国际通常水平。同时，上述行业还有大量在建、拟建项目，产能过剩矛盾呈日益加剧之势。

五、调研提案建议成果

通过一系列走访调研，孙太利委员认为产能过剩是最大的资源浪费，是最大的污染源，是企业亏损最主要的原因。解决产能过剩的根本途径，就是深化经济改革。按照党的十八届三中全会要求，充分发挥市场优化资源配置的功能，把化解产能过剩与产业结构调整、大气污染治理、布局调整优化等紧密结合起来，在化解产能过剩中推动产业转型升级，在产业结构调整中化解产能过剩。因此，2014年在全国政协十二届二次会议提交《关于用市场的力量，推动企业转型升级，有效化解产能过剩的提案》，该提案被列入全国政协会议主席督办重点协商办理提案，并在协商会上发言。全国政协副主席韩启德和中央组织部、中央编办、国家发改委、科技部、工信部、财政部、国土资源部、环境保护部、商务部、中国人民银行等提案承办单位负责人参加会议，对提案进行集中协商办理。

同年提交的发言材料"发展混合所有制经济，推动国企改革，防止穿新鞋走老路"，被选入全国政协《国是建言》第三辑。

孙太利委员认为化解产能过剩与发展混合所有制经济密切相关。积极发展混合所有制经济，将进一步推动国企改革，使国有经济和民营经济在更大范围、更广领域形成"你中有我、我中有你"的新局面。过去国有经济充分发挥着主导作用。诸多国企与民企整合成为混合所有制企业，既有成功经验，也有失败教训。部分混合所有制企业之所以未能获得更好更快的发展，原因在于国企与民企整合并未用市场力量优化资源配置，没有充分让市场发挥决定性作用。而是政企不分，监管不到位，造成国有资产严重流失，因此他提交《关于大力发展混合所有制经济，促进国企转型的建议》，成为民建天津市委会在天津市十三届政协第六次常委会会议的发言材料。

（天津市庆达投资集团有限公司党支部原书记　孔宪明）

案例2

"走绿色新型城镇化之路"的调研与探讨纪实

2013年，孙太利委员在全国政协十二届一次会议提交的《关于防止小

孙太利委员赴福建调研

孙太利委员赴福建调研

城镇建设"空心化"，必须坚持可持续发展的意见和建议》提案，列入会议首批主席集中协商办理重点提案。

为了进一步调研新型城镇化发展中的问题，2013年6月，他随全国政协罗富和副主席到福建等地进行了"推进小城镇建设，提高城镇化质量"专题调研。

调研组一行听取了福建省委、省政府推进小城镇综合改革试点的情况介绍，先后参观考察了福州、莆田、泉州、漳州、厦门等地10个重点小城镇建设情况，并就推进小城镇建设过程中的科学规划、分类指导、产业支撑、体制机制创新、改善民生等问题与地方负责同志和基层群众代表一起调研座谈。福建省委书记尤权、省长接见了调研组一行。福建省委常委、常务副省长介绍了福建基本省情和推进小城镇建设的情况。他强调，福建确定了43个小城镇开展综合改革建设试点，经过3年多的探索实践，试点镇发展速度和质量明显提升。下一步，福建将按照新型城镇化和城乡发展一体化要求，在推进城乡发展一体化、提高小城镇综合承载能力、推动符合条件的农业转移人口落户小城镇、推动体制机制创新、发挥示范带动作用等方面下功夫，深化综合改革建设试点工作，加快推进小城镇建设，提高城镇化质量。罗富和充分肯定福建省小城镇建设取得的成效。他表示，福建 43 个试点镇建设取得了经济实力增强、民生持续改善、公共服务水平提升等一系列良好成效，为全国小城镇综合改革建设试点工作提供了借鉴和参考。他强调，推进城镇化是深化改革发展、推动可持续发展的重大战略举措，要按照科学发展观的要求，坚持分类指导、科学规划、合理布局，主动挂钩和服务中心城市发展，坚守 18 亿亩耕地红线，积极稳妥推进小城镇建设。

孙太利委员为了进一步调研新型城镇化发展中的问题，对天津市西青区、北辰区的城镇化建设项目进行了深入调查研究。天津在城镇化建设中积累了许多好的经验，在充分调查研究的基础上，坚持成熟一个搞一个，成熟一批搞一批，真正起到了促进改革发展的作用。

在全国小城镇建设中出现了一些"空心化"的误区，走了一些弯路，主要表现在：一是有些地方在利益的驱动下，一味追求城镇化的高速度和规模扩张，一哄而起，有速度无质量。二是小城镇建设规划低水平，没有达到一定的人口规模，没有人口聚居效应。呈现重物轻人的城镇化倾向。三是小城镇建设缺乏产业支撑，与工业化、现代农业脱节，形成了空心城镇。四是小城镇建设管理滞后，环境脏、乱、差。

孙太利委员出生在农村，深感农民的艰辛和不易。怎样才能让农民住上梦寐以求的楼房呢？通过什么办法把他们变成新型农民、变成工人或者享受市民待遇的新型农民，让他们过上幸福的生活、有尊严的生活？

通过多次深入调研，孙太利委员于 2013 年围绕新型城镇化，半年时间 3 次提出建议。他认为要强化用法律法规和制度，规范政府在小城镇建设方面的执政能力和水平，杜绝在小城镇建设实施中滋生腐败现象。要依法规范小城镇建设的具体操作模式，用制度进行逐项考核。绝不能再让失地农民得不到经济补偿，上访喊冤。决不能让被征收房屋的农民在得不到补偿的前提下，把房子给拆掉或卖掉。在小城镇建设进程中，决不能再发生以各种名义违法乱纪，欺压和侵犯百姓利益。7 月 8 日提出"小城镇建设必须坚持法规先行"的建议。

通过调研他发现许多地方小城镇建设忽视了绿色建筑产业。从一些示范点建筑看，"绿色建筑产业"水平不高，一是规划设计没有融入"绿色建筑产业"的理念。二是新建房屋结构不先进,二次污染和资源浪费十分严重。三是节能材料、新型材料使用率不足。四是垃圾处理、污水处理不配套。空气、水污染问题依然严重,"垃圾围村庄、臭水满池塘"等现象仍然存在。

他认为绿色建筑产业事关国计民生,事关党的十九大提出的建设中国特色社会主义总布局是经济建设、政治建设、文化建设、社会建设、生态文明建设"五位一体"的落实。发展绿色建筑产业,系统推进建筑全寿命期各个环节的规范化、标准化和绿色化,推动绿色建筑新技术、新材料、新产品的应用,对于提升我国建筑业科技创新能力,带动一批相关新兴产业的形成和传统产业的跨越式发展具有重要意义。因此,11月3日提出了《发展绿色建筑产业,助推新型城镇化建设》的建议。

他认为未来将处于工业化、信息化、城镇化、农业现代化同步发展的进程之中。积极稳妥地推进新型城镇化,不仅关系到未来经济发展的质量和后劲,也关系到社会管理、民生改善以及生态环境等诸多方面。要实现新型城镇化,必须解决城镇化过程中出现的一系列问题,而创新社会管理问题尤为重要。11月11日又提出《新型城镇化建设必须创新社会管理》的建议。

（天津市庆达投资集团有限公司党支部原书记　孔宪明）

第四章
守正笃实　久久为功

　　孙太利委员以其深厚的家国情怀和敏锐的洞察力，持续关注并推进国家重要议题的发展。他出身农家，对乡村怀有特殊而又深厚的情感，长期关注"三农"问题，深入基层，倾听农民声音，将真实需求传递至两会。自2009年至2022年，他连续提交助推"三农"发展的提案，涵盖了绿色环保、资源利用、耕地保护、农村电商等多个领域，为乡村振兴与脱贫攻坚作出了显著贡献。同时，他积极推动京津冀区域协调发展，展现了对国家大局的深刻理解和责任感。作为企业家委员，他关心中小微企业发展，通过深入调研和提案，助力企业渡过难关，实现转型升级。在教育与人才培养方面，他倡导职业教育改革，呼吁加强工匠型人才培养，为国家的未来发展储备人才。

　　孙太利委员以守正笃实的态度深耕履职之路，通过久久为功的努力，将不同领域的声音和需求转化为实际行动，并倾注了无数心血，这是他对祖国和人民的深厚情感与责任担当。

第一节 脱贫攻坚与乡村振兴

【摘要】出身农家的孙太利委员，对乡村有着特殊的情结。他在心中种下为"三农"发声的种子，长期把目光聚焦在基层一线，放在农村农业农民身上，努力把百姓的真实呼声传到两会。

十九年来，孙太利委员持续不断参加贵州省毕节黔西县、河北省丰宁地区、天津市蓟州区等多地扶贫工作，帮助贫困户发展产业、解决困难，以不同方式真扶贫、扶真贫。在调研实践中凝聚社会各方共识和力量，助推精准扶贫、产业扶贫、智力扶贫。他奔走在乡村大地上，倾听民意、聚焦民生、汇集民智，将所见所思所想总结记录，借助全国政协平台为"三农"发声。从2009年到2022年，每一年不间断地选择不同切口，提交助推"三农"发展的提案，包括推广使用绿色环保农药、开发秸秆资源推动循环经济、推进土地节约集约利用、保护耕地保障农产品安全、解锁农民主体新活力、高效发展农村电商等方向，真正切实为脱贫攻坚与乡村振兴贡献着光与热。

2016年5月，孙太利委员提出了"关于做好易地扶贫搬迁改造的建议"。建议按照国家相关政策，对于居住在深山区、高寒区、石山区等贫困山区，生存条件恶劣、生态脆弱、土地贫瘠、水资源匮乏、贫困程度深的农户，应实施易地扶贫搬迁。易地扶贫搬迁关键要实施精准扶贫。

在2017年全国政协十二届五次会议提交的《关于在农业供给侧结构性改革中推动农民致富奔小康的建议》提案，列入会议现场协商办理。

2017年8月份，列席政协十二届全国委员会常务委员会第22次会议，围绕"实施精准扶贫中存在的问题和建议"建言献策，并做了题为"打造产业融合升级版的乡村旅游产业，促进农民增收不返贫"的口头发言。

2018 年被中央办公厅和国务院办公厅聘为脱贫攻坚奖评选委员。参加全国脱贫攻坚奖评审活动，并赴贵州、四川等地进行基层调研活动。先后提出了《关于"脱贫摘帽与党中央乡村振兴战略对接"的建议》等多项建议。

2019 年 7 月 9 日，人民政协报举办的"推进盐碱地改良与技术创新"主题研讨会上，孙太利结合治理与监管等方面存在的问题，有针对性地提出了应用大数据来推动盐碱地治理智能化的崭新观点，受到与会专家学者的关注与好评，7 月 25 日，《人民日报》《人民政协报》刊登了发言。

一分责任，一分收获，孙太利委员着实以实际行动为自己交上一份满意的"三农"履职答卷。

2018 年 3 月，孙太利委员做客"2018 全国两会津云北京演播室"接受媒体采访。

2019 年 7 月，孙太利委员赴河南汝阳调研考察文化旅游与乡村振兴。

2020 年 4 月，孙太利委员赴河北丰宁扶贫考察。

2022 年 8 月，孙太利委员赴蓟州调研产业发展与乡村振兴。

报道 ³⁴

习近平总书记在政协农业界社会福利和社会保障界委员联组会上重要讲话引发代表委员热烈反响

主持人：习近平总书记3月6日下午看望参加全国政协十三届五次会议的农业界、社会福利和社会保障界委员并参加联组会时的重要讲话，在代表委员中引发热烈反响。大家表示，要始终绷紧粮食安全这根弦，不断提高农业综合生产能力，织密社会保障安全网，全面推进乡村振兴。来听记者赵征、董朗、李春怡的报道。

解决吃饭问题根本出路在科技，种源安全关系到国家安全。全国政协委员、天津市庆达投资集团有限公司董事长孙太利说，要通过提高农业科技水平、深化农业科技体制改革，确保种源自主可控。

录音：在实现种业自立自强、自主可控的过程中，也要引入像大数据、人工智能、区块链等新技术，用于新品种开发过程中的研究分析。同时，要通过农业科技体制改革，健全品种审定和知识产权保护制度，让更多科技型企业参与种业研发中，不断完善育种、选种的创新链，将种业技术牢牢掌握在自己手中。

（赵 征 董 朗 李春怡 刘 颖）

原载北方网 2022 年 3 月 8 日

报道 ³⁵

厚植土壤 乡村振兴迸发新生机

在这个草木蔓发的春天，全国两会召开期间，代表委员们"脚踩"泥土芬芳，为乡村振兴带来了诸多议案和提案，也为中国"三农"的发展播种新希望。

发展农村电商在助推乡村振兴中发挥着重要作用。近年来，"互联网＋农业"取得阶段性成果，逐步实现对农业生产和营销模式的改造，农业智能化浪潮持续推动农业标准化、规范化发展。

"电子商务作为农村数字经济的突破口，为巩固拓展脱贫攻坚成果、实施乡村振兴战略提供强大助力。"全国政协委员、天津市庆达投资集团有限公司董事长孙太利说，还应继续多措并举加快农村电商发展。

孙太利认为，推动农村电商的高质量发展，不仅要加强政府引导，塑造地区农业品牌，做好营销服务，还要完善农村电商人才培育与服务机制，抓住电商人才"领头羊""火车头"的带动作用，全面落实提供医疗保障、子女就学等政策支持，提高综合福利待遇，吸引人才留在乡村、效力乡村。与此同时，还要完善农村物流体系，解决"最后一公里"问题。强化落实"互联网＋"农产品出村进城工程、农产品仓储保鲜冷链物流设施工程等建设，让农产品运得出、供得上、卖上价。健全流通渠道，持续推动村级物流网点建设，实现乡镇到村的物流配送，解决"最后一公里"问题。

（晏澜菲　白舒婕　吴　力）

内容摘自 2022 年 3 月 8 日中国商务新闻网、国际商报社等发布的文章《厚植土壤　乡村振兴迸发新生机》

报　道　**36**

建设美丽乡村　改善农村环境

3 月的北京，春意盎然。全国政协十三届五次会议 3 月 4 日下午在人民大会堂隆重开幕。开幕会前，全国政协委员孙太利接受《中国周刊》连线采访时说，建设美丽乡村、改善农村环境，是他今年的建议的一个重要内容。

孙太利委员说,在"三农"工作重心转移至全面实施乡村振兴战略背景下,改善农村人居环境,建设美丽宜居乡村,是实施乡村振兴战略的一项重要任务,是决胜全面建成小康社会的重要内容,亦是推进农业农村现代化的关键抓手。

在全面建设社会主义现代化国家大背景下,美丽乡村建设仍然任重道远,因部分村庄规划滞后、整治资金不足、产业发展不强、关键人才匮乏等原因,人居环境领域的治理不充分、区域间治理不均衡等现实问题依然存在。坚持高位推动、科学谋划,系统推进乡村建设,利于高效改善人居环境。

针对关于系统推进乡村建设、助力人居环境高效改善,全国政协委员孙太利表示,要在会上提出如下五点建议:

一、强化科学布局,确保规划合理落地

一是建议政府专业规划团队根据实地调研因地制宜科学研判村庄演变规律,合理确定村庄分类,深度挖掘乡村文化、产业、自然等资源价值,充分整合运用资源,吸引民间资本,强调规划整体性、前瞻性、系统性和可持续性。二是加大数字化技术应用,落实各村庄规划数据纳入省、市、县等全维度空间信息平台,强化规划执行督察力度,确保规划科学合理、高效落地。

二、政策活力激发乡村建设内生动力

一是加大财政专项资金支持力度和财力统筹力度。深入摸查各类别村庄所需投入底数基础,因地制宜完善差异化补助标准,加大对地理位置偏远、短板更加突出的老区苏区等地区政策支持和倾斜力度。科学整合资金,加大其他领域预算沉淀资金和无须用财政专户资金回收力度,清理财政挂账资金,统筹用于亟须支持的项目。二是创新投融资模式,发挥专项基金引领撬动作用。建议政府专项基金与社会资本融合设立定向或非定向基金,突出项目成果效应以及社会效益评价,淡化投资周期内经济效益评价,对项目给予更大的风险容忍度,破除资本下乡痛点、难点。

三、创新赋能,增强乡村循环造血能力

一是创新金融活动。建议政府因地制宜扩大建设绿色金融改革创新试验区,创新绿色金融产品服务与考核,完善构建完整的信用体系和风险防控体系,引导信贷资金精准支持人居环境改善重点工程,建立治理和发展区域目录清单，对区域内已实现生态价值化、文化价值化等农村基础设施建设加大信贷倾斜。二是加大引导龙头企业联农惠农力度，丰富乡村经济业态。运用大数据、物联网等技术完善乡村发展平台建设，精准高效扩大统一服务带动标准化经营联结模式、股份合作共享发展成果模式等应用场景，为乡村创造更多提供优质产品、优质服务的机会。

四、数智融合，强化资源利用与高效监管

一是建议健全资源盘活体系，完善建立数字化集体资源动态管理台账，合理运用农村产权流转交易平台强化土地规模适度流转，化解土地资源碎片化、分散化等问题。通过集聚闲置资源，吸引社会力量参与投资进行村庄"荒地"项目建设。二是通过智慧化、透明化监测督察，严把工程设计关、材料质量关、施工监管关等，落实村庄公共基础设施建设与管护长效机制，提升村庄维护与提高质量、提升农民各项权益保障，激发农民参与内生动力。

五、完善人才培养与使用体系

建议完善乡镇机构建设和人员配置支持政策，系统性开展新型职业农民、乡村干部和乡村科技人才的培育工程以及人才评价机制，充分激发存量乡村人才潜能。

其他相关报道详见人民政协网、农林资讯网《孙太利委员呼吁：推进乡村振兴 高效改善人居环境》2022 年 03 月 03 日

（梅淑娥）

原载中国周刊 2022 年 3 月 5 日

报 道 **37**

以创新动力解锁农民主体活力

"农民作为乡村的主人，是决定乡村前途命运的根本力量。"全国政协委员孙太利 3 月 4 日表示，必须以赋能农民为核心，以创新动力解锁农民主

体新活力，才能真正打开乡村财富大门，促进乡村振兴高质量发展。

优化顶层设计十分重要，要精准组合农业供给侧结构性改革政策，培育高质高效发展环境。孙太利建议，激活农村传统本土企业活力，激发农民创新创业动力，才能实现创造更多新的优质市场主体。如加大农产品科研、装备制造、基础设施、互联网新兴技术等专项基金投入赋能，强化资金分类运用，补齐产业短板，助推突破关键性技术"卡脖子"环节；在不同行业领域建设乡村振兴研究院，通过研发链、种植链、资本链、产业链、供应链、销售链、价值链的闭环融合发展，赋能乡村振兴。

孙太利提出，全方位建立并优化农产品田间档案，真正实现农产品可溯源，"产品要高标准，但准入门槛要低，只有帮助农民建立价值自信，才能调动他们的创新创业积极性。"

针对缓解人才难题，孙太利建议：要以立体思维健全乡村振兴发展平台，分类成立科技、产业、金融等咨询模块和远程互动直播培训模块等，发挥国家级农业人才库作用，以共享模式为农村赋能。

他还提出，要发挥人才创新引导作用，促进技能转化，创造技能财富。可通过专业人才引导村民"旧技能"与"新生活"重新构建，突破传统技能固有的应用边界，在实践中增强智慧，真正落实把智慧转化为现实生产力，不断提高产业造血能力。

（张　原）

原载《人民政协报》2021 年 3 月 5 日

"以法护地"，加大耕地保护性投入

长期关注耕地保护工作的全国政协委员孙太利日前调研后提出，18 亿亩耕地红线不只是数量概念，更要强化耕地的质量建设。

"习近平总书记在 2020 年中央农村工作会议上再次强调，要牢牢把住粮食安全主动权，粮食生产年年要抓紧。但我在多地调研后发现，耕地质量退化现象不容忽视。"

"我国耕地退化面积约占耕地总面积的 40% 以上。多年来，农业生产高投入、高产出模式，加剧了耕地土壤酸化和农业面源污染，基础地力不足，土地污染严重等耕地退化现象不断出现。尤其南方土壤酸化、华北耕层变浅、西北耕地盐渍化等土壤退化问题日益突出。"孙太利表示，耕地质量下降给粮食稳定生产造成了一定威胁，也给国家粮食安全问题敲响了警钟。

完善耕地"质量红线"法规，强化耕地保护性投入十分必要。孙太利认为，国家有关部门要进一步优化完善《中华人民共和国农业法》《中华人民共和国土地管理法》《基本农田保护条例》等法律法规，强化耕地数量和质量并重保护，明确规定耕地撂荒、破坏耕地质量等法律标准及法律责任，强化执法措施，助推耕地质量管理常态化、法治化和规范化。他建议加快推进《质量促进法》立法进程，进一步明确耕地质量、生态质量、粮食质量等质量促进调整范围，明确耕地质量发展的共治机制、工作路径、措施方法等。

孙太利表示，要完善耕地保护性投入补偿政策。政府部门要对耕地保护、提升耕地质量加大专项资金投入，分级分类明确资金用途。他呼吁对耕地保护好的先进地区和个人要给予明确的奖励政策，助推耕地保护由被动变主动，由局部变全面，由粗放变科学精准。

"平台管理，科学养地，优化耕地质量保护执法监管体系建设势在必行。"孙太利建议提升现代化装备研发水平，推进耕地保护、监测、评价与管理的数字化转型。同时，成立国家级科学耕地研究平台，跟踪全球高标准耕地保护前沿动态，学习借鉴国际最新的标准化技术方法与经验，聚焦耕地质量基础与应用研究，围绕耕地质量监测、保护和利用开展科技联合攻关，全面覆盖各类土壤类型、全域耕地管理。

"建议运用 5G、大数据、区块链等技术，加快构建一体化耕地保护综合监管服务新模式，对全国所有耕地保护建设成果、耕地建设全过程监测评价等，实现动态管理、立体多维管理和长效管理，督促各级各部门切实履行耕地保护职责，确保责任落实到位、约束措施到位、技术指导到位。"

　　"可借鉴优质养地经验，推进政府主导为农户耕地上保险，政府以奖代补引导保险公司提供保险服务，如地力保持不变和提升等级均可得到奖励，引导农民保护耕地的主观能动性。"

（张　原　李宁馨）

原载《人民政协报》2021 年 5 月 31 日

报道 38

精准脱贫　将脱贫"后时代"
保卫战纳入"十四五"规划

　　"脱贫攻坚战'后时代'，贫困将是一个相对概念，农村贫困或以相对贫困和多维度贫困的形式存在。"全国政协委员孙太利认为，国家应将脱贫"后时代"保卫战纳入"十四五"规划，持续坚持"四不摘"政策，打好政策组合拳，并根据贫困性质变化情况，由解决绝对贫困向解决相对贫困转变，减贫治理战略由集中性向常规性转型，在扶贫政策、扶贫体制、扶贫制度层面进行新的布局。

　　"扶贫先扶志，而扶志则离不开以'扶智'为抓手。"孙太利建议，分类搭建远程教学互动平台，针对贫困地区基层干部、师资队伍、贫困户子女等，定期直播专题课程，持续提供远程学习交流资源，促进地方党政干部转变思想观念，学校及教师提升教育教学质量，为贫困地区培养"带不走"的人才队伍。

　　"产业兴、百姓富！通过产业扶贫，增强'造血功能'，既'授人以鱼'又'授人以渔'，提升贫困群众的致富能力。"孙太利认为，应引入经济、农业、自然地理、旅游等专业人才团队，协助政府因地制宜优化、提升各贫困区产业发展规划，组织成立国家平台的学生社会实践课题，实践转化成果记入学生终身档案，既培养学生科研、思考和实践能力又能帮助脱贫户探索可持续脱贫致富之路。对回国高端人才、高校专家及技术专业型人员等开设人才定向输入绿色通道，对高端技术转化、创业创新等进行奖励补助，为返乡就业赋值赋能，解决扶贫产业项目技术的"卡脖子"难题。

孙太利还建议，将区块链技术与精准扶贫融合应用，构建区块链精准扶贫综合平台，利用区块链技术对扶贫对象身份、医疗、金融等权属信息和数据，通过公安、医院、银行等机构进行全面验证与管理并永久保存，因地制宜以"智能合约"形式设置返贫触发条件，及时预警。该技术可以整合产业供应链上下游资源，设置诚信积分管理系统，保障供应链中数据的透明性、安全性、可靠性，降低扶贫供应链风险等。

（张　原　李宁馨　魏天权）

原载人民政协网 2020 年 5 月 21 日

报道 39

高质量推进乡村振兴

出席全国政协十三届一次会议的住津全国政协委员，天津市民建市委会副主委、天津市庆达投资集团有限公司董事长兼总经理孙太利建议，要实现乡村振兴，必须高度重视精准扶贫与精准脱贫工作，瞄准热点、难点问题，着力寻求突破，把精准扶贫、精准脱贫和系列帮扶举措落到实处。

孙太利委员表示，今年的《政府工作报告》中提出"坚持现行脱贫标准，确保进度和质量，让脱贫得到群众认可、经得起历史检验"。"近年来，数以百万计的扶贫干部，为了让农村的困难群众早日脱贫，付出了辛勤汗水。然而，在个别地区，在开展扶贫、脱贫工作中，存在形式主义、官僚主义的作风，有的基层扶贫负责同志个人能力不强，还有的地方存在脱贫后再度返贫的情况。"孙太利说。

为此，孙太利建议，一方面，要建立相关举措，让扶贫干部针对贫困群众不同的致贫原因，因户施策、因人施策，因人而异制定帮扶措施；另一方面，要坚持治穷先治愚、扶贫先扶志的理念，帮助贫困地区群众丢掉"等、靠、要"的思想，增强脱贫内生动力，树立自力更生、勤劳致富观念，以政策的多重叠加，为贫困户带来最大的收益；在此基础上应指导扶贫干部用好、用活、用准扶贫基金，"一村一策"实施产业扶贫、旅游扶贫、文化扶贫、生态扶贫、电商扶贫等。此外，还应设立刚性考核指标，严格执行扶贫项目和资金公示制度，确保扶贫项目资金的使用全过程公开，并适时选树一批典型代表，发挥传帮带作用。

（曲璐琳）

内容摘自北方网于 2018 年 3 月 19 日发布的文章《天津代表委员热议政府工作报告：高质量推进乡村振兴》

报 道 40

关于在农业供给侧结构性
改革中推动农民致富奔小康的建议

当前，农业供给侧结构性矛盾，严重制约了农民收入的持续增长。农产品供求结构失衡问题、农产品品质不高问题、农业小生产与大市场问题，已严重阻碍了农业产业现代化发展，影响了农民致富奔小康。主要表现在以下几个方面：

一、农业产业化缺乏专业性

现代农业发展的标志之一就是专业化。我国农业在耕地、播种、施肥、植保、储存、销售、深加工等领域，专业化程度欠缺。许多农民基本维系着传统的从种到收的单一生产环节。农业"龙头企业"普遍不专、不强，没有形成高效的农业产业链。

二、农业产业化缺乏市场观念

我国农产品存在的"蒜你狠""姜你军"的现象，充分说明农业市场信息平台不健全，没有全覆盖。农民缺乏市场观念，当产品在市场上需大于供时，盲目乐观，大面积种植，忽视对市场的调查与研究。当产品供大于需时，又缺乏对市场的预期和风险评估，造成产品积压。

三、农业产业化缺乏品牌意识

市场经济必须要有品牌意识。品牌就是生产经营者的实力。我国许多独有的农产品，缺少品牌意识，没有通过申请专利或者商标，保护自己的产品，在市场竞争中处于劣势。农业知识产权保护体系不完善。

四、农业产业化缺乏科研支撑

人才是支撑农业产业化的重要因素。一方面我国农民综合素质较低，科技意识不够强。另一方面农业专家和农业管理者偏少，人才队伍存在断档、退化问题，农业科技研发能力匮乏，服务农业能力偏弱，科技成果转化率不高。

五、农业产业化缺乏资金

"融资难、融资贵"已成为影响我国农民致富奔小康、阻碍农业产业快速发展的顽疾。农民贷款普遍存在银行准入难、担保方式难、诚信体系不完善等问题。缺乏适用于农业产业发展的有效金融杠杆支撑。

六、农业产业化缺乏全覆盖的互联网服务平台，特别是缺乏市场供需信息和国际农业产品信息

"十三五"期间，在推进农业供给侧结构性改革中，通过减少低端无效的农业供给，改造传统落后的农业供给，弥补短缺的农业供给，推动农业产业现代化，破解农业发展难题，加快农民致富奔小康。为此，我们建议：

一、强化政府农业供给侧结构性改革的实效性、精准性，优化"顶层设计"

改革要瞄准农业基础设施落后、品种优化、科学种植、农产品深加工等薄弱环节，精准发力。要让农民看得见增收的效果，摸得着就业、创业的途径，有更多的改革获得感。农业供给侧结构性改革政策要落实到田间地头、每村每户。防止改革政策"空转""丢转"，落实不到位。

二、政府财税部门应加大农业专项基金的支持

改造传统落后的农业供给，弥补短缺的农业供给，提高农产品质量，降低农产品消耗，增加农产品效益，确保农产品安全。推动农业龙头企业健康持续发展，带动农民致富。政府要完善农业产业担保基金，适当延长农业保险期限，改变农业"春贷秋还"的状况。提高农民诚实守信素质。政府应加强对财税政策的监管督查，对政策落实不到位的，要强化问责制。

三、政府应加大对农业"龙头企业"的扶持力度，健全农业产业链

一是强化企业品牌意识，鼓励企业原始创新、集成创新，完善知识产权保护体系；二是政府应加大对农机具、温室大棚、工厂化育苗、蔬菜深加工、冷库等设施农业的补贴，解决农民卖菜难、仓储难、加工难、出口难的问题；三是完善"互联网＋农业"，搭建线上、线下交易电商平台；四是引导农民以龙头企业为载体，增加股金、薪金的收入，扩大就业渠道，尽快致富奔小康。

四、政府应加快实施"职业农民"精准培训工程，造就千百万新型职业农民

通过精准培训，转变农民落后观念，激发农民创业、就业的内生动力。通过培训让失地农民掌握就业本领，避免再致贫。要形成精准培训的长效机制，培训工程可分就业型、创业型、老板型等类型，可按学科分种植、养殖、农产品深加工、市场营销等。学业可分初、中、高级。

五、政府要指导农业产业企业，加快农业技术、品种、人才"走出去"的步伐

政府要为我国农业企业提供国外农业投资环境、农业土地、大气、水资源、气候等信息。鼓励企业利用出口信用保险，为农产品出口提供便利。帮助农业企业申请商标国际注册，培育出口产品品牌。

（孙太利）

原载《中华英才》2017 年 3 月 16 日第 6 期总 642 期

报道 41

春风细雨绿盈枝

——全国政协委员热议中央农村工作会议精神

全国政协委员、天津市庆达投资集团有限公司董事长孙太利一直关注“三农”问题，每年都会准备关于“三农”的提案。他提出，现在资本比较看好农业，风投都开始关注农业投资了。据农业部测算，2015年，仅农产品加工业主营业务收入预计就可达20万亿元，约占全国工业的18%。

“现在有一个突出问题，有些投资人心太急，农业投资恰恰最忌讳急功近利。”孙太利委员说，中央农村工作会议强调“保障国家粮食安全是农业结构性改革的基本底线”“确保谷物基本自给、口粮绝对安全”。其实，无论是国家层面，还是企业层面，安全都是农业生产优先考虑的要素，其次才是效率。这也是农业投资与其他投资不一样的地方。

（杨朝英　王天景）

原载《人民政协报》2015年12月28日

报道 42

坚守耕地红线需防“狸猫换太子”

全国政协委员孙太利表示，城市扩张和与农民争地的矛盾正在日益凸显。土地是不可再生的宝贵资源，现代化进程中城市规模要发展、扩大，要吸纳大量农村劳动力来完成大工业化进程，占用大量优质农地将不可避免，尤其在东部沿海地区，农业生产、粮食问题就凸显出来。

孙太利同时指出工业化与粮食安全的矛盾。他认为，我国 30 年来的工业化进程中，在环境方面付出了高昂的代价，包括带来的水污染和土地重金属超标，污染已对我国的粮食安全提出了严峻挑战。

（郭信峰　林建杨　夏冠南　韩　乔）

原载《新华网》2014 年 3 月 12 日

要盘活土地资源　减少土地撂荒

"'三农'问题其核心是农民问题，每年的国务院一号文件都把其列为首要问题，农村的稳定对于和谐中国建设举足轻重；农民增收，标志社会快速发展；而农业的丰收，则让我们的经济建设没有后顾之忧。"2014 年全国两会期间，全国政协委员、天津市庆达投资集团有限公司董事长孙太利在委员驻地接受《中华工商时报》记者采访时表示，目前在我国农村存在的五大矛盾，导致形成了大量的土地撂荒，这也直接关系到今后"谁种粮"的问题。

一是小农经济与规模化农业的矛盾。在我国，一家一户的小农经济还有很大的生存空间，人多地少、土地不能连片集中进行规模化、集约化生产是普遍现象。

二是小农经济与劳动力差异的矛盾。我国近 2 亿的农户，约 6 亿人口还要依托农业获取收入，依托村庄进行生活。绝大多数农户辛辛苦苦培养的孩子，在长大成人后贡献给了城市，使得大片农地缺乏青壮劳力，甚至造成大片抛荒，形成极大的资源浪费；农村随着老一代农民的逐渐消失，没有了"庄稼把式"，将来"谁种粮"的问题日益显现出来。

三是城市扩张和与农争地的矛盾。土地是不可再生的宝贵资源，现代化进程中城市规模要发展、扩大，要吸纳大量的农村剩余劳力，来完成大工业化进程，占用大量优质农地将是不可避免的（尤其在我国东部沿海地区），农业生产、粮食问题就凸显出来，严重威胁 18 亿亩耕地红线的安全。

四是工业化与粮食安全的矛盾。我国30年来的工业化进程中，在环境方面付出了高昂的代价，空气、河流、重金属、城市垃圾以及劣质农药、化肥等污染，我国用掉了世界上35%的化肥和20%的农药，污染已对我国的粮食安全提出了严重挑战。

五是市民化生活与农民身份的矛盾。大多数在城市的"农民工"，大多丧失了农民的种粮技能。

"我们应该在积极稳妥地推进农村改革的建设中，利用政策、市场、投资等三方面引导，在较短的时间内解决好'谁种粮'和解决好土地撂荒问题。为我国实现全面小康，实现伟大的中国梦打好基础。"孙太利为此建议：

一是政府在推进农村改革中，通过政策引导（税收、财政、土地、资源等），大力推进循环经济、有机农业、低碳农业发展，实现生态效益、社会效益和经济效益的有机结合。

二是政府应通过市场引导，鼓励具有一定资金规模、产粮大户、养殖专业户扩大规模，逐步形成集约化、机械化生产，向农业现代化迈进。鼓励多产粮，多出农产品，对有突出贡献的给予重奖。

政府应规范法规、条例，允许农民宅基地、农地有偿转让、出租、抵押等。通过有偿转让、流通等手段，盘活土地资源，减少土地撂荒。

三是政府应通过投资引导，使社会资金向农业规模化生产和精细加工方面，向农业高科技创新、机械化、向农田基础设施建设，向建设大型优质农产品生产基地倾斜，发展高效环保农业。

四是为防止土地撂荒现象，农民要实行两证制，即农民要有《上岗证》和《土地使用证》。上岗证为提高农民的科学种田、科学养殖等要进行技术培训，要晋级"农艺师""园艺师""畜牧师"等。《土地使用证》要每年验证，农民种养什么一是要申报，二是要考察，以便计算农业补贴和进行生产指导，在考察中发现与申报不符或土地撂荒，要调查原因，对于确实无人耕种的土地，由乡镇一级代为管理，转租他人代耕，3年后经乡镇核准吊销原有《土地使用证》，该地块变更为政府所有。

（佚　名）

原载《中华工商时报》北方网2014年3月7日

报 道 43

全国政协十一届五次会议提案第 1110 号

审查意见： 建议国务院交由主办单位商务部会同农业部，国家发改委办理

提 案 人： 孙太利

主 题 词： 农产品，市场

提案形式： 个人提案

河北省承德地区围场县的一位农民迟福忠多次向委员呼吁，希望政府帮助解决当地 800 万吨土豆、30 万吨胡萝卜、50 万吨蔬菜储存和深加工问题。这位农民每次往返近千里，带来了当地农民的诉求。经到当地调研，围场县及丰宁县是贫困地区，盛产土豆、胡萝卜等蔬菜，近几年播种面积不断扩大，产量日益增加，季节性集中上市和供求关系的矛盾日益严重，农民卖菜难和价格大幅度波动呈周期性变化，时常给农民造成严重的经济损失，严重挫伤了农民种植积极性。

近些年，农产品价格几乎呈现出这样的轮回：由于供不应求导致价格大涨，价格大涨导致大量种植，大量种植导致供过于求，供过于求导致价格大跌。农产品的价格始终在怪圈中行走，其深层次问题是农产品"四难"，即卖菜难、储存难、深加工难、出口难。

一、卖菜难

在复杂的市场格局之下，农民的生产还局限于低端的管理水平，仍然没有摆脱"一家一户闯市场"的方式。农户的"小生产"与现代经济的"大市场"之间缺少有效的产销对接，农产品小规模生产和大流通的矛盾不能得到及时地解决。农民对市场缺少预判及敏感性，产销信息不对称。

二、储存难

由于农产品的季节性很强，农民没有储存手段。靠一家一户很难建冷藏库，当蔬菜卖不出时，大量烂在地里。农产品不能储存，也就不能调节价格。

三、深加工难

农产品一家一户生产，难以形成种植规模，难以建立收集体系。由于多数农民投不起深加工的厂房、设备，解决不了农产品的保鲜、烘干、分级等加工设施。因此也难以在产地形成深加工。同时，由于农民缺乏科学知识，更难以解决农产品的萃取、纯化、合成等手段，很难生产高科技产品。

四、出口难

由于农民对施肥、病虫害防治、田间管理缺乏高科技手段，遭遇出口绿色壁垒。我国蔬菜出口贸易整体现状不容乐观，除与少数国家（地区）蔬菜出口贸易保持着良好势头外，与大部分国家（地区）蔬菜出口贸易都受到了影响。

防止农产品暴涨暴跌，最根本的还是从生产角度稳定市场。紧紧抓住农产品深加工和储存两个环节，不断完善蔬菜生产的产业链条。要解决农产品市场稳定问题，就必须下大力量，解决农产品保鲜、储存、烘干、深加工的设施和手段。通过加工、储存来化解农产品价格风险。

为此，建议如下：

一、政府应对贫困、边远的农产品生产集中的区域，如河北省围场、丰宁等地区，出资建一部分农产品交易市场、深加工工厂、储存冷库和购买储存冷藏车。农民有了深加工手段，有了冷库、冷藏车，就能从根本上抑制农产品价格的大起大落，使农产品实现均衡上市。

二、政府应加大扶持政策，对农民、专业合作组织和农村小企业，购买农产品深加工设备和储藏、烘干、小型冷库等设施，参照农具补贴政策，给予扶持。同时，政府应组织相关的专家下乡，给予技术指导。

三、没有规模，便没有效益。政府应鼓励农民"抱团"建立专业合作社，充分发挥农民的积极性，加大农民的组织化程度。可尝试建立龙头企业＋蔬菜生产基地＋合作社＋农户的规模化生产模式。通过扶持农业龙头企业，达到带动一个基地、致富一方农民、振兴一个产业、打造一个优势品牌的目的。

四、政府应在贫困、边远地区的农产品主产区，建立农产品储备基地和储销预案。当主要农产品的价格低于最低保护价时，迅速启动收储预案，敞开收购，保护生产；在农产品价格大涨时，国家能够抛售储备的农产品，平抑市场价格。

五、政府应加强农产品信息网络建设，建立完善的农产品市场信息发布平台，及时向农民和市场反映价格及需求变动情况。充分发挥政府部门、中介组织、龙头企业等多方作用，为农民提供准确的市场供求信息，引导农民理性生产。

原载人民网、中国政协新闻网 2012 年 3 月 14 日

报道 44

推进土地节约集约利用

全国政协委员、天津市庆达投资集团有限公司董事长孙太利认为，中国作为一个古老的农业大国，耕地是最重要的自然资源。然而，根据国土资源部在 2008 年 4 月最新发布的《2007 年中国国土资源公报》的结果显示，从耕地资源总量上来看，截至 2007 年底，全国耕地面积为 18.26 亿亩，人均耕地仅仅为 1.38 亩，还不到世界人均水平的 40%。

为了保护耕地，我国从 20 世纪 80 年代开始出台了一系列大量的政策法规。

在温家宝总理的《政府工作报告》中指出，"一定要坚持和落实最严格的耕地保护制度和最严格的节约用地制度，严守 18 亿亩耕地红线不动摇。"在党中央、国务院以及各级政府的高度重视下，应该说节约集约利用土地已经有了一定的成效。相关数据显示，2007 年我国耕地面积和 2006 年相比，净减少 61.01 万亩，减幅为 0.03%，同比下降 0.22 个百分点，减少速度明显趋缓。

但从总体上来看，随着经济的快速发展、城市化的加快，以及工业化的迅速推进，建设用地需求不断加大，土地的供与需、占与补、开发与保护的矛盾越发突出。我国土地整体利用水平和效率仍然较低，闲置浪费等问题比较严重，主要原因可以概括为以下几个方面：

一、粗放的土地利用方式，导致了土地资源的紧张

有些地方政府节约集约用地意识淡漠，片面追求土地收益，把目光只盯在了新增建设用地上，而忽视了存量土地；有些项目在无任何用地手续的情况下就开工建设，造成违法用地；也有些企业不按国家规定的指标用地，盲目增加用地规模，其投资强度、容积率、建设系数等用地指标达不到规定要求，不切实际地圈占大面积土地，导致土地利用效益低下，土地资源浪费严重。

二、国家对土地使用权缺乏宏观调控

我国城市市区的土地为国家所有，由国务院代表国家行使国家土地的所有权。但实际上征地权和土地使用权却在地方政府手上，国家对土地使用权宏观调控的力度比较弱。一些地方政府盲目追求政绩，追求表面的形象工程大搞开发区，造成耕地大量被占用和浪费土地的现象。区域间低水平重复建设导致土地利用效率的不集约。

三、集约用地缺乏必要的政策法规和制度保障

由于相应的地价和税费等政策不落实或者没有出台，从而导致促进利用土地、盘活存量土地的力度有限。另外，我国现行的法律中还没有明确的集体土地使用权流转的规定。而且，现行的征地制度也缺乏对农民权利和利益的保障。

四、土地市场服务和监管体系不健全

土地市场信息相对滞后，政府难以适时地调控土地供应量，土地的盲目

投资性很大，导致多项重复建设，造成了土地资源的极大浪费。

五、现行的干部考核办法过分地强调"政绩"，缺少土地利用方面的考核内容

一些干部以土地优惠为筹码，以消耗土地资源、损害被征地农民利益为代价，来谋取自己的利益，使土地集约节约利用成为一句空洞的口号。因此，造成了土地资源利用的不集约。

为推进土地资源的节约集约利用，孙太利委员提出以下建议：

一、完善各项政策，制定行业标准

尽快出台国家关于节约集约用地的有关规定，制定全国性的节地规划和制度安排。推动修改行业建设规范和设计标准；研究制定节约用地评价指标体系和考核标准；切实加强建设项目用地的行政审批。同时，大力发展各种服务组织、行业协会和专业合作社，培育和发展土地市场，调节土地供求，促进土地流转和发展规模经济。

二、加强土地管理，实行最严格的土地制度

要加强对土地利用规划的管制，坚持宏观调控的政策，严格执行土地利用总体规划和年度计划，坚决克服随意突破、调整、修改土地总体利用规划的现象。加强对土地征占的监管，赋予土地管理部门权威的监督处罚权力。同时对闲置土地、利用粗放、造成土地资源大量浪费的也要加大惩处力度。

三、向城市土地立体空间求发展，提高土地利用率

工业建筑需要适当提高容积率，公共建筑也要适当提高建筑密度。居住建筑既要满足健康卫生和节能采光标准，也要合理确定建筑密度和容积率，既要合理利用地上空间，也要深入开发利用地下空间，从而提高建设项目的节约集约利用土地的程度。

四、建立健全节约集约用地机制

盘活存量土地资源，严格控制新增建设用地。对先进制造业、农产品加工业、高新技术产业等重点和环保的用地项目，在用地计划和土地供应方面优先给予保障；对高能耗、高污染等建设项目用地，要加以限制和取缔。对集约利用土地的单位优先供地；建立存量土地信息储备库，全面落实经营性

土地使用权"招、拍、挂"出让制度,提高土地的市场化配置比例,显化土地资产价值,增强土地使用者的用地成本意识。

五、完善干部考核体系和责任制度

按照建立资源节约型社会的要求,将节约集约用地指标纳入干部政绩考核体系,落实节约集约用地责任。根据卫星等高科技手段获得的城乡建设用地变化情况,对项目用地进行跟踪管理。对地方人民政府主要负责人进行考核,实施奖罚。

六、健全完善公众参与,强化社会监督

建设节约型社会、节约集约利用土地,是全社会的共同责任,需要全社会的积极、广泛参与。要加强全民教育,广泛开展内容丰富、形式多样的资源节约活动。宣传普及节约集约利用土地的行为准则和行动指南,充分调动群众的积极性,使公众能够对土地集约利用提出意见建议,增强土地利用的公开性和透明度,营造良好的监督环境,从而广泛提高全社会对节约集约利用土地的认识。

（佚　名）

原载中国经济网 2010 年 3 月 15 日

开发秸秆资源　推动循环经济

今天上午,出席全国政协十一届二次会议的全国政协委员、天津市庆达投资集团有限公司董事长孙太利向大会递交提案,建议进一步促进秸秆资源的开发利用,推动发展农村循环经济。

孙太利说,目前,我国农业产生的秸秆量相当惊人,年产量为6亿至7亿吨,约占全世界总量的30%。除少部分循环再利用外,大部分秸秆被焚烧或随意堆弃,不仅浪费了大量的资源,而且容易带来大气污染、土壤矿化、火灾及

交通事故等问题。孙太利建议，大力推进秸秆综合利用工作，一方面大力加强秸秆综合利用的技术创新，建立农作物秸秆的收集体系，拓宽秸秆综合利用渠道；另一方面完善秸秆利用制度与法规。除此之外，建议政府加大对秸秆综合利用的支持力度。

（佚　名）

原载北方网 2009 年 3 月 9 日

推广使用绿色环保农药

出席全国政协十一届二次会议的孙太利委员建议，加快生物农药产业的发展，推广使用绿色环保的生物农药，确保农产品质量安全。

孙太利说，在我国农业生产中，由于过量使用化学农药，造成土壤板结，地力下降，农产品品质下降，农药残留超标，严重威胁着人们的饮食安全和健康生活。他建议，加快绿色环保的生物农药产业发展和推广使用。加大对生物农药工程的开发力度，推进产品的更新换代。在政策和资金方面积极支持生物农药产业的发展，制定生物农药产业中长期发展规划。加强对生物农药的质量监管，建立生物农药检测中心，完善生物农药产品质量标准。制定合理的生物农药价格体系。实行农业标准化生产，加强生物农药使用的宣传和培训，真正实现生物农药普及的良性循环。

（佚　名）

原载北方网 2009 年 3 月 12 日

第二节　京津冀协同发展

【摘要】从交通路网到生态环境，从产业转型到公共服务，京津冀区域协同发展的画卷铺展开来。点滴笔墨见初心，孙太利委员为三地协同发展坚持不懈地履职付出被记者看在眼里，记在笔下。在京津冀协同发展八周年之际，一直见证着孙太利委员履职足迹的人民政协网记者张原同志，为他撰写了一篇意义非凡的特别报道，用媒体人的视角，展现其助力三地协同发展的履职成果。八年，九个方向，一件件提案与发言是他作为住津委员扛在肩上的责任与担当，而一篇篇报道是对他的一种认可与支持。

2014年3月，孙太利委员接受中国经济网关于京津冀一体化的专题采访。

2014年3月，孙太利委员接受河北电视台关于京津冀一体化的专题采访。

2015 年 3 月，孙太利委员接受新华网关于京津冀大气污染治理专题访谈。

2022 年 3 月，孙太利委员接受媒体关于京津冀高端产业协同发展问题的采访。

报道 45

瓣瓣同心共腾飞

在中国版图上，有这样一个区域：濒临渤海、背靠太岳、携揽"三北"，地缘相接、人缘相亲，地域一体、文化一脉，历史渊源深厚、交往半径相宜……这就是京津冀。

2014 年 2 月 26 日，习近平总书记提出京津冀协同发展战略。之后，加强京津冀地区经济协作被写入政府工作报告，《京津冀协同发展规划纲要》审议通过，京津冀"十三五"发展规划印发实施……一系列"大动作"得以实施。在习近平总书记的关怀与指导下，这一重大国家战略的蓝图已经逐渐清晰。

"京津冀如同一朵花上的花瓣，瓣瓣不同，却瓣瓣同心。"习近平总书记高度重视京津冀协同发展，多次到京津冀地区考察调研，主持召开相关会议，对京津冀协同发展作出一系列重要论述。

7 年多来，三省市按照"一张图"规划、"一盘棋"建设、"一体化"发展，在协同发展方面取得了突破性进展。

"习近平总书记亲自把脉定向，为京津冀协同发展指明方向。带着总书记的殷殷关怀和亲切嘱托，天津这座城市以实干实绩书写担当与作为，不断增强人民群众的获得感。"全国政协委员、天津市庆达投资集团有限公司董事长孙太利谈及京津冀协同发展深有感触。

一、路路通，让通行协同、高速

再也不见，收费站！

《京津冀协同发展规划纲要》提出，交通一体化应作为京津冀协同发展的先行领域，完善便捷通畅的公路交通网。

几年前，孙太利委员发现，在推进京津冀区域交通一体化方面，京津冀区域内高速公路主线收费站林立，直接影响了交通的畅通，降低了基础设施的使用效率，不符合京津冀协同发展要求。

当年，孙太利多次前往收费口调研，听取各种车辆司机的意见和道口工作人员的意见。他了解到，京津冀区域内，高速公路主线收费站多达100多处，其中北京有20余处，天津有9处，河北省内收费站分三大片区，有近百处。"这些主线收费站，人为制造了交通拥堵，特别是节假日高速公路实行免费通行时，有的主线收费站经常堵车十几公里，老百姓意见很大。"

孙太利认为，落实京津冀协同发展国家战略，实现京津冀交通一体化发展，撤销京津冀区域内高速公路主线收费站是大势所趋。

2016年，孙太利从落实京津冀协同发展国家战略的高度，向全国政协十二届四次会议提交了《关于撤销京津冀区域高速公路主线收费站的建议》的提案。

"没想到我的提案得到了相关部门高度重视，及时沟通并积极回复，这也体现了国家对京津冀协同发展战略的决心和信心。"孙太利告诉记者，从这件提案开始，他把调研的视角更多关注到京津冀协同发展的领域。

2019年3月，李克强总理在政府工作报告中提到：两年内基本取消全国高速公路省界收费站，实现不停车快捷收费，减少拥堵、便利群众。同年5月16日，国务院办公厅正式印发《深化收费公路制度改革取消高速公路省界收费站实施方案》。

如今，京津冀高速公路省界收费站均已取消，智慧出行体验再度升级，高速公路通行效率明显提升，人民群众出行更方便、更快捷。

二、数字化，让产业发展步入"快车道"

工业互联网是"十四五"时期京津冀协同三大主攻产业之一，构建了京津冀协同发展的新渠道。

在孙太利看来，工业互联网作为新一代信息技术与工业相融合的产物，是制造强国和网络强国的基石，也是京津冀产业协同发展的重要抓手和切入点。

如何促进京津冀工业互联网产业协同发展？孙太利长期关注、倾情履职，调研、论证、分析，提出若干提案和大会发言，得到国家相关部门的重视采纳和采纳。

2017年底，国务院印发的《关于深化"互联网＋先进制造业"发展工业互联网的指导意见》指出，要以全面支撑制造强国和网络强国建设为目标，围绕推动互联网和实体经济深度融合，聚焦发展智能、绿色的先进制造业，构建网络、平台、安全三大功能体系，增强工业互联网产业供给能力，持续提升我国工业互联网发展水平，深入推进"互联网＋"，形成实体经济与网络经济相互促进、同步提升的良好格局，有力推动现代化经济体系建设。

随着该意见的出台，京津冀三地政府围绕网络、平台、安全三大重点领域，持续大力推动工业互联网建设。在孙太利看来，京津冀区域工业互联网产业发展顶层设计尚不完善，三地在工业互联网体系、服务、产品及国家重点项目等方面发展不平衡，工业互联网平台供给能力不足。

为此，孙太利围绕京津冀协同发展取得的成果和下一步发展趋势，向全国政协十三届三次会议提交了《关于促进京津冀工业互联网产业协同发展的建议》的提案，建议：完善顶层设计，建立京津冀工业互联网一体化综合平台，实现三地标准化、互信化的价值分享和开放共赢，提升工业互联网应用支持能力。

该提案得到了工信部高度重视并第一时间回复，2021年5月，京津冀三方签订《关于打造京津冀工业互联网协同发展示范区框架合作协议》，共同推进京津冀工业互联网协同发展示范区建设。

加快京津冀协同发展，要让市场在优化资源配置中起决定性作用，孙太利在提案被采纳办复后，多次前往滨海新区调研。"我希望能够充分发挥天津滨海新区的资源优势促进京津冀产业协同，利用好新区改革先行先试、天津港潜力、航天航空产业实力、宜居的中新天津生态城等多方面条件，加快区域发展，同时，推动三地治理大气污染、水污染协同。"

作为民建天津市委会副主委，作为一名企业家，孙太利持续关注京津冀协同发展动向，对营商环境和三地协同发展同样有着期待，并坚持为之呼吁、建言献策。如，他在调研基础上呼吁，坚持营商环境为新经济发展搭建服务平台，加大"放水养鱼"政策力度，构建筑巢引凤、聚人聚财、激活市场主体、发展市场主体的良好社会生态环境，推动经济高质量发展；三地要规划好地域产业发展方向，政府引领企业质量标准化提升，对标国际化标准，共建现代制造业承接平台；要充分发挥市场化的资源配置功能，吸引民间资本投入，逐步缩小三地公共服务差距，让医疗、教育、养老等优质资源惠及三地百姓。

日前，三地教育部门共同签署《"十四五"时期京津冀教育协同发展总体框架协议（2021—2025）》。几年来，医保结算协同、工商办证互认、教师培训协同、身份证办理协同、生态治理协同，"轨道上的京津冀"正在形成……一个好消息又一个好消息不断，作为三届全国政协委员的孙太利参与着、见证着：京津冀协同发展硕果累累，一个高质量发展的重要动力源正在中国北方崛起。

"政协委员这个身份，既是一种荣誉，更是一种责任，要始终坚持以问题为导向，实事求是，为民'鼓与呼'，多听民意、聚民智，只有心中时刻绷紧履职尽责这根弦，才能不负总书记的嘱托和人民的重托。"孙太利感慨而激动：要继续关注所提提案落实情况，持续建言，围绕京津冀协同发展小切口问题提出提案和社情民意。

（张　原　李宁馨　魏天权）

原载人民政协网 2021 年 12 月 13 日

报　道　46

加强京津冀高端产业协同

8年前，京津冀协同发展大幕拉开。瓣瓣不同，却瓣瓣同心。下好协同发展的"一盘棋"，打造京津冀世界级城市群，需要三地"优势互补、错位发展、合作共赢"。来京参加全国两会的全国政协委员、天津市庆达投资集团有限公司董事长孙太利始终关注京津冀协同发展。作为一名实践者和体验者，他对京津冀协同发展八年来的变化有更深的体会和建议。

《中国企业报》：京津冀协同发展的国家战略已提出八年了，您认为三地发生了怎样的变化？

孙太利：推动京津冀协同发展，是以习近平同志为核心的党中央在新的历史条件下审时度势、高瞻远瞩作出的重大决策部署。京津冀协同发展重大国家战略实施8年来，三地认真贯彻党中央决策部署，协同创新水平得到了显著提升，取得了重要成果，功能定位不断强化，基础保障持续增强，结构布局不断优化，产业协同发展呈现出一系列新的特征。数据显示，北京新设市场主体中高精尖产业占比由2013年的40%升至2021年的62%；天津聚焦新动能引育，完善承接载体平台，引进北京项目3062个，到位资金4482亿元；河北吸纳京津技术合同成交额超过300亿元，同比增长超50%。京津冀发展形势整体良好。

《中国企业报》：按照三地的不同定位，目前还存在哪些问题？

孙太利：根据中央定位，三地发展不平衡问题依然存在，央企总部、大院大所等大部分集中在北京地区，三地产业发展梯度仍然较大；津冀产业创新体系支撑不足，高端产业研发、技术、人才等有待赋能；区域产业链与创新链融合尚待强化，产业园区资源配置效用有待提升，产业良性互动亟须加强。

《中国企业报》：您为什么将关注焦点放在京津冀高端产业协同这一问题上？

孙太利：产业协同是推动京津冀协同发展的关键领域。高端制造产业是区域核心竞争力的重要标志，是战略性新兴产业的重要一环。加强京津冀高端制造产业协同，实现价值链高端环节闭环融合，将促进三地更大限度发展集绿色、创新于一体的生态价值体系，为京津冀全面高质量发展赋值赋能。

《中国企业报》：对于加强三地高端产业协同，您有哪些建议？

孙太利：一是优化顶层协同产业环境，充分发挥战略引领作用。根据中央对三地定位，加强优化深化融合产业环境，以供给侧结构性改革为引领，充分挖掘一体化政策潜力，重点培育高端制造业、生物医药、新能源等高端化、智能化、绿色化产业协同发展环境。打通网络化、数智化、平台化、安全化等高端制造协同平台，落实政策链、资本链、资金链、研发链、人才链、供应链等大融合闭环运作，实现产品上高端智能化、企业效益生态价值化、服务全场景化、发展能力平台化。此外，建议优化非首都功能疏解承接机制，大力提升天津与河北的综合承载力，北京大院大所可向天津疏解，进一步赋能津城技术创新与人才培养。同时加大对滨海新区、雄安新区高端高新企业总部疏解力度，加速构建世界级高端制造产业标杆集群，合力构筑北方经济中心，发挥最大价值引领作用。

二是与时俱进，强化专项资金投入力度。建议政府根据高端产业应用场景的环节变化，调整资金运用方向。加大技术协同开发与应用、产业生态价值化融合、高端行业人才共享共用等专项基金投入。

三是发掘资源价值，实现园区资源协同利用。建议强化统筹摸底各区域产业园区基数，全方位梳理园区空心化、低效利用等情况，完善建立三地产城协同交流机制。根据三地园区优化定位，实现跨城市园区合理互通、充分运用，高效创造聚集力。完善运用资源开发基金等模式盘活闲置资源，集约节约土地资源充分开发利用低效土地，提升存量资源战略价值、使用价值。

建议加强互联网、物联网、区块链等技术融合应用，完善京津冀高端产业一体化综合平台建设，扩大三地融合性智慧园区建设，以互通、互信、开放、协同的标准化管理，进一步打通企业信息孤岛，实现三地高端制造产业集成创新、核心单元技术突破、生态圈共融，引导企业实现低碳降耗、提质增效、科学管理，促进园区与企业高效协同互动，全面提升三地产业整体效益。

（鹿 娟 苏莉鹏）

原载学习强国、《中国企业报》2022年3月3日

同年相关报道详见：

（1）光明网、《今晚报》《加强京津冀高端制造产业协同》2022年3月6日

（2）《天津日报》、北方网、九派新闻《孙太利委员加快高端制造产业协同发展步伐》2022年3月6日

（3）九派新闻《共谋京津冀协同发展 建设美丽"滨城"》2022年3月8日

（4）九派新闻《两会"云"客厅 | 全国政协委员孙太利：加强京津冀高端产业协同 促进生态价值健康发展》2022年3月8日

（5）《华夏时报》《全国政协委员孙太利：系统推进乡村建设，加强京津冀高端产业协同》2022年3月5日

报 道 **47**

加快京津冀公共资源共建共享

——出席全国两会的代表委员热议京津冀协同发展

2019年，京津冀协同发展引擎作用日益显现。滨海新区加快打造承接北京非首都功能疏解标志区，承接非首都功能疏解项目468个，协议投资额2711.9亿元。滨海—中关村科技园新增注册企业482家，协同创新示范基地投入运营，创新创业生态系统进一步优化。未来科技城京津冀合作示范区基础设施建设加快推进……在今年全国两会上，代表委员围绕京津冀协同发展取得的成果和下一步如何发展积极建言献策。

促进工业互联网协同发展

工业互联网作为新一代信息技术与工业相融合的产物，是建设制造强国和网络强国的基石，是实现经济高质量发展的关键支撑；对于推动区域产业融合发展具有重要的作用，是京津冀产业协同发展的重要抓手和切入点。

全国政协委员、天津市庆达投资集团有限公司董事长孙太利建议，将京津冀工业互联网协同发展纳入"十四五"规划，打造工业互联网融合发展示范高地；成立京津冀工业互联网专职协同管理机构，建立工作协调机制，进行统筹管理并实施监管；按照京津冀三地产业功能定位，实现工业互联网协同发展；合理布局三地的国家级重点工程项目、重点平台和示范项目等，最大限度发挥各地工业互联网精准应用作用；统一协调专项资金的引导作用，加大对试点示范项目的支持力度；精细规划三地新基建，避免出现盲目重复投资。

（战　旗　张　姝　李芩芩）

内容摘自人民网资讯精选官方账号——金台资讯2020年5月26日发布的文章《加快京津冀公共资源共建共享——出席全国两会的代表委员热议京津冀协同发展》。

报 道 48

疏解北京非首都功能　京津冀公共服务共建共享悄然破题

京津冀协同发展已进入第五个年头，各项任务清单正在逐步推进。"疏解北京非首都功能"今年再度出现于政府工作报告中，这项任务被视为"牵动"京津冀协同发展的"牛鼻子"。

协同发展为京津冀迎来成为北方经济增长极的重大机遇。但须承认，公共服务水平差异明显是阻碍发展的一大痛点，三地全方位对接之路任重道远。

全国政协委员、天津市庆达投资集团有限公司董事长孙太利说，北京发达的教育、医疗资源可向津冀两地辐射，天津的制造业可为域内提供就业机会，河北在疏解北京非首都功能方面具有不可替代的作用。协同发展弥补各自短板，三地应加强顶层设计，站在同一高度实现公共服务共建共享，让三地民众有获得感。

一路走来，京津冀协同发展这一历史性工程正进入关键阶段。涉及一亿人口的民生红利能否不断释放，亟待公共服务共享共建悄然破题。

（杨程晨）

原载中国新闻网 2019 年 3 月 9 日

报 道 49

撤销京津冀区域高速公路主线收费站

完善便捷通畅的公路交通网是《京津冀协同发展规划纲要》提出的明确要求。但在推进京津冀区域交通一体化方面，京津冀区域内高速公路主线收费站到处林立，直接影响了交通的畅通，降低了基础设施的使用效率，不符合京津冀协同发展的要求。

全国政协委员、天津市庆达投资集团有限公司董事长孙太利认为，落实京津冀协同发展国家战略，实现京津冀交通一体化发展，撤销京津冀区域内高速公路主线收费站是大势所趋。

为此，他提出四点建议：一是由交通部提出，大力推动京津冀区域整合高速公路收费片区的规划，统一由省、市实行收费管理。河北省在完成收费片区整合后，京津冀三地实现撤销高速公路主线收费站。二是筹建京津冀高速公路投资管理集团有限公司，投资者依据公司法规定投资入股，进入董事会，全面实行"统一收费、系统分账"的收费管理模式。三是京津冀三省市要统一路政、交通、收费等管理标准。发行京津冀一卡通。积极推广兼容电子不停车收费（ETC）和人工半自动收费（MTC）的组合式收费技术。四是加强对京津冀三地高速公路乱收费的监管。京津冀三地应建立互联互通的监管体系，统一处罚标准，做到处罚无盲点。

（郭海涛）

原载《中国经济时报》2016年3月9日

报 道 50

2015年关于京津冀大气污染治理问题，各方媒体进行了多篇报道，现摘登如下：

环保与公安联手打击大气污染，强化领导问责

"两会蓝"走了，雾霾将再袭北京。

今年两会期间，民建的提案中有不少提及环境污染治理。3月6日下午，全国政协委员孙太利向澎湃新闻表示，京津冀大气污染治理执法不到位，监管不到位是主要原因。他建议强化大气污染领导问责制，同时环保主管部门要与公安部门联手打击环境违法案件。有效解决环境违法取证难、鉴定难的问题。

当前京津冀的大气污染问题备受关注。2014年全国污染最重前10个城市中，有8城在京津冀，区域内PM2.5年均浓度平均超标1.6倍。

在孙太利看来，由于监管不到位，地方政府许多应急措施落实并不到位，应急工作形式大于内容。

孙太利在提案中举例称，一是有的施工工地，虽然将应急预案措施上墙，但是现场主管并不了解，更谈不到执行。二是在应急期间设卡禁行过程中，从现场禁行劝返记录上看，劝返比率不足30%，多数以蔬菜供应等民生保障名义放行。三是本地区应限行两个尾号的车辆，但街上所限两个尾号车辆随

处可见。四是有的企业没有按应急预案要求及时限产、停产。

"目前一些地方政府由于经济利益，对污染问题能拖就拖，能过就过，司法执法也不到位。"孙太利表示，治理大气污染要跟反腐一样，老虎苍蝇一起打，大厂小厂一样管，政府部门和司法部门都要打重拳。

孙太利建议，治理京津冀大气污染，必须进一步强化京津冀联防联控机制。京津冀应统一环境执法政策，统一环境执法监管机构，统一污染治理技术标准，包括清洁用煤标准、机动车排放标准、油品标准等，同时统一污染处罚标准。通过强化监管，确保京津冀地区大气污染治理无死角、监察无盲区、监测无空白。促使企业从源头上解决大气污染问题。

孙太利还建议，政府应该建立健全科学的大气污染领导问责机制。一是加强社会对政府及环保主管部门的履职情况监督。充分运用行政诉讼、质询、述职等监督方式和网络、电视、报纸杂志等社会舆论阵地，对不履行环保职责的有关部门负责人和环保执法人员追究其责任。二是加强环境主管部门对造成污染的企业、单位领导问责，要变事后问责为日常问责；变人治型问责为法治型问责；变阵发式问责为常态式问责。真正做到对造成环境污染的企业单位，有责必究、有责能究、有人去究。

提案还提出加大对环境违法的打击力度。建议环保主管部门要与公安部门联手打击环境违法案件。有效解决环境违法取证难、鉴定难的问题。造成污染违法者不敢污染环境，畏惧依法治理环境的氛围。

（周　辰）

原载澎湃新闻 2015 年 3 月 7 日

加快产业转型升级　降低能耗　有效治理污染

民建天津市委会副主委、天津市庆达投资集团有限公司董事长孙太利今天做客新华网 2015 全国两会特别访谈，就强化法律监督管理，有效治理京津

2015 年 3 月 12 日，孙太利委员作客新华访谈两会特别节目。

孙太利委员解答主持人关于京津冀污染治理的访谈问题

冀大气污染这一话题与广大网友进行交流。

谈及当前京津冀大气污染的现状时，孙太利表示，从 2013 年开始，大气污染在两会期间引起了两会代表和委员的重视，代表和委员们纷纷提出了治理大气污染的建议。京津冀的大气污染问题怎么办？如何来治理？委员和人大代表都提出了这方面的建议和措施。

孙太利认为，京津冀地区大气污染近几年来没有得到有效的遏制，雾霾天气频发的根源是工业污染。另外一个重要原因是，城市中汽车尾气排放是复合型的污染源。

孙太利还指出，"APEC 蓝"与政府采取的一系列有效措施密不可分。孙太利建议，小钢厂比较多的地区，该停的要停，该整合的要整合，该转型的要转型，提高产业升级水平，这样既提高了效益，又降低了能耗，还化解了产能过剩，同时还能治理雾霾，是个一举多得的事情。早治理，早受益，晚治理晚受益。不要看到眼前的利益，不看今后的蓝天。

（郭　妍）

原载新华网 2015 年 3 月 12 日

政府用车应率先电动化

京津冀协同发展，百姓每天感受最明显的莫过于每天的空气质量。近日，全国政协委员、民建天津市委会副主任孙太利接受《北京晨报》记者采访，详细介绍提案内容。他表示，民建界别委员在调研后建议，京津冀三地要普及新能源汽车，新建商品房的停车位要配备充电电源，公交、环卫、政府用车，要率先实现电动化。

一、津冀大气污染防治面临挑战

据介绍，《大气污染防治行动计划》出台以来，京津冀等地初步建立大气污染防治协作机制，空气质量有所提高，区域联防联控初见成效。2014 年上半年，北京、天津、河北、山西、内蒙古、山东六省区市 PM2.5 平均浓度均呈明显下降趋势，区域平均下降 14.6%，各地重污染天气均有所减少。

但是，与国家新标准和群众期盼相比还存在较大差距。2014 年空气质量相对较差的前 10 位城市中，天津、河北占据 8 席。京津冀及周边地区大气污染防治仍面临困难和挑战。

二、持续开展大气污染源解析

提案称，我国是由县级以上地方人民政府对本行政区域的环境质量负责，对跨行政区域的生态环境质量的协调存在相互推诿、等候观望等消极现象，缺乏区域性生态环境规划，统筹协调京津冀大气污染防治和环境保护工作。

京津冀及周边地区的能源结构仍以燃煤为主，年用煤量高达 13 亿吨，压减燃煤压力巨大。

另外，机动车污染控制力度也有待加大。目前，京津冀三地机动车总量已超过 2500 万辆，大型运输车辆排放标准更新较慢、油品标准低、污染排放大。

　　针对上述现象，提案提出，科学编制京津冀区域性生态环境规划。建立三省市生态建设共有基金，按照生态效率最大化的原则统一进行配置。在北京、天津、河北石家庄 PM2.5 源解析结果基础上，持续开展大气污染源解析及传输转化研究，指导编制更合理、更有针对性的环境规划。

三、提升京津冀地区油品质量

　　孙太利说，三地联合治理大气，也要提升京津冀地区油品质量，推进机动车减排。提案建议，加快大型车辆的标准和油品升级，加快老旧车、黄标车淘汰，杜绝假冒达标车辆的销售使用。

　　继续推广和普及新能源汽车，三地的新建商品房的停车位要配备充电电源，在公共场所建设充电桩，对老社区也要制定建设充电设施的改造计划。公交、环卫、政府用车，要率先实现电动化。

四、"两高"行业贷款标准更严厉

　　孙太利说，目前一些地方执法的责任和力度、监管问责的力度还不足，依法治国要加大执法力度。不能光从经济上进行处罚，要避免企业把罚款加到成本里，继续赚钱。对此，提案建议，加大税收补贴力度，推动淘汰落后产能。针对"两高"行业实施更为严厉的贷款标准，加大对企业主动减排治污行为的信贷支持力度。

　　调整政府的采购目录，完善强制采购与优先采购制度，提高政府采购的"绿色化"比重。

（张　璐）

原载中国经济网、《北京晨报》2015 年 3 月 11 日

报　道 51

天津滨海新区助力京津冀经济圈

　　全国政协委员、天津市庆达投资集团有限公司董事长孙太利在参加全国政协十二届二次会议时，提出发挥滨海新区优势助推京津冀经济圈发展的建议，呼吁让天津滨海新区为京津冀经济圈助力。

　　孙太利委员说，京津实现双城联动发展，京津冀实现协同发展，不仅可以大大减轻首都在交通、环境、资源、人口、治安、住房等各方面的压力，也可通过产业转移、人才转移、技术转移达到区域内协调发展、优势互补、转型升级，形成带动我国经济发展的新引擎。从而有力地避免了京津冀长期以来存在的产业结构趋同、重复建设、产能过剩、恶性竞争、资源浪费、环境污染等现象。

　　孙太利委员向中国经济网记者介绍，天津滨海新区是国家级新区和国家综合配套改革试验区，国务院批准的第一个国家综合改革创新区。滨海新区是我国北方对外开放的门户、北方经济中心、高水平的现代制造业和研发转化基地、北方国际航运中心和国际物流中心、宜居生态型新城区，被誉为"中国经济的第三增长极"。

　　为了加快京津冀协同发展，让市场在优化资源配置中起决定性作用，孙太利委员建议充分发挥天津滨海新区的资源优势、改革先行先试、挖掘港口潜力、发展航天航空产业、中新宜居生态城等方面，推动治理大气污

2014 年 3 月，孙太利委员呼吁让天津滨海新区为京津冀经济圈助力。

143

染、水污染、海洋产业开发等，加快区域发展，战略发展，助推京津冀经济圈发展。为此，孙太利委员提出以下建议：

一、政府应建立健全京津冀合作机制，加强顶层设计，明确京津冀的主要功能定位，编制区域发展战略规划，建立京津冀三省市合作机制，推动京津同城化、京津冀一体化发展。北京的核心功能应逐步过渡到政治中心、文化中心、国际交流中心、科技创新中心。

二、要保证北京的可持续发展，必须把非核心功能逐步转移出去，如经济中心、金融中心等，完全可以转移到天津和河北省，特别是滨海新区。

三、政府应加强对京津冀产业布局的定位，强化第一产业，提升第二产业，大力发展第三产业和现代服务业。要充分发挥滨海新区九大功能区的优势，建立产业转移工业区，推动京津冀产业转型升级，打造升级版的京津冀经济圈。要以市场为导向，将北京的制造产业、企业总部等，逐步迁移到滨海新区功能区或河北省功能区，形成产业结构互补，生产要素自由流动，加速产业整合与重组。

四、要用市场的力量优化区域结构。通过优化区域结构、市场结构、产业结构、企业结构，使京津冀尽快形成基础设施互联互通，公共服务共建共享，大气、水污染治理联防联控。防止项目重复建设，产生新的产能过剩，新的大气污染和水污染。

五、政府应出台政策，鼓励、引导央企、外企、民企的总部向滨海新区和河北省功能区转移。要充分发挥滨海新区国家综合配套改革试验区的优势，以市场为导向，吸引民营资本参与国企改革，发展混合所有制经济。以科技为支撑，提升优化一批企业，整合发展一批企业，淘汰一批产能过剩、高污染、高能耗、高排放企业，通过企业重组，促进企业优化技术结构、产品结构、组织结构，向环保、低碳、绿色方向发展。

六、中央政府尽快批准在滨海新区建立自由贸易区和科技创新示范区，推动京津冀经济圈发展。要充分发挥滨海新区港口和保税港区优势，天津港吞吐量位居世界第四。推进京津冀港口通关服务便利化，更好地参与国际竞争。

七、加强政府对京津冀经济圈发展的监管。各级政府要真正做到责任到位、措施到位、监管到位。在各类资产的整合中，要通过健全归属清晰、权责明确、建立保护严格、流转顺畅的现代产权制度，防止国有资产流失。

（梅淑娥）

原载人民网 2014 年 3 月 9 日

报 道 52

京津冀一体化需在产业整合和交通融合上顶层布局

全国政协委员、民建天津市委会副主委孙太利表示，京津冀一体化应该先谋划一个顶层设计，摸清各地的产业结构后资源整合，从而实现三地均衡发展。

孙太利称，首先从结构上要摸清每个地方的产业结构，通过资源整合淘汰那些落后产能的企业，提升一批，整合一批，淘汰一批，实现优化配置。"整合之后的前景应该就不是你的我的，而是整个一家的，应该说是利益共享、共同发展，发挥各自的人才、资源、产业优势，提升国际竞争力。"

2014 年 3 月，孙太利委员接受北京电视台关于京津冀一体化的专题采访。

国家主席习近平 2 月 26 日在北京主持召开座谈会上指出，实现京津冀协同发展，是面向未来打造新的首都经济圈、推进区域发展体制机制创新的需要，要求努力实现京津冀一体化发展，以区域基础设施一体化和大气污染联防联控作为优先领域。

孙太利 10 日就此在中经在线访谈现场表示，除了产业布局的均衡一体化，交通一体化是基础问题，需要通过基础设施的规划和整个顶层设计的布局。

（许　菁　曹敏慧）

原载网易财经 2014 年 3 月 11 日

145

报　道 53

京津冀委员共话治理雾霾　50亿能否治出一片蓝天

大气污染防治是新一届政府面临的一项紧迫任务，也是打造中国经济"升级版"的一项重要工作。今年9月，国务院印发《大气污染防治行动计划》。9月18日，环保部与京津冀及周边地区签订大气污染防治目标责任书，立下大气污染防治"军令状"。10月14日，财政部发布消息，中央财政安排50亿元，全部用于京津冀及周边地区大气污染治理，重点向治理任务重的河北倾斜。

50亿资金在大气治污中将如何发挥作用，京津冀大气治污的主攻方向在哪儿？近日，本报记者邀请分别来自北京、天津、河北三地的全国政协委员，为此建言献策。

一、专项治理资金如何看？起到经济杠杆和催化剂的作用

"50亿元不是大气污染治理的全部资金，但是是非常重要的一部分，表明中央加大了对重点区域大气污染防治的支持力度。"全国政协委员、天津市庆达投资集团有限公司董事长孙太利认为，这个50亿元，能够有效促进地方财政的投入，社会资金的投入、企业资金的投入、包括民营企业资金的投入，能起到经济杠杆和催化剂的作用。

二、50亿元资金怎么用？有限的资金要用在"刀刃"上

据悉，此次50亿元的大气治理专项资金已基本确定以"以奖代补"的方式，按六省市预期污染物减排量、污染治理投入、PM2.5浓度下降比例三个因素来分配。在考核期限截止时，相关环保部门将对六省市的大气污染防治工作成效进行考核，再根据结果进行资金分配。

"这改变了此前以减排为主的考核,变成减排与环境质量提高同步考核。"孙太利说。

孙太利表示,当前,一方面是如何用好这50亿专项资金,要提倡节约精神,精打细算,把有限的资金用在"刀刃"上;另一方面,治理环境污染,这50亿元远远不够,希望国家把资金再向环境污染治理倾斜一些,通过国家的投入,带动地方、企业和社会的投入。

三、治病先找到病原,才能对症下药

"现在京津冀治污工作都已经行动起来了,军令状也都立下了。我认为难点是如何抓好落实。京津冀治污是一场硬仗,是一个难啃的硬骨头,是一场攻坚战。"孙太利认为,一方面要突出调整能源结构,千方百计增加清洁能源,这是重中之重。要加快淘汰黄标车,削减煤炭消费总量,加快煤改燃的进度,加快基本无燃煤区建设。另一方面,要严格控制钢铁、建材、煤电等行业产能,防止产能过剩。还要把"科技治污"贯穿全过程。

"治污的成败,不完全取决于资金,而是取决于科技水平的高低。应该打破地区界限、行业界限、国家界限,力争把最好的科技成果应用到污染治理上。"孙太利说。

（罗晓光　黄　涛　张　莉　刘东岳等）

摘自《人民日报》于2013年11月13日发布的文章《京津冀委员共话治理雾霾:50亿能否治出一片蓝天》

第三节　中小微企业健康发展

【摘要】在众多类型市场主体中，中小微企业是全社会财富的主要贡献者，是就业主力军，也是推动国民经济发展的主要力量，而在市场竞争中，中小微企业的抗风险能力无疑较弱。作为企业家委员，孙太利委员时刻关注中小微企业发展问题，本着对事实负责的态度，从身边案例着手，深入不同企业调研考察，了解企业最深处、最真实的困难。

这些年，他一直根据不同切口挖掘问题背后的原因，寻找着合适的、科学的解决方案，借助全国政协平台为企业发声。从 2011 年呼吁关注中小微企业融资难融资贵、2013 年在"营改增"热潮背后发现小规模纳税人税负降幅明显，

2013 年 3 月，孙太利委员参加中国经济网"寻找推进改革开放的最大公约数"专题访谈特别节目，聚焦小微企业发展面临的困境，并为其未来发展出谋划策。

一般纳税人税负则有升有降，因而建议"营改增"要真正为小微企业"减负"，以及中小微企业要通过转型找出路、2016 年提议培育科技型中小企业，到疫情后的复工复产、数字化转型、助企纾困等，从未停歇。其间，新华网记者张辛欣同志关注到孙太利委员的"小微"情结，发表一篇名为《一名全国政协委员连续 6 年为小微企业递交提案》的报道，引发多个媒体大量转载，迅速出圈。现如今，他已经连续 15 年为中小微企业递交提案，用真心延续着最初的情结。

2016 年 3 月，孙太利委员与新华网网友在线交流关于中小企业健康发展问题。

2022 年 3 月，孙太利委员接受中国中小商业企业协会关于"数字化服务商如何推进中小企业数字化"的访谈。

2018 年 3 月，孙太利委员接受团结网关于为中小企业减负的采访。

报道 54

市场主体怎样活起来

2021 年，我国市场主体总量已突破 1.5 亿户。在世纪疫情冲击，百年变局加速演进，外部环境更趋复杂严峻和不确定的情形下，取得这样的成绩极其不易，又绝非偶然。

政府工作报告提出，今年我国发展面临的风险挑战明显增多，中小微企业、个体工商户生产经营困难。参加全国两会的代表委员们表示，应继续优化和落实助企纾困政策，稳定发展预期。

"国家已经出台了不少好政策，但还需要营造数智化、资源化、安全化、诚信化的优质营商环境，让好政策高质高效落地落实。"全国政协委员、民建天津市委会副主任委员孙太利建议，可搭建智慧纾困平台，对经营困难企业的问题科学诊断与帮扶；引导企业经营者将诚信建设嵌入日常经营活动中，激发市场主体内生动力。

（佘　颖　万　政　张　倩　原　洋）
原载《经济日报》、中国经济网、中国日报网等 2022 年 3 月 7 日

数字化服务商如何推进中小企业数字化

在中小企业备受党中央、国务院重视的今天，越来越多来自基层的声音直达决策层，越来越多的企业家和创业者的意见转化为党和政府的重要决策参考。每年的全国两会上，中小企业总是代表委员关心的话题，企业家亦是重要关注的群体。一份份惠企政策建议，从酝酿到发声，一遍遍呼吁讨论，一遍遍修改，都牵动着广大企业的神经。

3月4日8时，由中国中小商业企业协会主办的2022"两会直播间"访谈——数字化服务商如何推进中小企业数字化？在协会自媒体平台准时播出。来到直播间的嘉宾有协会首席数字化专家、中国软件数字化创新中心主任、北京证券交易所金融科技专家阮开利，全国政协委员、天津市庆达投资集团有限公司董事长孙太利，用友网络方案咨询专家郑丹丹，深圳高灯计算机科技有限公司副总裁王晓云。访谈由中国中小商业企业协会会长助理许湘主持。

访谈嘉宾围绕中小企业实施数字化转型的重要性和必要性；目前中小企业数字化转型存在的现象和难点；服务好中小企业转型升级的成功案例以及服务商和企业是如何协同开展做好数字化转型等相关话题展开激烈的讨论。

孙太利表示，今天的数字化转型题目非常好，并分享了在全国两会上关于"数据怎样对中小微企业赋能"的提案。中小微企业数字化转型，是企业数字化转型发展的一个重要核心要素。人才支撑不足是直接影响阻碍中小企业数字化转型发展的一个速度和质量的问题。建议设立数字化转型发展科技辅导员，在中小微企业和行业内进行面对面、一对一辅导。提出了四点建议：一是建议政府牵头，组织科技辅导员落实工作。二是建议由政府加大财政专项投入，完善设立中小微企业数字化转型发展科技辅导员的专项基金，落实专款专用。同时建议科技服务企业也给予相应的服务费，合力共促中小微企业数字化转型高效落地。三是建议政府相关部门细化落实科技辅导员工作职责，强化培训和考核。四是强化科技辅导员的人才培养与引进。孙委员最后表示将会把大家的观点转化为意见和建议带到全国两会。

（佚　名）

原载中小商协动态 2022 年 3 月 4 日

营造优质营商环境　切实为中小企业纾困解难

习近平总书记曾指出："我国中小企业有灵气、有活力，善于迎难而上、自强不息。"中小企业是国民经济和社会发展的生力军，是扩大就业、改善民生、促进创业创新的重要力量。党中央、国务院高度重视中小企业发展，不断健全支持中小企业发展政策体系，推动出台一系列纾困帮扶、惠企让利等政策，中小企业信心不断恢复。数据显示，2021 年规模以上中小企业收入利润同比增长 20.7% 和 28.2%，两年平均分别增长 9.8%、17.1%，平均增速高于疫情前水平，进一步体现中小企业的韧性与活力。

近年来，受疫情以及错综复杂的国内外形势影响，中小企业发展面临不少困难，尤其是原材料价格高涨、海外订单和运力不足、物流成本高、融资难回款慢、人才匮乏、疫情多点散发等问题让部分中小企业生存发展举步维艰。营商环境就是生产力，营造数智化、资源化、安全化、诚信化的优质营商环境，让好政策高质高效落地落实，是切实为中小企业纾困解难的必要举措。为此提出如下建议：

一、厚植资源优势，引导企业练好内功，增强抗风险能力

建议政府进一步开掘政策资源、市场资源、场景资源、云资源等价值资源，科学精准运用供给侧结构性改革政策的能动性，帮扶企业实现产品向智能化转变、服务向场景化转变、创新向平台化转变、价值体现向生态化转变。建议扩大推广中小微企业数字化转型科技特派员机制，以专业团队为企业数字化转型提供咨询规划、产品研发、解决方案、系统集成到交易运维的全链条服务，引导企业比肩国际先进标准，在低碳降耗、提质增效以及科学管理等方面依标准严格管控，增强企业产品力、品牌力、免疫力。

二、加快数字政府均衡化发展，提升各地各部门应用深度，推进政策执行精细化落地

建议进一步健全公共数据运营规则，加速落实数字政府运行法规制度体系和法治化保障。完善搭建智慧纾困平台，按照救急难、兜底线、保基本、可持续等方向优化中小企业"画像"分类，推进省、市、县三级基础平台互联互通，实现国家到地方垂直管理，提升执行实效。加强完善监测网络和报告反馈系统建设，落实对中小企业的动态服务，扩大推广互联网专项反馈窗口，关联服务成果认证评级。

三、加强安全监管与纾困保障体系建设，为中小企业发展保驾护航

一是建议完善建设中小企业运营监管机制和救助保障机制，成立专职监

管救助保障部门，多维度完善安全运营评判体系，强化落实监测预警、风险评估、安全问责等，巩固企业发展自身安全和社会共性安全。对经营困难企业的问题科学诊断与帮扶，协调解决企业在政策、资金、安全、司法等方面遇到的难题，为中小企业纾困解难提供精准服务。

四、加强弘扬诚信守约

建议加快完善诚信立法，搭建法律高压线，依法加强信用信息归集共享开放，加大对守信主体支持力度，加快推动社会诚信体系建设。政府以更高的政治责任审慎务实地公正维护中小企业权益，在担当和作为中进一步提升政府威信，成为诚信表率。引领企业经营者将诚信建设嵌入监管业务和日常经营活动中，开发积累企业信用资产、培育提升企业信用意识，让企业主体能动性和潜能充分释放，激发市场活动内生动力。

（孙太利）

原载《中国经济评论》2022 年 5 月 6 日

报　道 55

中小微企业亟须大数据服务平台

人民政协网北京 3 月 8 日电　"我国中小微企业在数字化转型中仍面临诸多挑战。"全国政协委员孙太利提出，随着新一轮科技革命和产业变革加速演进，人工智能、大数据、物联网等新技术、新应用、新业态，正在深刻地改变人们的生产方式、生活方式以及思想观念，中小微企业必须适应国内国际双循环发展的形势变化需要，加快转变发展思路，调整发展战略，构建新发展格局。

孙太利在调研中发现，占 GDP 比重近七成的中小微企业，普遍存在规模小、人才、市场、管理、融资等资源匮乏问题，对数据积累及分析挖掘的重要性认识不足，整体信息化和数字化水平落后。

"国家要加强中小微企业大数据服务平台发展的顶层设计，建立、完善、优化高质量发展平台规划。"在孙太利看来，要不断完善大数据服务平台功能，尽快出台《中小微企业大数据服务平台管理条例》，明确大数据平台服务标准、应用边界、隐私保障等，明确第三方机构查询和应用大数据的权限范围等，构建中小微企业大数据平台应用的法治基础和氛围。

"我国中小微企业基数大，遍布行业广泛，业务不同、经营方式不同，企业所需的大数据服务也不尽相同。"孙太利认为，应开发适合各行业中小微企业运用的大数据信息技术，提供产品开发设计、全产业链、企业管理、市场营销、人才需求等方面的数字化服务组件和模块，坚持以智能化开发产品、产业链对接、高效管理为基础，以运营服务为主线，推动中小微企业数字化转型升级。

"数字化应用可为企业提升约 60% 的作业效率、降低约 20% 的人力成本、提升约 50% 的管理效率，具有强劲的'加法'和'乘法'效应。"孙太利建议强化对中小微企业应用大数据服务平台人才培训，重点培养数据分析、管理、开发和运维等人员，帮助企业提高对大数据的分析能力和应用能力，使企业能够充分利用大数据科学决策，实施转型升级。

（李宁馨 魏天权）

原载人民政协网 2021 年 3 月 10 日

报道 56

精准细化扶持政策，提高中小微企业造血能力

中小微企业在我国经济发展中具有不可替代的重要作用，彰显着社会

主义市场经济的活力。今年，新冠肺炎疫情暴发后，中小微企业普遍遭受冲击，从中央到地方陆续出台各种措施，多管齐下力挺中小微企业。在疫情防控常态化的情况下，如何激活受损严重的中小微企业，使其渡过难关，是当前做好"六稳"工作、确保"六保"任务落实的关键，这一问题也受到全国政协委员、民建天津市委会副主委、天津市庆达投资集团有限公司董事长孙太利的关注。在接受《中国企业报》记者采访时，孙太利表示，中小微企业长期存在人才匮乏、创新不足等问题，在疫情期间又面临成本高、现金流紧、供应链及产业链不畅的挑战，承受的生存压力或尚未见底，出现较多沉睡或退出的市场主体。必须精准有力及时地推出多方面措施，激发中小微企业重新焕发活力。

抗击疫情以来，各地各部门围绕推进复工复产和助企纾困，给予企业多方帮助。孙太利强调，促进中小微企业复工复产，要进一步优化营商环境。虽然各地都出台了多项政策，但他建议，各类扶持政策要精准分类并进一步细化，依据定向救助原则，持续性、可预见性地加大救助力度，提高政策的可操作性和可落实性。对受到短期流动性冲击企业，应加大贷款的流动性支持；对微利及暂时亏损企业，应加大减免税费力度及成本补贴力度等。运用供给侧结构性改革的政策组合拳，提高中小微企业造血能力，弥补疫情带来的静态和动态损失。

长期以来，融资难一直是中小微企业面临的巨大难题。在疫情防控常态化的情况下，孙太利建议，金融机构、金融监管部门和财政部门协同发力，提升金融支持的时效性与精准度，并跟踪强化放款落实与资金安全双向监管。金融机构对受短期流动性冲击的中小微企业在信用评级、会计报表、抵押担保等规范要求方面可进行适度放宽，促进贷款优惠政策落地落实；政府补贴中小微企业贷款保险费，定向为创新型中小金融机构提供流动性，拓宽民营企业融资渠道。

要保持中小微企业的生命力，根本在于他们的技术创新能力。孙太利提出，要督促企业加强内功修炼，增强企业产品力、品牌力、免疫力。此外，也可在人才上下功夫，不断完善国家级人才平台库及人才交流中心应用。平台通过信息化档案集中管理，对各类人才进行有序分类，为中小微企业精准输送

155

各行业高端人才。

孙太利认为，在激发中小企业发展活力方面，政府要起到积极的主导作用。"建议政府鼓励引导成立标准化中小微企业可持续发展孵化平台，以专项优惠政策号召各类龙头企业、优质企业入驻平台，建设跨学科、大协作、高强度的协同基础资源库。运用互联网、物联网、云计算、大数据、区块链、人工智能等为企业赋能。通过资金、技术、业务等资源实现价值化对接与共享，帮助受困企业迅速造血发展。"孙太利说道。

最后，孙太利强调了政策落地的监督问题。他建议，政府部门成立民营企业"互联网＋督查"平台，听取民营企业家的反映和诉求，同时，可提供相关部门在政策落地工作中失职渎职等问题线索，以及改进工作的意见建议，最大限度发挥民主监督机制实效。促进各项惠企扶持政策落实、落细、落地生根，真正让企业有政策获得感。

中小企业在中国占企业总数的 90% 以上，雇用了近 80% 以上的劳动力。孙太利告诉记者，在疫情面前，激活受损严重的中小微企业活力，使其度过特殊时期，需要特别强有力的政策扶持。企业家也需要练好内功、自强不息，实现企业的可持续性发展。

（佚　名）

原载《中国企业报》2020 年 5 月 22 日

报道 57

激发中小微企业活力

部分中小微企业在疫情期间遇到的发展困境或无法在短期内消散。

中小微企业承受的生存压力或尚未见底，会出现较多沉睡或退出的市场主体，这对国家和地区经济发展影响都不容忽视。

建议各类扶持政策要精准分类并进一步细化，如对受到短期流动性冲击企业，加大贷款的流动性支持；对微利及暂时亏损企业，加大减免税费力度及成本补贴力度等；金融机构、金融监管部门和财政部门协同发力，提升金融支持的实效性与精准度，并跟踪强化放款落实与资金安全双向监管；政府要引导技术创新，巩固企业竞争力等。

（张 原）

原载人民政协网 2020 年 5 月 21 日

报道 58

加大力度降低中小企业税费负担

全国政协委员、天津市庆达投资集团有限公司董事长孙太利接受《中国经济时报》记者采访时表示，我国进入新时代，要加大对中小企业的减税降费的改革力度，降低企业的运营成本，确保中小企业的税负只减不增，帮助企业渡过难关，使中小企业轻装上阵，实施高质量高效益发展。

为此，孙太利建议政府财税部门，扩大小微企业享受减半征收所得税优惠的范围，将年纳税所得额上限由 50 万元提高到 100 万元。提高个人所得税起征点，由现在的 3500 元提高到 5000 元—7000 元以上。同时，把个人首套住房按揭贷款利息、子女教育、赡养老人等家庭支出，纳入税前扣除部分。为支持小微企业发展，对享受暂免征收增值税优惠政策的小微企业，其月销售额由 3 万元提高到月销售额为 10 万元。分级分类制定不同企业的"五险一金"缴费政策，适当降低缴费费率，以减轻企业负担。另外，加快政府职能转变，清理对中小企业的收费。

（郭海涛）

原载《中国经济时报》2018 年 3 月 8 日

报道 59

加快培育科技型中小企业是当务之急

"我国通过供给侧结构性改革，进行更为精准的经济结构调整，目的是进一步推动中小企业转型升级，而科技型中小企业占比少在很大程度上制约了经济发展。"全国政协委员孙太利提出，加快培育科技型中小企业是当务之急。

孙太利建议，政府应出台财税政策为科技型中小企业"松绑""减负"，帮助解决企业融资成本高、融资利率高、缴纳税费高等问题。同时，他倡议科技型中小企业抓住去产能、去库存、去杠杆、降成本、补短板思路，制定转型升级发展新战略，做大型企业产业链的一员；为主机配套，为成套装备配套，做具有"专、精、特、新"的专业化生产配套企业；运用"互联网＋"，开发新兴产业，开发新技术、新材料、新工艺产品。

"建议政府对科技型中小企业给予财政贴息、加速折旧等措施的技术改造奖励政策；推动企业通过技术改造，淘汰落后，化解过剩，扩展先进，从传统产业加快迈进中高端产业和新兴战略性产业；鼓励银行等金融机构，设立专门为科技型中小企业服务的平台。"孙太利说。

（张　原）

原载团结网、《人民政协报》2016 年 4 月 11 日

报道 60

中小企业发展的关键是专注产品发展

全国政协委员、民建天津市委会副主委、天津市庆达投资集团有限公司

董事长孙太利做客新华网 2016 全国两会特别访谈直播间，就如何推动经济转型、中小微企业如何发展等问题，与网友进行在线交流。

孙太利表示，中小企业在许多方面都比较薄弱，体量小，但因此调头速度也快。每天"死"的也多，"生"的也多。中小企业发展的关键是专注于产品发展，不要一哄而起，否则容易产生过剩问题，不利于市场竞争。另外，服务业要向现代服务业发展，提升企业服务的含金量，把服务创新、管理创新落到实处。

孙太利认为，现在中小企业的发展有几个瓶颈问题。一个是融资难、融资贵，这是多年来的老大难问题；还有现在地域市场的问题；还有税负高的问题，需要国家制定减负政策；还有企业的成本非常高，流程的费用也特别高，物流成本也非常高。现在利用互联网手段进行网络销售，一些不讲诚信的互联网企业不能保证产品质量，通过低价手段进行恶性竞争，导致部分企业的利润比较薄。

孙太利同时认为，现在传统中小企业也面临着"三大问题"。一是市场低迷冷落；二是融资贵、融资难，门槛太高；三是企业自身转型发展、结构调整的问题。企业面临三条路，一条路是靠科技进步进行转型升级，提高产品的含金量，不断提高自己的核心竞争力。第二条路是企业向外走，国家出台一系列政策服务，为中国企业的"走出去"保驾护航，国外还是有市场的。第三条路既不向上走、也不向外走，只能向下走，就是被淘汰。

（牟彦秋）

原载新华网 2016 年 3 月 12 日

报道 61

创新金融市场体制　解决中小企业融资成本高问题

当前，我国经济发展进入新常态，随着经济增速放缓，一些深层次问题逐渐暴露。其中，中小企业"融资难融资贵"问题持续发酵，中小企业融资成本高，已成为制约中小企业发展的突出问题。全国政协委员、民建天津市委会副主委孙太利深入中小企业调研后提出，创新金融市场体制，解决中小企业融资成本高问题。

孙太利调研发现，我国企业银行贷款利率普遍高于国际水平。一些地方政府只设有创业补贴、科技型企业补贴、现代服务业企业补贴等，大部分中小企业得不到实质性资助支持。为此建议：政府应组织金融行业专家下企业服务，增加金融信息透明度，解决企业与银行信息不对称问题。帮扶中小企业不断改善、创新融资模式。根据不同项目，实施BOT、金融投资入股、以项目利润还贷、金融租赁等方式，积极创新企业与金融相结合，资本与项目相结合的经营管理模式。同时，政府应鼓励银行进行金融创新，如设立中小企业股票和债券发行市场等，加大中小企业直接融资渠道；建立中小企业与银行电子信息平台，增加金融信息透明度。

孙太利提出，政府应建立专门服务中小企业的政策性银行，政策性银行对中小企业实行更加优惠的贷款利率政策。"各级政府应建立中小企业信用担保平台，方便中小企业融资信用管理。通过设立中小企业信用担保基金，为中小企业融资增信，提高申贷通过率。可试点建立'政府、银行、企业'三位一体的联动机制，延长企业贷款期限或直接续贷，帮助中小企业解决还贷过程中的'过桥'借贷困难。"孙太利还建议政府引导中小企业加强自身诚信观念，不断提高企业管理水平，完善产权制度、建立规范可信的会计账目和财务审计制度，增加财务信息透明度，形成财务硬约束。同时，政府应完善金融法规，加大对影子银行、地下钱庄的监管和打击力度，切实维护中小企业的合法利益。

（张　原）

原载人民政协网 2015 年 3 月 3 日

一名全国政协委员连续 6 年为小微企业递交提案

"请为中小企业多设路标，少设路障！"全国政协委员、天津市庆达投资集团有限公司董事长孙太利说。

这位老委员已经连续 6 年递交关于小微企业的提案，涵盖扶持小微企业发展、改善融资环境等多个方面。孙太利说，这是他的"小微"情结。

"在现实发展过程中，仍然感到政府对小企业扶持发展的许多政策措施'不落地'。"他说，中小企业资金紧张状况仍然比较严重，融资难问题依然突出，实体经济空心化问题依然严重。此外，中小企业税费负担仍然较重。营改增在试点过程中，有的企业反而增加了税负。

他建议，要使扶持中小企业发展的各项政策"一竿子插到底"，则需要尽快建立政府主导、市场运作、多方参与的中小企业社会化服务体系，特别是加大优质信息服务。在金融扶持方面，构建政策性金融和商业性金融相互协调补充的金融支持体系，在企业的起步阶段，提供条件相对优惠的融资支持与风险保障。当企业发展壮大之后，加强商业性金融进入的深度和广度。

在减负方面，希望进一步出台落地、管用的财税扶持政策，清理和取消不合理的行政事业性收费。同时引导中小企业，通过提升自身管理水平和增加创新投入，来面对当前的困难和挑战。

（张辛欣）

原载新华网 2013 年 3 月 2 日

减负转型找出路

一、支持小微企业不能这边减税那边收费

孙太利表示，实体经济在融资方面面临的障碍非常多，虚拟经济不适应实体经济的发展，这些企业无力支付这么高的融资成本。他建议，集中改革力度要加大，一定要加强金融的发展，使其适应中小企业的发展，扩大中小企业的生存空间。此外，他还强调，中小企业自身也要提高自身的竞争力，调整自己的技术结构和产品结构。

二、中小企业的生存之路就是转型

对于中小企业发展面临的问题，孙太利补充表示，融资难也成为中小企业面临的问题之一。他对记者表示，"中小企业的生存之路就是转型，唯有转型才有出路。"同时，政府应加大对中小企业的税费的减免，加大财税改革和金融改革，为中小企业提供宽松的环境。

（闫微微）

原载中国经济网 2013 年 3 月 6 日

"营改增"要真正为小微企业"减负"

"'营改增'后，小规模纳税人税负降幅明显，一般纳税人税负则有升

有降。"孙太利委员提出的现象也是事实，他说，由于税率不同导致部分一般纳税人企业纷纷将规模业务"打散"，重新注册成为小规模纳税人以降低企业成本。"而同为一般纳税人企业在不同试点地区的行业认证也不同，比如邮政快递业，认证为运输业还是物流业，其要缴纳的增值税截然不同。"作为试点单位，交通运输部财务司副司长付绪银补充道，这在同行业间形成了一定区域性不公平。

（佚　名）

原载人民政协网 2013 年 5 月 17 日

报道 **63**

鼓励小微企业建立企业联盟

当前，小微企业面临着融资难、税负压力大等问题。针对这一现象，参加全国政协十一届五次会议的住津委员孙太利，提交了《关于进一步改善小微企业生存发展环境的建议》提案。

孙太利委员建议，把扶持发展中、小微企业确立为我国的基本国策，改善小微企业的生存环境；切实将小微企业减税降负落到实处，对小微企业坚持"少取、多予、放活"的方针；切实优化融资环境，构建完善的融资服务体系；切实降低行业准入门槛，允许中、小微企业无资质或低资质先行进入部分垄断行业和特殊行业市场；促进小微企业集聚化发展，鼓励小微企业建立企业联盟，提高小微企业抵御市场风险的能力。

（刘　平　张洪伟）

原载天津北方网、《天津日报》2012 年 3 月 12 日

报　道　64

代表委员谈引导民间资本"活水"
破解中小企业"资金饥渴"

一边是流动性充裕、物价上涨压力加剧，一边是中小企业频频"喊渴"、融资难甚至面临资金链断裂的风险。一边是巨量的民间资本四处出击，炒房炒蒜炒黄金，一边是新兴产业和创新企业资金投入捉襟见肘。

针对当下中国经济存在的这两大难题，业内专家和来京参加全国两会的一些代表委员纷纷建言献策，呼吁关注中小企业在国家收紧流动性背景下的融资难题，加强引导民间资本回归实体经济。

一、收紧流动性要防误伤中小企业

去年下半年以来，央行密集推出加息、上调存款准备金率等收紧流动性的政策，回收流动性的决心可见一斑。

然而值得注意的是，这些措施固然可以快速抽吸社会资金的流动性，但极有可能误伤实体经济，尤其是中小企业和小型微利企业。

不少代表委员也已经注意到了目前中小企业经营中所遇到的现实困境。全国政协委员、天津市庆达投资集团有限公司董事长孙太利告诉记者，银行收紧银根，不少"等米下锅"的中小企业"很受伤"，为避免资金链断裂，有的甚至通过地下钱庄借贷融资，融资成本和风险上升。

二、引民间资本活水破解中小企业融资难

作为改革开放以来我国出台的第一部专门针对民间投资发展、管理和调控方面的综合性政策文件，《国务院关于鼓励和引导民间投资健康发展的若

干意见》（"新36条"）去年正式出台。

　　代表委员和业内专家都表示，这是一部非常给力的文件，对于创造公平竞争、平等准入的市场环境，进一步拓宽民间投资的领域和范围，将产生重大而深远的影响。

　　引导民间资本回归实体，破解中小企业融资难，还必须进一步加大行政管理体制改革的力度。孙太利委员建议，要积极推动政府职能转变，减少审批环节和程序，提高办事效率，同时建立健全政府服务与社会化、市场化服务相结合的民间投资服务体系。

（王　希　刘　铮　何宗渝）

原载新华网 2011 年 3 月 4 日

第四节　教育与人才培养

【摘要】教育是国之大计，人才是第一资源。孙太利委员对于教育与人才培养问题极其重视，他认为有优质的教育，国家才有未来；有合适的人才，经济才能发展。

早在2012年，他便重点就企业招工难和毕业生就业难情况进行调研与分析，深挖高等教育机制与经济转型过程中经济发展需求不匹配的问题根源，用心研究对策建议，呼吁加强职业教育改革，注重工匠型人才培养，倡导以实干为准则打造升级版职业教育。并于2013至2018年间多次围绕职业教育与企业发展问题，从提高职教社会地位、完善管理体制、加大经费投入等角度提交提案建议与会议发言。

中国正式进入5G商用元年之际，孙太利委员深刻意识到，5G催生科技变革、效率变革、动力变革的同时，亦带来劳动力变革，高端人才将是实现经济发展、赢得竞争主动的重要战略资源。他呼吁大学小学双向发力，超前引领高校设置符合未来发展需要的学科教育，探索小学加强家校共育课程，增强教育原动力，厚植未来高素质人才发展沃土。

以育人之心为育人之事建言，这是孙太利委员又一份写在心坎里的履职作业。

2015 年 3 月，孙太利委员做客人民日报社、人民网"两会 e 客厅"，与人力资源和社会保障部副部长信长星、中国社科院人口与劳动经济研究所所长张车伟，共同解读经济发展新常态下企业发展与就业增长的话题。

2018 年 3 月，孙太利委员接受圆点直播关于"职业教育是企业发展的助推器"采访。

报道 65

统筹教师资源　合理安排工作时间

　　全国政协委员孙太利建议，合理安排教师工作时间，减掉其不应承担与教育教学无关的事项。探索实行弹性上下班制，将教师从超负荷工作量中解放出来。

　　随着"双减"政策的不断推进和学校课后服务的有序开展，"三点半"接孩子难问题得到有效缓解。但也有教师反映，由于工作时间延长，工作负担加重。

　　探索教师弹性上下班制度，显然有利于优化教师资源配置，缓解教师压力。

　　探索教师弹性上下班制度，需合理统筹规划。学校要统筹好三点半前和三点半后老师的工作安排，保障教师休息权利。此外，也要统筹利用社会资源，吸引社会上的专业人士参与学校工作。

　　减轻教师负担也是为了让老师更好地为孩子们的成长服务。积极探索教师弹性上下班制度，在做到充分挖掘教师潜力的同时，也要有合理措施关心爱护教师，形成良好的教育生态。

（佚　名）

原载中国教育、新闻网 2022 年 3 月 4 日

　　其他相关报道详见：

　　中国新闻网《全国政协委员孙太利：建议探索实行教师弹性上下班制》2022 年 3 月 3 日

　　腾讯网、搜狐网、网易《总理再提落实教师工资待遇！多位代表委员呼吁：全面落实教师工资待遇！你支持吗？》2022 年 3 月 6 日

　　《中国教育报》、澎湃、搜狐网《"双减"背景下如何为教师减负？多位代表委员发声！》2022 年 3 月 9 日

　　网易《学生减负了，老师的负担也也也要减！！》2022 年 3 月 9 日

坚持人民至上　绘就民生幸福"新画卷"

"江山就是人民，人民就是江山。"今年的政府工作报告中，民生幸福"新画卷"依旧把人民放在最高位置，把人民对美好生活的向往作为奋斗目标。

多谋民生之利、多解民生之忧。坚持在发展中保障和改善民生，不断满足人民日益增长的美好生活需要，不断促进社会公平正义，使人民获得感、幸福感、安全感更加完善、更有保障、更可持续。近年来，天津在用心用情书写有温度有质感的民生答卷。

为民鼓与呼，是每名代表、委员义不容辞的责任和义务。从天津这张民生答卷中，在津全国人大代表和住津全国政协委员将走访的所见所闻，凝结转化成一个个"金点子"，为民代言、为国献策，他们唱响了"天津好声音"。

去年，在教育领域重磅推出的"新动作"，莫过于"双减"政策的实施。"双减"落地后，几乎所有家长都长舒了一口气。在孩子学科培优的问题上，家长之间再也不必盲目攀比了；孩子的家庭作业也变少了，不用再开夜车，一家人都熬到很晚才休息。"双减"这么受欢迎，如何让"双减"行稳致远？今年，全国政协委员、天津市庆达投资集团有限公司董事长孙太利带来的提案就与"双减"有关。

"'双减'的出台，为全社会带来一股崭新的气息，但政策在落地实施环节中仍有不足的地方。"孙太利说，当前，教育资源分配还是不均，城乡差距较大，城市大多数学校能提供各具特色的课后服务课程，但乡镇学校普遍资源匮乏，服务内容参差不齐；在校时长和工作量不断增长，导致教师负担过重。此外，校外培训监管不到位，隐形变异培训仍存在，"退费难""卷钱跑路"等违法违规行为时有发生。

为此，孙太利建议，要积极探索家校社共育新举措。对于学校而言，壮大"教师"队伍，在加大本校教师培训力度的同时，特招一批艺美技能课教师，从社会、离退休干部、在校大学生中招聘延时服务义工，完善教育配套设施，确保学校开齐课程、开足课时；畅通家校沟通渠道，鼓励学校邀请家长走进学校、走进课堂，借助网络平台进行线上线下联动，举办家校共育课程，课程涵盖孩子心理、家庭关系、自我成长等多个方面，增强教育的原动力；动员全社会力量广泛参与"双减"，利用青少年宫、青少年活动中心、研学实践教育基地、博物馆等各方资源，校内外协同发力，推进学校课程与社会资源高效联动。

（韩　雯　刘　平　孟若冰　周志强）
原载人民网、金台资讯、《天津日报》2022 年 3 月 6 日

报 道 **66**

关于加强合力育人，助推民办小学高质量发展的建议

教育是民族振兴、社会进步的重要基石。习近平总书记指出："基础教育是全社会的事业，需要学校、家庭、社会密切配合。"深刻阐明了努力把我国基础教育办好的实践路径，是新时代大力推进素质教育、提高教育现代化水平的重要指导思想。基础教育作为造就人才和提高国民素质的奠基工程，小学教育正处于基础教育的奠基阶段。教育部数据统计，截至 2018 年，全国民办普通小学 6179 所，在校生 884.57 万人，在校生规模占全国比重 16.4%。民办小学教育逐步成为公办小学教育的有力补充，对破解教育"剧场效应"，建设和谐健康的教育生态发挥着重要作用。

高质量的社会发展形态离不开高质量的教育，民办小学基础性教育一定程度上满足人民群众多样性、个性化的教育需求，但从高速度发展转向高质量发展仍面临诸多不足，主要表现在办学理念、管理水平、育人能力、师资队伍建设、质量评价等方面。兼具学校、家庭、社会一体化三结合教育体系，充分发掘、整合和利用三种教育资源，合力促进学生德智体美劳全面发展与特长发展。加强三结合教育，合力育人，利于促进民办小学高质量发展，为此提出如下建议：

一、建议将三结合教育合力育人模式推广纳入"十四五"规划，完善民办教育扶持政策，强化分类指导

建议进一步强化和细化分类管理、分类扶持的政策思路。对标准化三结合教育体系民办学校在政府补贴、基金奖励、捐资激励、税费减免等方面给予更多扶持，提供更大发展空间；进一步深化教育领域"放管服"改革，优化管理方式，降低准入门槛，吸引更多社会资金投入到三结合教育系统。

二、以创新为基点，加强民办小学教育标准化督导评估

建议民办小学国家标准及行业标准要以本行业的先进标准为引领，如耄耋之年王希萍校长创办的天津市逸阳梅江湾国际学校，对该类学校加以推广、复制，以高标准带动全系统高质量发展。引领学校在制度、体系、运行机制、教育教学工作、教师培养、家校合作、教育科研等方面提升评估标准，发挥三结合教育的多元功能，推进教育质量的提高。

三、以政府为引导，完善"名校"帮"弱校""名校"带"新校"等传帮带机制

建议以三结合教育一体化系统打造民办校特色品牌，鼓励高质量民办小学推进集团化办学，鼓励名校间、名校与薄弱学校间优势互补、以强带弱，扩大优质教育资源的覆盖面。

四、健全教育行政部门、工商部门、公安部门等相关部门的联合执法机制，提升监督执法力度

强化民办学校风险防范指标体系和预警机制。建议运用 5G、区块链、大数据、云计算等信息化手段成立民办教育发展与监督服务综合平台。综合平台内设置管、办、评分离的分级系统，以动态竞标形式加入第三方质量认证和评估机构。通过互通、互联、互享、安全、可信、可追溯的平台系统建立多维立体动态评价体系，加强对民办学校的软硬件安全督导检查、评估等，保证学生教育安全、身体安全等，真正做到有效监管。

五、加强师资队伍建设

一是建议搭建国家级网课学习平台，平台细分标准化教学网课、教师培养与认证网课等，推广与共享优质教育资源，实现一师一优课、一课一名师模式，采取定期直播专题学习课程，持续提供远程学习与交流资源，使欠发达地区学生共享高质量教育，逐渐达到教育质量均等化。二是在政策上支持

民办学校教师在资格认定、进修培训、职称评定、骨干教师选拔培养、表彰奖励、科研立项等方面与公办学校教师享有同等待遇。

（孙太利）

原载人民政协网 2020 年 6 月 2 日

报　道 67

5G 引发劳动力变革　国家需在学科教育上超前引领

"发展工业互联网，网络是基础、平台是核心、安全是保障。"还有观点认为，5G 将成为未来工业互联网的网络基石。3 月 3 日，全国政协委员、民建天津市委会副主委、天津市庆达投资集团有限公司董事长孙太利对南都记者表示，5G 催生科技变革、效率变革、动力变革的同时，也会带来劳动力变革。国家应在学科教育上超前引领，满足 5G 发展的人才需要。

一、我国工业互联网发展 创新与标准研究并重

据了解，工业互联网是新一代信息通信技术与工业系统全方位深度融合的新兴产业和应用生态。孙太利对南都记者表示，工业互联网可为经济社会数字化转型提供关键支持，能够为工业及其他产业数字化、网络化、智能化发展提供新型基础设施，更好地满足各行业数字化转型对网络连接的需求，实现跨企业、跨领域、跨产业的广泛互联互通。

"工业互联网在未来的发展空间巨大。"孙太利指出，工业互联网将带动云计算、大数据、物联网、人工智能、5G 等新一代信息技术与制造业应用场景深度结合，以需求为导向，以应用促发展。他还表示，发展工业互联网，网络是基础、平台是核心、安全是保障。

2018 年 6 月，工信部印发《工业互联网发展行动计划（2018—2020）》，计划指出到 2020 年底初步建成工业互联网基础设施和产业体系。孙太利表示，

我国工业互联网已进入落地深耕阶段，五大工业互联网标识解析国家级节点已全部启动，并且，其在石化、钢铁、机械、高端设备、家电、服装等行业得到广泛应用。

但他还指出，我国工业互联网还面临产业基础薄弱、融合创新深度不够、应用市场尚未完全打开、持续投入能力不足等挑战，亟须以市场需求为牵引，加快弥补短板，营造良好发展环境，推动工业互联网更快发展。

二、如何更好地发展工业互联网

"工业互联网的发展一方面是创新，另一方面是研究标准。"孙太利建议，应加快工业互联网网络、平台、安全基础能力建设，重点落实加快全光纤网络、5G 网络设施建设，推进各行业网络改造升级；其次，人才匮乏是短板，国家需要加大培养人才的力度，加大自主创新，掌握核心技术。他强调，集成创新也是一种方式，就像高铁，引进空白技术，通过集成创新成为国际领先。

三、5G 时代 劳动密集型产业将最先变革

如孙太利所说，对于工业互联网的发展，网络是基础。南都记者发现，有观点认为，5G 将成为未来工业互联网的网络基石。

他表示，目前我国的 5G 发展还处于加大基础建设时期。一旦 5G 普及，其带来的经济释放量将是巨大的。因为，5G 牵动着每个人、每个家庭、每个组织等，它将实现万物互联。

他强调，技术的发展具有双面性。5G 催生科技变革、效率变革、动力变革的同时，也会带来劳动力变革。"很多人将面临转岗。"他指出，劳动密集型产业将最先变革，很可能千人工厂将变得只需要百人支撑。

为应对技术发展带来的劳动力变革，他建议国家应在学科教育上超前引领，同时注重人员的短期培训，满足 5G 发展的人才需要。

（李　玲　尤一炜）

原载《南方都市报》2019 年 3 月 4 日

报　道　68

尽快从四个方面加强我国优质教育建设

党的十九大报告指出，建设教育强国是中华民族伟大复兴的基础工程，必须把教育事业放在优先位置，加快教育现代化，办好人民满意的教育。建设教育强国，深化教育改革，是实现中华民族伟大复兴的中国梦和实现人民对美好生活的向往的必然要求。

全国政协委员、民建天津市委会副主委孙太利认为，近年来，人民对教育的主要需求发生了很大变化，更加关注教育公平问题，关注享有高质量教育的问题，关注对教育多样化选择的问题，但是我国教育发展不平衡不充分的问题依然比较明显，人民群众对教育还有很多不满意的地方。一是我国优质教育资源整体不足，区域之间、城乡之间、学校之间的差距比较大。缺乏规模与质量、优质与公平的统筹考虑。教育注重数量增长多，注重规模扩张多。二是一些学校片面追求考试分数和升学率，忽视学生全面发展。一些学校考试分数高了、升学率高了，但学生的品德差了，心理素质差了。一些学校教学质量虽然高了，但公平性不够。三是许多学校思想政治教育方式单一，政治课时少，教育针对性差。有的学生政治思想观念淡薄，缺乏信仰。有的学生在家不孝敬父母，在社会上不懂规矩，不懂礼仪。个别学校师德师风问题时有发生。四是学校教育忽视"实践性"，造成学生动手能力差，一些学生毕业后"眼高手低"，在家不做家务劳动，出门自己照顾不了自己。

党的十九大报告提出的"全面贯彻党的教育方针，落实立德树人根本任务，发展素质教育，培养德智体美全面发展的社会主义建设者和接班人"，是以习近平同志为核心的党中央在中国特色社会主义进入新时代，对我国教育提出的新要求。孙太利认为，根据党的十九大报告这个根本遵循，应当尽快从四个方面努力，加强我国优质教育建设。

一是继续深化教育改革，统筹优质教育与公平教育。政府应加大不同地区、不同学校优质教育资源的投入，扩大优质教育资源受益面。政府应设立专项基金，鼓励建立教育集团和办学联合体异地办学，以强校带弱校，以名校办分校。鼓励优秀学校牵头，建立和完善优秀校长、优秀教师轮岗交流的长效机制，使优秀校长和教师交流轮岗到不同城市、不同学校。

二是政府教育主管部门要引导学校树立正确的教育政绩观，改革对学校和校长的评价标准，科学确定各阶段教育的目的和任务。引导学校办出特色，加强培养学生的沟通表达能力、团结合作能力，以及求知欲、责任心、创造性等，满足学生的个性化教育需求。以此帮助青少年学生树立正确的世界观、人生观、价值观。

三是学校要坚持把立德树人作为教育中心环节，加强思想政治教育，改革思想政治课教学方式。要把思想政治工作贯穿教育教学全过程，做到全程育人、全方位育人。加强学生的社会主义核心价值观教育、理想信念教育、法治教育、劳动教育等。引导学生树立爱国、爱党的情怀，树立"学有所成，报效祖国"的理想。

四是政府教育主管部门应将社会实践作为优质教育的重要内容。可以在中小学设立"劳动课"，加强学生动手能力教育；在高等学校应设立"社会实践基地"，让学生定期到工厂、农村、街道、部队的基层单位实习，参加劳动；组织学生参加社会"公益活动"，参与养老、帮困、助残等活动。

（崔国强）

原载《经济日报》、中国经济网 2018 年 3 月 11 日

报 道 69

鼓励和放手发动社会力量兴办教育

《中华人民共和国民办教育促进法》修订以来，极大地激发了民办教育

办学能力，有效调动了民办校领导和教师全面深化教育改革的积极性主动性。

但在落实《中华人民共和国民办教育促进法》的过程中，各地区民办教育发展还存在如下几个问题：一是民办教师与公办教师仍同工不同酬；二是部分民办学校未设党组织，民办教师无法过组织生活；三是一些地区行政领导管理过多，造成民办学校优质不优价；四是一些民办学校学生不能享有与国家对公办学校学生的相同待遇。

建议政府应加强顶层设计，积极鼓励和放手发动社会力量兴办教育，促进民办教育健康可持续发展；政府财政部门应加大对民办学校的财政经费扶持力度，重点扶持民办学校教师队伍建设；政府教育部门应规定，民办学校教师的社会养老保险以及其他福利待遇，应与公办学校教师同工同酬；政府物价部门要允许民办教育优质优价，充分发挥民办学校教育创新改革试验田的作用；政府应加强对《中华人民共和国民办教育促进法》的督查，以问题为导向，把民办教育政策落实、落细，对落实不到位的，应加强问责机制。

（蒋天羚）

原载人民政协网、《团结报》2017 年 3 月 12 日

报　道　70

加强职业教育　为企业培养工匠式人才

全国政协委员、民建天津市委会副主委、天津市庆达投资集团有限公司董事长孙太利作客新华网 2016 全国两会特别访谈直播间，就如何推动经济转型、中小微企业如何发展等问题，与网友进行在线交流。

孙太利表示，现在企业面临的瓶颈是实际操作的技术人才比较匮乏。教育部门培养的学生大部分都是理论型人才，但实际的操作人才、工匠式人才，技术型聚焦、聚焦再聚焦的人才比较匮乏。这需要职业教育加快培

养人才的步伐，强化职业教育与"中国制造 2025"相对接的教育模式，抓紧培养人才。

孙太利认为，人才的培养是多方面的，要能引进人才、留住人才、培养人才。培养人才的同时，职业教育教师的能力也需要提升。名师出高徒，老师的水平高，学生的水平也会高。所以我们要培养高能力的教师来培养高能力的学生。本科的理科生可以在职业教育中有目标地选择专业，进入职业学院再学习、再深造，同样可以获得硕士、博士学位，这样有利于加快人才培养，推动"中国制造 2025"的发展。

（牟彦秋）

原载新华网 2016 年 3 月 12 日

深化体制机制改革 让发展引擎更强劲有力

在历经长达 30 年的高速增长后，中国经济步入新常态，经济增速放缓，传统动能减弱。如何适应这个局面？政府工作报告提出，当传统动能由强变弱时，需要新动能异军突起和传统动能转型，形成新的"双引擎"，才能推动经济持续增长、跃上新台阶。对此，代表、委员们表达了自己的见解和思路。

无论是传统产业转型升级，还是新兴产业跨越发展，最终都要实现更多依靠人力人才资源和科技创新来推动发展这一目标。对此，代表、委员们感受很深。

全国政协委员、天津市庆达投资集团有限公司董事长孙太利表示："无论是科技创新，还是发展新兴产业，我感觉一些企业最匮乏的不是资金，而是人才，尤其缺乏高级人才和技术人才，我国的职业教育目前还存在发展不足的问题，有些大学生管理知识学得多、专业技能学得少，不适应企业的实际需求。"

孙太利委员认为，"中国制造 2025" 是要发展高端制造业，重在培养高级技术人才。目前，我国传统产业工人有 7000 多万，60% 是初级工人，只有 5% 达到高级工人的水平，而德国等制造业强国的高级工人占比则达 35% 至 40%。他建议，国家应加大对职业教育的投入，高校要调整教学计划，加大对学生动手能力的培养，加大校企对接、校产对接、学校与企业的研究机构对接。

（齐　慧　王　晋　佘惠敏　沈　慧）

原载《经济日报》、中国经济网 2016 年 3 月 7 日

加强职业能力教育　提高大学生就业竞争力

两会前夕，人力资源和社会保障部副部长信长星，全国政协委员、天津市庆达投资集团有限公司董事长孙太利，中国社科院人口与劳动经济研究所所长张车伟共同做客人民日报社、人民网"两会 e 客厅"，解读了经济发展新常态下企业发展与就业增长的话题。作为来自基层的企业经营者，孙太利认为，经济新常态下，人才竞争力对于企业尤其重要，而在这样的大环境下，加强职业能力教育有利于提高大学生就业竞争力，从而提高企业的竞争力。

孙太利表示，为了适应经济新常态，企业发展的战略模式、商业模式以及核心竞争力都要有相应的转变。现在应对结构性方面的变化，企业最难的是技术工人"用工荒"。破解这个难题，首先要从高等教育抓起，尤其是职业教育。

对于大学生就业难的问题，孙太利补充强调，要加强对毕业生的基础能力培训，同时学生自身要树立正确的就业观，从基层干起，吃苦耐劳，从而积累宝贵的经验。他说："青年朋友们要增强学习力，只有增强学习力才能增强工作力，才能提升创新力，同时也能够推动自身发展和企业发展。"

（彭心韫　张　畅）

原载人民网 2015 年 3 月 3 日

报 道 71

融通校企合作，打造命运共同体
发扬实干作风，为中国制造加油
——"职业教育与企业发展"座谈会纪实

2012 年 11 月 29 日，习近平总书记在参观"复兴之路"陈列展时，对中国梦做了精彩的描述，并发表了重要讲话。作为民族复兴的重要力量，职业教育应以实干为基本准则，积极拓展与企业的合作内容和途径，形成最为坚定的发展共同体，为中国制造加油，为中国梦加油！

为了贯彻落实党中央、国务院关于加快发展现代职业教育的精神，2015年 3 月 29 日，正值全国人大常委会启动职业教育法执法检查之际，由民建中央和中华职业教育社联合主办、首都经济贸易大学承办、中国中小商业企业协会协办的"职业教育与企业发展座谈会"在京召开。会上，来自政界、学界和企业界的 20 多位专家围绕职业教育与企业发展的主题进行了深入研讨，就职业教育校企合作的发展理念、法治和制度建设、职业教育管理体制、经费投入、社会观念转变等方面提出了很好的意见和建议。

天津市庆达投资集团有限公司董事长孙太利："通过加强职业教育的顶层设计，提高职业教育社会地位，同时积极探索职业教育本科、硕士、博士培养模式，解决高层次专业技术技能人才培养问题。"

第一，职业教育要由低分生源培养、低学历培养向高分生源培养转变。第二，要由培养一般劳动者向培养创业创新型学生转变。第三，专业设置要由原普通专业向新产业、新材料、新能源领域专业扩展。第四，要由过去的粗放型教育向集约型教育转变，提高社会效益和经济效益。同时建议政府部门根据经济新常态发展需要，进一步修改和完善职业教育规划，对职业教育的专业设置，对师资队伍的配备，对学生培养方向进一步深化。

（余维峰　刘志芳）

原载光明网 2015 年 04 月 04 日

报道 72

实施"人才升级"工程

出席全国政协十二届三次会议的在津全国政协委员、民建天津市委会副主委、天津市庆达投资集团有限公司董事长孙太利建议，经济新常态下要想方设法解决好"用工荒"问题，实施"人才升级"工程，以就业质量的提升带动就业数量的增加。

孙太利委员表示，当前我国社会的劳动力结构还有些方面不适应经济"新常态"。具体表现为，能够适用于企业转型发展的技工比较少，新进企业的大学生不能立即在岗位上适应并创造价值，动手操作能力差。同时，毕业生找工作难，原因包括在校期间课程设置滞后于市场发展，以及学生技能不足难以适应企业需求等。毕业生的专业、职业素质、就业意愿与市场需求的矛盾正进一步加剧，空有学历不务实的大学生和以出卖劳力为主的农民工，都很难适应经济发展"新常态"的需要。

因此，建议加快教育改革步伐，实施"人才升级"工程，培养企业亟须的大批复合型技能人才。云计算、电子商务、大数据、3D 打印快速发展，都需要人才，但这些方面课程不成熟不普及，应当加大教育投入力度，提高全社会的就业质量，适应经济发展的需求。政府引导企业对技能人才建立激励机制，在工资待遇、职称、生活福利等方面向技能人才倾斜。教育部门应引导毕业生树立正确就业观，将基层锻炼作为人生的宝贵财富和必修课。

（郭　熠　曲璐琳）

原载《今晚报》、北方网 2015 年 3 月 11 日

打造社会需要的升级版职业教育

近年来，国家出台了一系列促进高校毕业生就业的政策，取得了一定成绩，但高校毕业生就业形势依然严峻。2013 届大学毕业生达 699 万人，比 2012 年多出 19 万人，2014 届将达到 727 万人，再创历史新高，据统计，未来 5 年高校毕业生数量都将保持在 700 万人左右。与之相对的是企业人才缺口较大，尤其是高技能人才。一方面是大学生就业难，另一方面是高技能人才短缺，人才供需的严重不协调，暴露出我国高等教育机制与经济转型过程中经济发展需求不配套的问题，具体表现为：

一是目前诸多高校毕业生有文凭无能力，根本原因是高等教育重学术、轻实践。部分老师、学生对待毕业实践态度不严肃，存在师生互相应付现象。

二是我国职业教育身份尴尬。当下职业教育与普通大学地位悬殊，招生录取排在本科之后，社会上形成只有考不上大学才上职业学校的状况，造成职业学校生源质量不佳。同时，职业教育定位不清，专业设置仿照大学，教育特色不突出，发展缓慢。

三是大学毕业生就业观念片面，轻视技能操作岗位，热衷于虚拟经济岗位及管理岗位，面对民营企业和中小企业不屑一顾，普遍认为"不稳定""薪水低""没发展"。

四是民营和中小企业当前面临招工难问题，特别是技术操作工存在后继无人、技术断档和关键技术岗位如电焊工、数控机床操作工等，尽管支付高薪酬，仍然招工难。

面对企业招工难、毕业生就业难的矛盾，必须提升职业教育水平，进行职业教育改革，适应社会需要和企业需要。为此建议：

政府应提高职业教育地位，择优提升部分职业大学为本科，与普通大学同批次招录。要促进职业教育发展，使职业教育上水平，必须要提升职业教育的地位，使之与本科教育有同样地位，这样在招生时才能与普通大学平等争取优质生源。

政府应明确职业大学与普通大学的关系，使职业大学与普通大学各有所长。教育主管部门应整理学科门类，职业大学应侧重开设应用型、技术型专业，普通大学应侧重开设科研型、学术型专业，使职业大学、普通大学特色鲜明、优势互补、各有所长。

政府应把掌握专业技术操作技能作为职业教育的重要特征。应提高专业实习在学生培养计划中所占比例，专业实习不低于总学分的四分之一。应增设专业实践课程，并由有业界实践经验的老师或工程技术人员讲授。

（孙太利）

原载《人民政协报》2014 年 5 月 20 日

第五章
经 济 建 设

　　孙太利委员建议守正创新，聚智慧融资源，以数字化赋能"专精特新"，助推经济高质量发展；持续发声，建议政府要重振企业家精神，对实体经济放水养鱼，呼吁企业家要做"诚信中国"的坚强基石，建议政府积极锻造新时代优秀民营企业家队伍，实现质量变革、效率变革、动力变革；全方位建言优化营商环境，提出为民企提供更多金融支持、深化"政银企"三方协同合作机制、持续推进减税降负等建议，得到政府高度重视和充分采纳；持续对完善数字化转型和工业互联网高价值应用，助力人工智能和平台经济高质量发展领域开展深入调研，通过政协提案、协商会议等参政议政渠道提出建议，得到有关部门重视与采纳。

　　一句肺腑言，道尽民企意。孙太利委员将这特殊的责任与使命化作深思笃行，倾注到推动中国特色社会主义经济建设行动之中。

第一节 企业创新与高质量发展

【摘要】创新是引领发展的第一动力，是企业赖之以强、国家赖之以胜的关键。孙太利委员作为企业家委员，把关乎民生福祉、关乎民族未来的企业创新与高质量发展作为履职期间一个重要的时代命题，聚洞见之力求解，执务实之笔答题。

高质量建议的谋定来自对规律的认识和尊重。十年前，产能过剩问题严重制约我国经济健康发展，孙太利委员提出解决产能过剩的根本途径，是深化经济改革，推动新技术、战略新兴产业等创新企业集约发展。在疫情常态化下，危与机同生并存，他呼吁要用科技创新抢抓机遇，提升基层创新力，确保自主知识产权通过创新成果转化，促进国家迈向全球价值链高端环节。进入新发展阶段，国内外环境的深刻变化带来一系列新机遇新挑战，他建议守正创新，聚智慧融资源，以数字化赋能"专精特新"，助推经济高质量发展。

一句肺腑言，道尽民企意。孙太利委员将这特殊的责任与使命化作深思笃行，倾注到推动市场主体健康发展行动之中。

2015 年 3 月，孙太利委员接受记者采访，畅谈协调发展、共建共享，促进企业高质量发展。

2016 年 3 月，孙太利委员做客新华网，呼吁企业以技术创新推动经济转型。

2018 年 11 月，孙太利委员参加人工智能与实体经济提案征集闭门会议。

2021 年 2 月，孙太利委员走访原创新药研发企业。

报道 74

处理好十大关系　发展新质生产力

习近平总书记强调，要牢牢把握高质量发展这个首要任务，因地制宜发展新质生产力。

新质生产力具有高科技、高效能、高质量特征，标志着生产力水平的质变与跃迁，是建设现代化强国的关键，是推动我国经济高质量发展的核心新动能。习近平总书记多次就发展新质生产力提出明确要求、做出深入阐释、指导发展实践，为推进经济社会高质量发展指引路径，体现了党中央对生产力发展规律的探索与遵循。

科技创新能够催生新产业、新模式、新动能、新业态，是发展新质生产力的核心要素。数据显示，民营经济贡献了全社会 70% 以上的技术创新成果，涵盖了 80% 以上的专精特新"小巨人"企业和 90% 以上的高新技术企业，是形成现代化产业体系的重要根基，是推进科技创新的重要主体，是发展新质生产力的生力军。

大盘谋局，首在度势。面对全球新一轮科技革命和产业变革，民营经济要立足高水平科技自立自强的使命，用新发展理念破局成势，将社会责任融入企业发展战略之中；要紧紧围绕着高端化、智能化、绿色化，发展战略性新兴产业和未来产业，从实际出发，先立后破、因地制宜发展新质生产力。政府要以供给侧结构性改革为抓手，引导经营主体聚焦并正确处理好企业发展十大关系，加强前瞻性预判、战略性布局、精密性谋划、融合性实践，推动专业化、平台化、数智化发展。推进新发展格局路径畅通，推动经济高质量发展。

一、处理好进与稳的关系

进是方向和动力，稳是大局和基础，稳中求进、以进促稳这一科学方法论，是基于动态平衡、更高水平的安全观与稳定观，指导经济发展不断增强内生活力。以进促稳有效创新是企业生存和发展的关键。企业要做到让创新无所不在，与时俱进，以立体思维进行战略创新、组织管理创新、产品创新、技术与科研创新、资本创新、学术研究创新等，可持续、高质量地给企业、行业、区域、市场向上生长、向好突破提供新动力。要建立健全产业创新、产品创新的新型保障体系，建立健全新型产品质量保障体系、新型物质消耗保障体系、新型经济效益保障体系、新型安全生产保障体系、新型科学技术管理保障体系，实现以创新为导向，提质、降耗、增效、安全、管理融合发展，企业方可行稳致远。

二、处理好立与破的关系

先立后破是推进改革的重要方略。立与破是辩证统一的关系，立是产业逻辑，而破则是改革逻辑，高质量发展需要稳扎稳打，更要在关键任务上势如破竹。思深方益远，谋定而后动。传统企业适应新时代发展，需盘活存量、发展增量、创新变量，革故鼎新、先立后破。要结合国家新的战略任务、新的战略阶段、新的战略要求、新的战略环境，把握正确的方向，通过科技创新，系统性优化区域发展结构、产业发展结构、产品结构、组织结构、市场结构等，以结构性改革巩固既有发展成果。在实践中探索新机制、新制度、新技术、新市场，推动新旧动能接续转换，塑造高质量发展新优势。新经济企业要紧紧围绕战略性新兴产业和未来产业等，整合科技、人才、创新资源进行平台化发展，创造更优质的绿色价值。

三、处理好顶层规划与企业发展的关系。

顶层规划是发展的统领与目标，是成事之志。企业要以实现社会效益、企业效益为价值追求，结合产业政策、行业规律和企业实际，前瞻性、战略性统筹规划、分步实施。明确目标导向与资源导向，要不断优化资源配置，实现低成本运营、高效能应用。要不断提升企业原始技术创新、组织管理、人才培养等能力，实现规划与能力的动态匹配，确保战略一致性，做到核心能力强大、效益绿色健康。

四、处理好创新与人才的关系

创新是第一动力，人才是第一资源。发展新质生产力的内在要求是以科技创新推动产业创新，而人才则是科技创新的源泉。企业发展要以守正创新为宗旨，在制度、服务、贡献、评价等方面精准发力，联合创新搭建跨职能、跨部门、跨领域创新型人才交流与合作平台，强化人才的有机成长。

五、处理好转型与升级的关系

面对严峻的国内外环境、技术革命冲击和发展模式变革，企业转型与升级是主动寻求革新和发展的过程。新经济发展正在向智能制造、数字产业、平台经济、大健康等具有重大技术突破和新需求的战略性新兴产业转变。企业转型升级要以新发展理念为方向，以科技创新为路径，实现新突破、选择新赛道、创造新价值、建设新高地。坚持自主创新与开放创新协同并进，建设具有全球竞争力的开放创新生态，共建产业链、供应链等生态平衡，为企业可持续发展注入新动能。

六、处理好选择与定位的关系

选择是基于市场趋势的战略抉择，定位是基于核心竞争力的价值创造。选择决定方向，定位明确目标，二者相互依存，共同构成企业发展的双翼。企业作为市场经济最具活力的主体，需要审时度势，站在国家发展大局的高度，将企业发展融入国家发展战略之中，明确企业使命与愿景。企业定位要以适合国人需求为导向，以品质生活引领新一轮消费升级，创造产业发展的新机遇、新产品等。

七、处理好制造与新创造的关系

创新是制造向新创造转变的核心要义。产品制造领域是技术创新的主战场，在企业发展中，制造与新创造相互促进、相互融合、相互转化。企业要用创新驱动高技术新制造，通过加强 5G、数字科技、算力等智能装备的应用，不断提升新制造成果的高技术附加值和竞争力。产品要高端化、智能化、绿色化，提前布局量子科技、生命科学等未来产业，实现制造与新创造的深度融合，推动中国从制造大国向制造强国跃升。

八、处理好速度与质量的关系

高质量发展是速度与质量目标的协同推进和有效实现。质量是速度的根本，速度是质量的载体，二者互为依托、辩证统一。在新发展阶段，新发展理念重塑了速度与质量的关系，速度和质量形成合力、同向发力，固本强基。速度与质量的融合飞跃，应是企业提升价值的战略选择。

九、处理好产品与品牌的关系

品牌是产品质量、技术、信誉和文化的重要载体，是经济发展的引擎，是企业乃至国家竞争力的综合体现，从中国产品向中国品牌转变正在成为社会共识。低碳环保、绿色创新，将逐步成为中国制造的品牌价值。企业要与时俱进坚持守正创新，不断注入产品迭代新动能。以科技、文化、模式等创新，实现产品高端化智能化、服务全场景化、资源整合平台化、创造价值生态化，产品引领品牌化。建立健全产品质量维护与保障体系、品质引领新需求的发展体系、品牌维护与保障体系、全场景售后服务保障体系等。

十、处理好绿色发展与未来发展的关系

中国式现代化是人与自然和谐共生的现代化，绿色是高质量发展的底

色，新质生产力本身就是绿色生产力。未来发展是以科技创新为第一驱动力的发展时代，将引领科技进步、带动产业升级。绿色发展是未来发展的基础与方向。

面临存量升级和增量破局，抓住新机遇是企业需具备的基本素质，布局新赛道是精密谋划的重要方向，把握新趋势是可持续发展的关键。企业要聚焦自主创新力，紧紧围绕未来制造、未来信息、未来材料、未来能源、未来空间、未来健康等，生态协同创新链、产业链、资金链、人才链等，推动高新、高质、高效健康持续发展。

优秀企业家精神作为新质生产力和高质量发展的文化力量源泉，是现代市场经济的软实力精髓。发展民营经济必定要大力弘扬和培养优秀企业家精神，更好发挥企业家作用，让优秀企业家成为市场经济强大而稳定的内驱力。以企业家为主导，聚焦企业发展十大关系，知行合一，才能高效激活民营经济内生新动力，推动经济高质量发展。

（孙太利）

原载《人民政协报》（2024 年 3 月 29 日 第 6 版）

报 道 75

数字化赋能专精特新

"专业化、精细化、特色化、新颖化是中小企业持续发展的动力及方向。"天津市庆达投资集团有限公司董事长孙太利说，今年全国政协会议上，中小企业的生存及发展问题成为政协委员聚焦的话题之一。

今年的全国政协会议会期缩短至 6 天，采用"线上＋线下"的模式，相较往年，会议的信息化、智能化水平显著提升。"99.97% 的提案是通过网络会前提交的，会期缩短了，提案的办理效率提高了。"孙太利说，政协委员这个身份，是一份荣誉，更是一种责任，他把为个私经济发展鼓与呼、为会员发声作为自己的一项重要政治任务。

一、强化政策扶持力度

"市场主体承载着数亿人的就业创业及国家的高质量发展。"孙太利说。

党的十九大报告提出，我国经济已由高速增长阶段转向高质量发展阶段，正处在转变发展方式、优化经济结构、转换增长动力的攻关期。引导和培育专精特新企业的发展，有助于提升企业产品和服务的质量，提高企业在资源约束下的效率，实现经济增长的新旧引擎更替，正是实现质量、效率、动力三大变革的关键所在。

会前，孙太利在个体私营企业中做了大量调研，他发现，在发展和扶持专精特新企业过程中仍存在一些薄弱环节和滞后问题。孙太利指出，专精特新行业门槛高，中小企业受自身研发能力弱、人才匮乏等因素制约，研发投产周期长，在技术高速更新迭代环境下，可持续发展困难。此外，近两年受原材料和劳动力成本上涨影响，处于产业中下游的中小企业因缺乏对供应链和产业链的塑造和掌控能力，导致资金链出现问题，部分企业融资难、融资贵问题尚未完全解决。

孙太利发现，一些中小企业由于产品质量不过关，产品结构不合理，导致市场同质化竞争严重，低质量商品无法满足人们日益增长的物质文化需求，企业产品出现滞销难题，无法打开市场。"企业的可持续发展，需要从产业结构、产品结构、技术结构、组织结构等方面进行优化及赋能。"

孙太利认为，结构优化离不开创新，在当下，数字化成为赋能企业创新发展的关键要素。今年全国政协会议上，孙太利提出，科技创新是专精特新企业的灵魂。建议从国家层面进行顶层设计，强化政府政策扶持力度，充分发挥专项资金杠杆作用，支持数字技术赋能企业创新发展。

"要加大政策扶持力度，充分发挥高品质资源池作用。"孙太利建议政府部门精准优化企业数字化创新发展细则，加快研究制定数字化创新型中小企业评价和培育办法，精细落实解决企业数字化发展前沿问题和创新难点。扩大建设中小微型企业数字化创新创业示范基地，形成规模化专精特新特色产业集群。

"要加大财税支持力度，充分发挥专项资金杠杆作用。"为解决企业融资难题，激发企业研发动力，孙太利建议持续细化落实针对数字化专精特新企业的减税降费措施，同时为投资该类型的其他企业减免税费，为企业发展提供更大空间。他建议加大数字化专精特新企业专项奖励基金支持力度，进一步落实梯度支持细则。并为处于种子期、风险高、投入高的企业提供初创期保障型风险资本基金，吸引更多社会资本支持。

"在企业从创业期转向发展期的过程中，政府可组织企业家与多类型金融机构对接，增进企业与金融部门联系，促成融资项目合作。"孙太利认为，相对于短期盈利，投资项目更要看重长期回报。为此，他建议政府推动建立长期资本投资平台，鼓励优质风险投资公司以入股的方式投资未上市的数字化专精特新企业，进一步拓宽企业融资渠道。

二、夯实监管与专业服务

2022年，全国两会会风更加务实高效，从为改革谋、为发展计的提案议案，到接地气、察民情、聚民智、惠民生的建议意见，都是代表委员强化责任担当、认真履职尽责的表现。今年，政府工作报告多次提到"市场主体"，包括"持续激发市场主体活力""着力稳市场主体保就业""更大激发市场活力和发展内生动力"等。孙太利用"鼓舞人心"来表达现场聆听政府工作报告后的感受。

工信部数据显示，我国现已培育专精特新"小巨人"企业4762家，企业平均拥有50项专利，带动省级专精特新中小企业超过4万家，入库企业11.7万家。其中超过五成研发投入高于千万元，超过六成属于工业基础领域，超过七成在行业精耕细作10年以上。还涌现出一批"补短板""填空白"企业，在制造强国建设进程中发挥了重要的支撑作用。

会前，通过大量调研，孙太利发现，多数专精特新企业受资金能力和人才环境等因素制约，高端人才流失现象严重，人才储备受限，未来关键岗位人才断层风险日益加重。

"导致高端人才流失的另一个原因是企业在发展到一定程度后缺乏远景规划，没能为人才提供长远的发展空间。"高端人才的流失直接影响到企业的技术研发能力，也导致企业无法达到专精特新企业对专业技术、发明专利的评判标准。

孙太利认为，提升企业科技创新能力，需要政府、行业协会、企业三方合力。为此，孙太利建议，行业协会在政府部门牵头下，积极参与，以国际视野和市场眼光，精准解决企业数字化发展前沿问题和创新难点。同时，市场监管部门应进一步夯实监管水平，持续加大反垄断力度，完善对企业及自然人财产权的保护，形成正向激励机制。

针对专精特新企业高端人才流失问题，孙太利提出两项建议：一是建议政府主管部门聘请数字化、科技创新领域专家、专业可信的数字化服务商等，对企业家进行数字化发展赋能培训，对接技术研发与应用、转型服务诊断等；二是建议探索校企合作数字化创新人才培养机制，鼓励支持高校在专业设置、师资培养、招生规模等方面向数字化人才倾斜。增加大院、大所研发成果和企业技术研发需求对接，推动协同创新，促进科技创新资源流动，完善产、学、研、用多主体共赢共享合作机制。

会上，孙太利共提交了 13 件提案，涉及农业、教育、健康等多领域，目前已全部立案。"2020 年是进入全面建设社会主义现代化国家、向第二个百年奋斗目标进军新征程的重要一年，我们将满怀信心、斗志昂扬，尽职履责，以实际行动迎接党的二十大胜利召开。"孙太利说。

（臧梦璐）

原载《光彩杂志》2022 年 4 月 29 日

强化改革创新　推动企业高质量发展

——创新引领　增加核心竞争力唯一路径

《天津日报》于 2021 年 3 月 7 日对该提案观点做了题为"创新引领　增强核心竞争力唯一路径"的报道。

"都准备好了，带着十来件提案，明天我就到两会驻地了。"全国两会召开在即，《中国经济时报》记者联系到了全国政协委员、天津市庆达投资集团有限公司董事长孙太利。作为一名民营企业家政协委员，孙太利一直思考如何紧跟时代形势，深入调研一线，帮助更多企业真正高质量发展，这一直是他履职的重要内容。

"经济高质量发展必须强调自主创新，全面加强对科技创新的部署。同样，企业走高质量发展之路，必须强化新发展理念，提高创新能力，以科技自主创新与集成创新融合驱动，补齐核心技术短板；以创新成果应用为抓手，促进高质高效持续健康发展。"孙太利对本报记者表示。

"十四五"时期，我国将进入新发展阶段，国内外环境的深刻变化带来一系列新机遇新挑战。但当前我国科技创新水平总体仍停留在跟踪模仿阶段，原始创新能力不强，制约企业高质量发展，高质量发展面临装备、技术、标准、人才、制度、资本、结构等挑战。

如何强化改革创新，推动企业高质量发展？孙太利给出了他的建议。

一、超前科学预判，优化顶层设计

建议根据"十四五"规划发展要求，超前规划、充分调研，科学精准利用供给侧结构性改革政策的能动性，推动企业低端装备更新换代、高端装备补齐短板；在标准上与国际标准对标；在技术上创新升级；在流程上革新再造；在人才上培养与引进使用；在制度上梳理落地；在资本上盘活资源；政府财政要加大给予专项引导资金支持。以能动性的政策组合，充分引导企业利用网络化、数字化、智能化、平台化、安全化等打通协同平台，与各类平台资源高效对接，助推高质量发展。

二、法治与标准先行，促进健康发展

要不断强化市场化、法治化、国际化营商环境，让法治建设走在高质量发展的前列。一是加快《中华人民共和国产品质量法》完善修订工作，明确将科技质量、经济质量、社会质量等促进制度纳入立法内容。二是在"无数据不经济"的未来，强化重视数据资源的质量性和结构性。加快数据立法进程，并以达到国际领先标准为目标，强化数据安全、应用以及检测标准等体系落地，用标准把自主创新、安全发展贯穿国家发展各领域和全过程，筑牢国家安全屏障。

三、平台与人才驱动，加快创新步伐

加大财政资金对服务于企业的国家级科技平台和人才平台的资金支持。一是强化融合运用 5G、区块链等技术，完善建立聚焦人工智能、集成电路、生命健康、脑科学等前瞻性、战略性一体化科技平台，以互信的价值分享和开放共赢机制，帮助企业解决前沿技术问题，促进高科技领域企业科研成果的创造、产出与应用。二是建议政府完善国家级人才平台，完善各类精专人才准入标准，精准分类储备高端技能人才，优化人才服务企业机制，通过平台为企业支招赋能，真正解决企业用人难、用人贵难题，为企业高质量发展人才赋能。

四、产权全链保护，破解创新瓶颈

最大限度减少知识产权纠纷，提高违法成本，降低守法成本，加大依法保护知识产权力度，形成知识产权"高压线"，创造良好的研发和应用环境，充分激励科研人员自主创新、集成创新动力，推动企业高质量发展。

（王晶晶）

原载《中国经济时报》、中国经济新闻网 2021 年 3 月 2 日

对于原始创新企业　要加大力量赋能

正在北京参加 2021 全国两会的全国政协委员、天津市庆达投资集团有限公司董事长孙太利在接受记者采访时表示，自己非常关注原始创新企业的发展，他说："对于原始创新企业，我们要加大力量赋能，我建议增加对原始创新企业的资金支持，同时注重人才的引进和培养。"

孙太利委员在走访调研的过程中，来到天津尚德药缘有限公司。这家企业一直专注原创新药的开发，其中针对脑胶质母细胞瘤，一种恶性程度很高的肿瘤的抗癌新药，ACT001 已经顺利进入澳洲临床试验，并先后获得美国与欧盟的孤儿药地位，有望对这一世界性医学难题提供新的治疗手段。但众所周知，新药开发往往需要很长的周期，要承担极大的失败风险。融资难也成了企业的心病。

孙太利委员说："作为一名企业家，我非常有体会，企业的发展离不开企业家自身的一种担当精神。尚德药缘十几年来深耕脑部疾病的专业研究，过程是非常艰难的。在了解到他们需要帮助的时候，我除了自己尽一些微薄之力以外，还呼吁其他企业家一起关注这些原始创新企业。同时我也呼吁国家出台更多的相关政策来扶持这类原始创新企业，推动他们走向世界。"

（柴莹　吴涛　刘颖）

原载北方网 2021 年 3 月 7 日

聚智慧融资源　推动创新发展

"营商环境是市场经济的培育之土，是市场主体的生命之氧，是激发城市活力的关键要素。"在昨日举行的 2021 年中国（天津）非公有制经济发展论坛上，天津市庆达投资集团有限公司董事长孙太利表示，天津近年来持续优化营商环境，从"津八条"到服务民营经济 19 条新政，再到海河英才行动计划，高含金量政策相继推出，并显现出应有效力。

孙太利认为，当前的双循环格局引领着非公有制经济向好发展，但企业需要集聚智慧，进行创新发展。一是要与时俱进优化顶层设计，增强企业核心竞争力；二是标准化提升自主创新能力，推动产品向品牌转变、速度向质量转变、制造向创造转变；三是以科技创新引领行业发展，通过科技支持"互联网+"、物联网经济等发展，推动线上线下消费融合，带动经济高质量健康发展。

谈到在京津冀协同发展中企业面临的机遇与挑战，孙太利表示，企业单打独斗的时代已经过去，需要整合资源融合发展。如果达不到全链闭环，就要将链条做专做精，通过整合补充不足，提升发展质量。

（辛　璇）

原载腾讯网、北方网 2021 年 9 月 16 日

报 道 76

新发展格局下，企业如何撑起高质量发展的一片天

消费是中国经济稳定运行的"压舱石"，也是推动经济增长的"主力军"。随着我国市场经济的不断发展，线上线下融合不断加快，消费方式正经历着新变革。消费者的选择越来越多，企业该如何在激烈的竞争中脱颖而出？

两会期间，全国政协常委、中国税务学会副会长张连起，全国政协委员、民建天津市委会副主委孙太利，厨房家电行业代表企业名气电器总经理朱忠民做客人民政协报·人民政协网"委员会客厅"，就"推动企业高质量发展 发挥实体经济作用"等相关议题进行深入探讨。

一、精准定位满足新消费市场需求

"满足消费者对于产品的分层化和多样性需求也包括了广大的农村市场。"孙太利表示，以新发展格局引领高质量发展，需要形成强大国内市场。乡村振兴一定是企业发展的下一个"战场"，农村市场的实力不容小觑，充分挖掘农村在经济内循环中的潜力，需要推动优质商品下沉。"产品好，才能激活农村的消费市场，进而带动解决农村就业以及'六稳''六保'等一系列问题，这是一个良性循环。"

二、创新驱动助力消费不断升级

长期关注企业发展的孙太利强调，企业升级标准的发展离不开科技创新，科技创新是一个国家和民族发展的重要力量，以科技创新推动高质量发展，是破解当前经济发展深层次矛盾的必然选择，也是加快转变经济发展方式、调整经济结构、提高发展质量和效益的重要抓手。

三、双向发力助推企业高质量发展

越来越多的企业意识到高质量的发展不能"等、靠、要"，只有主动出击、主动变革，才能创造新供给、引领新消费。对此，孙太利表示，政府财政要加大专项引导与资金支持，以能动性的政策组合，引导企业利用网络化、数据化、智能化实现各类平台资源的高效对接。高质量发展的背后是高质量的服务体系和消费体系，让人民生活更美好，这个美好是双向的，既要老百姓有消费能力，也要供给方能够及时提供，且提供的是多样化的、分层的，甚至是量身定做的产品服务。

（王慧文　陈姝延　林　璐）

原载新华网、人民政协网 2021 年 3 月 4 日

报 道 ⁷⁷

以科技成果转化为导向　助推企业高质量发展

在弘扬企业家精神，推动企业高质量发展座谈会暨人民政协网《商谈》栏目启动仪式上，全国政协委员、民建天津市委会副主委、天津市庆达投资集团有限公司董事长孙太利发表了"以科技成果转化为导向，助推企业高质量发展"的主题发言。

7月21日，习近平总书记主持召开企业家座谈会，这是特殊时期的一次重要会议。总书记鼓励企业家要以恒心办恒业，勉励企业家为国担当、为国分忧，聚焦突出问题，回应社会关切。

总书记的讲话极具时效性和指导性，对推动经济高质量发展具有重大的现实意义和深远的历史意义。在疫情常态化的今天，危与机同生并存，唯有在危机中准确把握发展新格局的基本内涵，审视优化发展方向，综合集成政策措施，深入推进改革创新，畅通国民经济循环，构建新发展格局，才能推动高质量发展之路行稳致远。科技创新是引领发展的第一动力，是企业赖之以强，国家赖之以胜的关键。要用科技创新抢抓机遇，补齐核心技术的短板，催生发展新动能。通过创新成果转化，促进国家迈向全球价值链高端环节，为内循环与高质量发展双循环相互促进格局奠定基础。

为此，孙太利提出四点建议：

一、与时俱进，优化顶层设计

一是建议政府深入谋划"十四五"规划的发展方向，强化科技战略资源储备，积极抢占、决战未来国家的经济产业、国防安全和科技制高点。要推动完善战略性部署，以科技助推工业化、信息化、城镇化、农业现代化融合，落实科技支撑。

二是建议在政策上集中力量向关键核心技术成果倾斜，摆脱在关键科技领域被美国等西方国家"卡脖子"的困境，立足中国自身优势，补足短板，创造良好的科技生态。

三是建议政府以常态化、制度化引导市场主体，深化绿色结构性改革，推进新一轮科技革命。要稳就业、保就业，实现增品种、提品质、创品牌、降消耗、增效益、保安全，增强核心竞争力。

二、标准化提升自主创新能力

一是建议与时俱进，对标国际标准进行改革创新，实现科技成果应用的领先，加快突破企业发展重点领域的共性技术、核心技术、关键技术和产业化瓶颈，推动颠覆性技术创新，加快科技成果向现实生产力转化，提升产业链水平，维护产业链安全。

二是提高市场主体的管理标准化，创新产业差异化，以标准引领企业，积极调整产业结构和企业创新发展战略，推动产品向品牌转变，速度向质量转变，制造向创造转变，实现质量变革、效率变革和动力变革。

三、以科技创新引领行业发展趋势，满足社会需求

一是通过科技支持、互联网+、物联网经济、智能经济、绿色经济、创意经济、共享经济的发展，推动线上线下消费融合，促进消费提档升级。

二是围绕优质普惠的公共安全、医疗健康、生态环境等民生领域的科研攻关进行部署，推动更多先进科技成果释放与应用。

四、以科学技术助推市场主体发展

市场主体是形成消费的重要力量，是促进国内大循环的重要根基，建议政府牢固树立问题导向和目标导向，充分利用政策引导、资金支持、人才服务等多方面举措，倾力支持市场主体做大做强，培育经济发展新动力，弘扬

企业家精神，营造创新创业的良好企业内部环境和外部环境。此外，要进一步打造市场化、法治化、国际化的营商环境，进一步加强知识产权的保护，简政放权，放管结合，壮大新动能，使市场主体保持充盈的活力和坚强的韧性，更好地发挥扩大就业、改善民生等重要作用，全力推动"六稳、六保"落地落实，实现更高质量发展。

（佚　名）

原载人民政协网 2020 年 9 月 28 日

报 道　78

产品更新换代是实现高质量发展拉动消费的关键推力

3月3日，在全国政协十三届二次会议开幕会上，全国政协主席汪洋在工作报告中指出：着眼推动高质量发展、深化供给侧结构性改革，就强化基础研究、促进重大原始创新和支持人工智能、新能源汽车、共享经济等新兴产业健康发展组织调研视察，召开发展实体经济、提高供给体系质量专题协商会。

对推动高质量发展等热点话题，民建天津市委会副主委、天津市庆达投资集团有限公司董事长孙太利委员在接受本报记者专访时表示，推动高质量发展有多个层面的动力。

"首先是人才的创新力，这体现在企业的产品上。企业产品的高质量发展要靠标准来推动。标准要达到国际化，甚至超出国际化的标准。同时，工厂装备也需要更新换代。"孙太利说，"其次是基础设施。做事需要有基础，基础是关键，一定要把基础铺设好。比如人工智能，安全性是不可或缺的。另外，产品必须是高质量的，并且是被社会所认同的。基础性的东西关键是要有价值，但目前我国某些基础性的建设还依赖国外技术。"

发展和应用密切相关。孙太利说，"我们发展得很快，应用速度也很快。完全依赖进口是不行的，也是很危险的。我们要不断提升基层创新能力，使产品具有自主知识产权。国家现在鼓励大众创业、万众创新，就是倾力技术创新，提升核心竞争力。"

"有些软件有时我们只能在一个地区局部推广，就是因为基础设施滞后。另外，新产品落地也需要高层转变观念来推动和支持。工信部正在通过工业互联网来推动人工智能和互联网的科技进步。"他说，"不尝试就会永远滞后。"

另外，孙太利认为要在应用中发现问题、解决问题，再进行基层创新，提质增效、节能降耗，打造产业安全保障体系，方有利于推广。

"在高质量发展时代，尤其是互联网时代，也需要政策提升。"孙太利介绍说，过去很多政策更适合高速发展时期，现在需要向工业互联网发展方向倾斜，用供给侧力量推动高科技发展。

应用与消费密不可分。孙太利认为，如今的消费正在转型，由低端消费向高端消费转型，这也是拉动经济增长的前提。

"目前国内供需还不平衡，需求和供给都没有得到完全满足。差距就在于品种和质量，以及产品的耐用性。"孙太利说，"企业应当抓紧转型升级，用新一轮科技推动企业创新转型，实现高质量发展，增加新品种和品牌，拉动消费升级，满足家庭需要和社会需要。"

在拉动消费方面，孙太利认为，产品的更新换代至关重要。

"以手机为例，现在我们已经从2G到了5G，从只可以上网到了可以看视频，乃至下载电影只需几秒钟。如果说4G是8车道，5G就是100车道。这种更新换代是拉动消费的巨大动力。"孙太利说，"汽车、日用品等产品在向创新、实现智能化发展，互联网正是主要驱动力。但目前国内仍存短板，要弥补短板，就要创新、转型、升级，特别是基层创新。过去，我们的高铁是引进国外产品，后来通过基层创新成为国际名牌，这说明中国创新力非常强。"

（张丽娜）

原载《消费日报网》2019 年 3 月 4 日

报 道 ⁷⁹

跑出中国创新"加速度"

创新是引领发展的第一动力，是建设现代化经济体系的战略支撑。在加快创新型国家建设中，从科研院所、企业到科研工作者正合力跑出中国创新"加速度"。

5 年来，我国创新驱动发展成果丰硕——全社会研发投入年均增长 11%，规模跃居世界第二位；科技进步贡献率由 52.2% 提高到 57.5%。如何进一步激发创新活力，代表委员们有自己的看法。

企业是创新的主体之一，全国政协委员、民建天津市委会副主委、天津市庆达投资集团有限公司董事长孙太利表示，政府要引导民营企业家抓住历史性新机遇，推动民营企业以科技创新带动转型升级。孙太利委员建议，要加快修订已经落后的产业标准，引领企业高质量发展。对长期技术达标的企业，给予政策奖励；要增加财政专项基金，持续推进供给侧结构性改革，以技术创新加快淘汰落后、过剩产能，用信息化改造传统产业；要引导企业通过对市场的差异化定位，优化技术结构、产品结构；鼓励企业深度挖掘培养技术创新人才、工匠人才，加快产品升级换代。

（廉 丹 佘惠敏 周明阳）

原载《经济日报》、中国经济网 2018 年 3 月 21 日

报 道 ⁸⁰

建议给诚信企业提供税收和融资优惠

今年，是本届全国人大代表和全国政协委员任期的最后一年。四年多来，

在津各位代表委员立足于党和国家工作大局，着眼于天津改革发展稳定，牢记神圣使命，积极参政议政，认真履职尽责，为促进我国和我市各方面工作发挥了积极作用。今年全国两会期间，天津日报社特推出全媒体报道栏目《使命——代表委员履职风采》，为您呈现代表委员的履职之路……

"切实深入基层、深入实际、深入群众，善于用实例、数据等作支撑开展监督，力求避免没有调查研究就笼而统之地提出意见，努力做到发言说到点子上、批评点到关键处。"

3月3日下午，全国政协十二届五次会议开幕式上，当孙太利听到这一对政协委员如何开展监督提出的要求时，深深地点了点头。他向记者表示："做一个称职的政协委员，就要舍得付出，不断学习、广泛调研、精准选题、推动发展。因为政协委员不仅是荣誉，更是一份沉甸甸的责任。"

在孙太利的桌子上，整齐摆放着为全国两会准备的各种材料："作为全国政协委员，有压力就要从自身做起，变压力为动力，不断提高自身素质，努力提高参政议政水平和能力。"参加本次大会前，他很早就开始了调研工作，为提交提案、大会发言做准备。《关于以德为本，加强企业诚信建设的建议》《关于用供给侧结构性改革的力量，振兴实体经济的建议》等8件提案，都是他在工作中深入调研，再深入分析研究后写就的。

"2020年我国将全面建成小康社会，没有全社会的诚信建设，没有成千上万企业的诚信建设，就不可能实现全面建成小康社会。"为此，孙太利建议在全社会建立互联互通的诚信体系平台，加快实现"诚信中国"。政府要着力打造企业诚信经营的营商环境，对诚信经营、依法纳税的企业，提供税收及融资成本方面的优惠政策，鼓励诚信经营；对失信企业采取切实可行的办法，增加其违法成本，方便受害企业及消费者维权。"我们企业家要带头弘扬社会主义核心价值观，构建企业诚信文化，自觉克服急功近利的心态和赚钱就是硬道理的固化思维，加强自我学习、自我教育、自我提升，做'诚信中国'的坚强基石。"

除了对企业发展提出意见建议，孙太利更是善于站在全社会的角度思考问题："我会经常召开民建专委会、企业家会议，或与有关专家学者、普通百姓讨论一些国计民生问题。把社会关注度高、与百姓生产生活相关的问题与我长期关注的问题结合起来确定选题。"

据不完全统计，孙太利在全国政协十二届一次至四次会议上，共提交 52 件提案。建议内容涉及经济、政治、社会、文化、生态文明建设等多个领域。其中，《关于防止小城镇建设"空心化"，必须坚持可持续发展的意见和建议》《关于用市场的力量，推动企业转型升级，有效化解产能过剩的建议》《关于在供给侧结构性改革中，妥善安置职工下岗再就业问题的建议》3 件提案列入全国政协会议期间重点协商办理。

（刘　平　徐　丽）
原载《天津日报》2017 年 3 月 7 日

经济转型发展需要企业提升核心竞争力

全国政协委员、民建天津市委会副主委、天津市庆达投资集团有限公司董事长孙太利做客新华网 2016 全国两会特别访谈直播间，就如何推动经济转型等问题，与网友进行在线交流。

孙太利认为，要推动经济转型发展，技术型企业在许多节点上都需要提升流程的含金量以及核心竞争力，尤其是要提高国际竞争力。现在都是国际化通道，信息很容易不对称。如果企业不了解新技术，就会被淘汰。转型升级不是一句空话，企业需要建立配套的章法。比如建立研发机构，校企联合、企业联合，相互融合，提升科技的含金量，转化成果。

过去企业低端发展较多，存在产能过剩现象。建议劳动密集型产业等向集约发展方向转型，但过程中会面临很多困难，"阵痛"是不可避免的，转型升级是一道坎儿。

孙太利表示，转型是企业必须要解决的问题之一。企业要从低端转向高端，在供给侧结构性改革过程中，要把力量用在向高端发展，推动企业有效升级，向新技术、战略新兴产业发展。

孙太利认为，自去年以来，世界经济低迷，在此情况下，我国主动调整经济结构，由过去的高速发展转为中高速发展，经济正在平稳向好发展。在新常态下，经济结构需要转型、升级，需要各级领导人和企业家观念上的转型、升级。企业实际任务就是去产能、去库存、去杠杆、降成本、补短板。

（牟彦秋）

原载新华网 2016 年 3 月 12 日

报　道　82

协调发展　共享未来

"这次规划建议出台的过程，历经了多次大会、小会讨论，在不同范围内多次征求意见。其科学性和前瞻性对正在探索转型的企业来说，具有巨大的指导价值。"

创业前曾做过公务员的全国政协委员、天津市庆达投资集团有限公司董事长孙太利分析说，中共中央"十三五"规划建议在适应新常态、把握新常态、引领新常态的大势下，提出了创新、协调、绿色、开放、共享的新发展理念。这样一份凝聚了执政党内外思想精华的文件，既是对以往发展理念的进一步升华，也无异于一份内涵丰富、对社会规律和社会发展前景有准确把握和科学判断的超级项目规划书，给企业界进一步指明了发展方向。"如果认真研读，结合企业实际情况，一定能找到大量对企业未来 5 年乃至更长一段时间有巨大价值的信息"。

其中，孙太利认为，搞好企业内部关系协调，以及企业与外部关系协调，两者同样重要。

比如企业内部的和谐劳动关系。随着我国人口红利逐渐消退，一部分企业人力资源成本上升速度明显高于企业的利润增长速度。对此，孙太利分析说，投资人是企业的一分子，员工也是企业的一分子。两者应该"共同做大蛋糕"而不是你多我就少的"分蛋糕"关系。人是生产力中最活跃的因素，人的潜力是无穷的。那些在全球都有影响力的大企业，都是真正尊重员工首创精神，与员工共同成长的企业。

随着我国市场经济体系越来越成熟，社会分工也越来越细化，企业与外界的界限也越来越模糊，大量新型企业、巨型企业的出现，也逐渐改变了社会公众对企业的期待。

"企业社会责任这个话题虽然提了很多年，但现在仍然不过时。"孙太利在接受采访时说，"企业社会责任的内容很多，为企业所在社区修桥铺路、为家庭困难的学生捐款、为得病的弱势群体缴纳医疗费，这些都是承担社会责任的方式。无论采取什么方式，基础的要素都是企业领导者和员工出自内心想帮助社会弱势群体，想为社会更美好而多出一份力。"

赠人玫瑰，手留余香。"我们深信付出得多，到最后总不会太吃亏。"孙太利说，共建，要共享才能长久；共享，以共建为前提。每个企业都是社会中的一滴水，只有在大海中才能发展下去。没有其他社会细胞的能量支持，任何企业都将一事无成。

（杨朝英）

原载《人民政协报》2015年11月6日

83
报 道

积极化解产能过剩　天津委员"开药方"

昨天下午，全国政协在政协礼堂举行了"发挥市场决定性作用和更好发挥政府作用，积极化解产能过剩"提案办理协商会。提案党派、提案委员、全国政协提案委员会委员、有关政协委员，以及国家发展改革委、工业和信息化部、财政部、科技部、人力资源和社会保障部等提案承办单位代表，就相关提案进行沟通协商。在津全国政协委员孙太利在大会上发言，对其《关于用市场的力量，推动企业转型升级，有效化解产能过剩的提案》作说明。

孙太利委员说，产能过剩是最大的资源浪费，是最大的污染源，是企业亏损最主要的原因，解决产能过剩的根本途径，就是深化经济改革。他建议，化解产能过剩既要发挥市场资源配置决定性作用，又要加强国家宏观调控作用，二者缺一不可。政府应拿出专项资金，鼓励产能过剩行业、企业加快兼并重组步伐，积极发展混合所有制经济。应出台政策，奖励企业实施以新技术、新工艺、新装备、新材料推广应用为主要内容的技术改造，推动企业生产高附加值产品，开发有市场需求的新项目。政府应该疏堵结合，严格控制落后产能的新上项目。政府应鼓励以市场为导向，积极优化资源配置，挖掘内需市场潜力，改善需求结构，有效释放内需，消化一批过剩产能。应加快制定严格的落后产能退出机制的细则，各级政府要加大市场监管力度，建立产能过剩行业、企业的预警体系和监督机制。

（佚　名）

原载《天津日报》2014 年 3 月 9

第二节　弘扬企业家精神

【摘要】沿着历史的脉络回望，四十余年的改革开放，民营企业是见证者、参与者，亦是受益者。作为企业开创者，民营企业家群体与改革开放风雨同行。他们白手起家、爱国敬业、勇于拼搏、敢闯敢试，为中国经济尤其是民营经济的发展作出了杰出贡献。

2018 年 3 月，孙太利委员接受津云关于弘扬企业家精神的议题采访。

在日升月落之间积淀形成的企业家精神是多么的艰辛与不易。在履职之际，孙太利委员持续发声，号召政府大力弘扬这种精神，号召企业家积极传承这份家国情怀。在去产能职工分流安置时期，他呼吁企业家主动适应、承担责任，以技术创新岗位分流替代暴力裁员；在振兴、激活实体经济之际，他建议政府要重振企业家精神，对实体经济放水养鱼；在出现低质低效、以次充好现象扰乱市场经济秩序之时，他呼吁企业家要做"诚信中国"的坚强基石；在我国进入高质量发展阶段，他建议政府积极锻造新时代优秀民营企业家队伍，实现质量变

2020 年 9 月，孙太利委员参加由《人民政协报》、人民政协网主办的"弘扬企业家精神推动企业高质量发展"座谈会并发言。

革、效率变革、动力变革；面对国内外复杂的经济环境，他呼吁企业家面临挑战要抓住机遇，主动创新，积极调整产业结构取得新成效。

"积力之所举，则无不胜也；众智之所为，则无不成也。"孙太利委员相信只要企业家同心聚力，以拳拳爱国之心守规则、讲信用、勇担当、敢创新、诚回报，必将助力中国力量踔厉奋发。

报 道　84

咋弘扬企业家精神，推动企业发展？
委员、专家及企业家聊嗨了

如何激发市场主体活力？以国内大循环为主体、国内国际双循环相互促进的新发展格局怎么形成？企业家精神的内核是什么？如何解决中小企业"最后一公里"难题？如何推动企业高质量发展……

为深入学习贯彻习近平总书记在 7 月 21 日企业家座谈会上的重要讲话精神，9 月 19 日，在《人民政协报》、人民政协网主办的"弘扬企业家精神 推动企业高质量发展"座谈会暨《商谈》栏目启动仪式上，委员、专家、企业家代表直面挑战与难题，为激发市场主体活力，弘扬企业家精神，促进企业高质量发展出实招、献良策。

科技创新引领企业高质量发展

"疫情防控常态化的今天，危与机同生并存。"全国政协委员、民建天津市委会副主委、天津市庆达投资集团有限公司董事长孙太利表示，企业要准确把握发展新格局的基本内涵，深刻认识到科技创新是引领发展的第一动力，综合落实基层政策措施，深入推进改革创新，实现产业结构的合理化。深化供给侧结构性改革中推进新一轮的科技革命，催生新生发展动能，加快科技成果向现实生产力的转化，助推企业高质量发展。

（李木元　周佳佳　王慧文）

原载人民政协网 2020 年 9 月 20 日

弘扬企业家精神　承担社会责任

习近平总书记在民营企业座谈会上发表的重要讲话，高度评价了改革开放 40 年来民营经济为我国发展做出的重大贡献，充分肯定了民营经济的重要地位和作用。

新时期，民营企业家要抓住机遇，促进民营经济创新发展。

一是要坚定信心，推动民营经济高质量发展。民营企业家既是改革开放的实践者、参与者，又是改革开放的受益者。民营企业家要以更坚定的信心，继续奋斗和创新，把改革开放不断向前推进；要抓住机遇，积极调整产业结构和企业创新发展战略，把企业的产品由中低端向高端转化；要比肩国际标准，用最先进的理念和国际一流的水准进行改革创新，为我国经济在高质量发展路上行稳致远贡献力量。

二是要正视困难，促进民营经济创新发展。近年来，民营企业在经营发展中遇到了市场、融资、转型等方面的困难和问题。在国家政策的积极扶持下，民营企业要抓住新时代的发展机遇，适应"互联网+"、物联网经济、智能经济、绿色经济、创意经济、共享经济，提高企业的质量、动能、效率、效益，推动企业创新转型发展。

三是要承担社会责任，做优秀企业家。进入新时代，企业家要认真学习习近平新时代中国特色社会主义思想，坚持政治定力，按照习近平总书记的要求，加强自我学习、自我教育、自我提升，珍视自身的社会形象，做爱国敬业、守法经营、创业创新、回报社会的典范；要弘扬社会主义企业家的创业、创新、责任、诚信、奉献的精神；要秉持"创新进取是动力、合作共赢是宗旨、诚信是基石，企业发展和国家富强相统一是灵魂"的发展理念；要带头弘扬社会主义核心价值观，坚持以德为本，诚信立业；要怀有一颗责任之心、进取之心、感恩之心，牢记改革开放总设计师邓小平同志提出的"先富帮后富"的谆谆教导，感恩社会，回报社会，在促进全面建成小康社会进程中发挥积极作用。

面对新时代经济高质量发展的要求，民营企业发展还有一些问题需要政府相关部门根据总书记的要求，逐一落实并加以解决。

一是优化营商环境。在政府高层优质管理的基础上加强对基层的政策传导，督促基层将政策真正落到实处。

二是加大"放水养鱼"的力度，减税降费。通过降低企业人工、房租等运营成本，确保中小企业的税负只减不增，帮助企业渡过难关，使中小企业轻装上阵，实现高质量、高效益发展。

三是要加大力度化解中小型企业融资难融资贵的问题。政府应强化金融行业的前置管理，列出负面清单，加强对金融行业高利率的监控。规范小额贷款公司，严厉打击非法集资的高利贷，防范金融风险，保护实体经济高质量健康发展。

（孙太利）

原载《光彩杂志》2019 年 1 月 24 日

报 道 85

锻造新时代优秀民营企业家队伍

中国特色社会主义进入新时代，我国经济已由高速增长阶段转向高质量发展阶段，非公有制经济功不可没。事实上，非公有制经济同公有制经济一样，都是社会主义市场经济的重要组成部分，都是我国经济社会发展的重要基础。据统计，截至 2017 年底，我国个体工商户已达 6579.4 万户，私营企业已达 2726.3 万户，从业人员合计达 3.41 亿人。非公有制经济的税收贡献超过 50%，在国民生产总值、固定资产投资、对外直接投资中占比均超过 60%，高新技术企业占比超过 70%，城镇就业超过 80%，对新增就业贡献达到 90%，对经济社会发展作出了重大贡献。

针对我国非公有制经济的发展，习近平总书记多次作出重要指示，为新时期非公有制经济发展指明了方向、提供了根本遵循。党的十九大报告就鼓励支持非公经济发展作出了许多新的重大论述，如"毫不动摇鼓励、支持、引导非公有制经济发展""全面实施市场准入负面清单制度，清理废除妨碍统一市场和公平竞争的各种规定和做法，支持民营企业发展，激发各类市场主体活力""构建亲清新型政商关系，促进非公有制经济健康发展和非公有制经济人士健康成长"等等。

通过多次深入民营企业调研，我发现现阶段民营企业发展还有一些"短板"亟待补齐：优秀民营企业家队伍有待进一步发展壮大，有的企业家社会责任感不强，担当精神不足，观念滞后；一些企业发展战略缺失，转型升级缓慢，商业模式陈旧，核心竞争力不强；个别企业诚信建设缺失，法治观念淡薄、契约精神缺乏；企业营商环境有待进一步改善，"放管服"落地缓慢。为了在新时代打造一支优秀民营企业家队伍，建议：

一、按照高质量经济发展的要求，制定造就中国优秀民营企业家的战略规划。经常性地开展我国民营企业家现状分析，保障针对民营企业家的教育培训有组织、有经费、有师资队伍、有场地，并且常态化、制度化，使民营企业家具有坚定的政治立场，不断接受新知识、新理念，促使我国民营企业实现质量变革、效率变革、动力变革。

二、弘扬企业家精神，增强民营企业核心竞争力。通过引导民营企业家抓住新一轮科技革命和产业变革机遇，制定新的企业发展规划。加快修订落后的国家标准，引领企业高质量发展，奖励长期达标企业。用信息化改造传统产业，提高经济发展质量。引导企业通过对市场的差异化定位，优化技术、产品结构，注重提质、降耗、增效、安全生产。鼓励企业淘汰落后、过剩产能，深度挖掘技术创新人才、工匠人才，加快技术、产品的升级换代，增品种、提品质、创品牌。

三、完善全社会诚信互联互通的体系平台，形成对企业诚信信息可查询、可追溯、可惩处的机制。通过完善企业诚信监管体系和黑名单制度，设立诚信的法治高压线，让大家不敢碰、不想碰、不能碰，加大对有不良信用记录的企业和个人的曝光力度及惩罚力度。

四、加快政府"放管服"改革，优化民营企业营商环境。加强行政许可标准化建设，加快提升"放管服""最后一公里"的服务，让企业跑腿更少、办事效率更高。落实对小微企业和劳动密集型企业的税收优惠政策，强化金融监管，规范小额贷款公司，严厉打击非法集资的高利贷，防范金融风险，为民营企业高质高效健康发展撑起"保护伞"。

（孙太利）

原载《人民日报》2018 年 4 月 4 日

让"企业家精神"与"工匠精神"同频共振

一家企业做大做强，离不开工匠精神和企业家精神这两大支柱，以工匠精神保证质量、效用和信誉，以企业家精神经营壮大形成产业。

"激发和保护企业家精神，增强企业家信心，让民营企业在市场经济浪潮中尽显身手。"

"弘扬工匠精神，来一场中国制造的品质革命。"今年，"企业家精神"和"工匠精神"再次双双出现在政府工作报告中。振兴实体经济的背景下，如何弘扬"企业家精神"与"工匠精神"？"企业家精神"与"工匠精神"如何同频共振？连日来，出席全国两会的天津代表委员们纷纷给出了自己的答案。

"新时代没有大批中国特色优秀民营企业家，就没有非公经济的高质高效发展。"全国政协委员、天津市庆达投资集团有限公司董事长兼总经理孙太利说，民营企业家要弘扬优秀企业家精神，发挥企业家作用，在新时代争做爱国敬业、守法经营、创业创新、回报社会的表率。

"创新是引领发展的第一动力，是企业家精神的鲜活灵魂。"孙太利说，"政府要制定造就中国特色优秀民营企业家的战略规划，加大教育培训力度，积极鼓励民营企业家制定新的企业发展规划，持续推进产品创新、技术创新、商业模式创新、管理创新、制度创新。"

孙太利说，企业要从人力资源管理、奖励制度等方面出台优惠政策。要自觉做践行亲清新型政商关系的典范，守住法律底线。同时，政府应完善全社会诚信互联互通体系平台，形成对企业诚信信息可查询、可追溯、可惩处机制。不断完善企业诚信监管体系和黑名单制度，对有不良信用记录的企业或个人加大曝光力度及惩罚力度。

2018年3月21日北方网刊登文章《孙太利委员：新时代企业应该担负更多社会责任，弘扬企业家精神》。

2018年6月5日《光明日报》刊登文章《企业家精神：为高质量发展注入活力》，摘登孙太利委员发表的弘扬企业家精神相关发言。

（徐　丽　孟若冰　魏　彧　刘　平　李国惠）

原载北方网 2018年3月19日

报道 86

企业家要做"诚信中国"的坚强基石

企业诚信问题已是当今社会的一个顽疾，阻碍了全面建成小康社会的步伐。近年来，由于一些企业诚信的缺失，假冒伪劣、网络诈骗、贪污腐败等重大事件屡屡被媒体曝光，不断挑战人们的道德底线。假冒产品在一些地区非常猖獗，甚至自成体系，发展成产、供、销"一条龙"链条。

虽然我国已是世界第二大经济体，但企业的诚信建设仍然跟不上发展的需要。根据调查了解，目前一些企业在诚信方面主要存在以下问题：

一是企业产品质量偏低，以次充好，这严重扰乱了市场经济秩序，败坏了企业的形象。二是企业税务信用、贷款信用、财务信用缺失，企业财务不透明，数字虚假，偷税漏税。三是企业法治观念淡薄，不讲诚信，违背商业合同、劳动合同违约，赖债、躲债、恶性逃债等时有发生，常常为此官司缠身。四是由于企业缺失诚信，造成企业氛围不和谐，不少企业家与员工之间，企业与企业之间矛盾丛生，关系紧张。五是企业热衷于仿制、盗版、冒用他人商标，生产假冒伪劣产品，侵犯知识产权和专利权。有关数据显示，2016 年全国检察机关在依法打击侵犯知识产权犯罪中，共批准逮捕涉及知识产权犯罪案 2251 件，涉嫌犯罪 3797 人，起诉案 3863 件，涉及 7059 人。

假货已成为中国制造走向世界的一大障碍，拖了中国品牌走出国门的后腿，败坏了中国制造的名声。由于一些企业诚信的缺失，食品领域的安全隐患已危及老百姓的生命安全。由此可见，一家不讲诚信的企业，败坏的不仅是一家企业、一个地区的名声，更是整个国家的名声。中外著名企业的成功经验告诉我们，只有讲诚信的企业，才能在竞争激烈的市场上立于不败之地，才能持续健康地发展。

习近平总书记在 2016 年民建、工商联联组会议上说，"许多民营企业家都是创业成功人士，是社会公众人物""你们的举手投足、一言一行，对社会有很强的示范效应，要十分珍视和维护好自身社会形象"。在实现全面建成小康社会的伟大征程中，中国企业家要做"诚信中国"的坚强基石。

实施全社会诚信建设战略。建议政府在"十三五"期间，建立全社会互联互通的诚信体系平台，加快实现"诚信中国"。实施全社会诚信建设战略并纳入国家战略体系。加强顶层设计，形成对企业诚信信息可查询、可追溯、可惩处的机制。

加强诚信法治建设。推动政府与企业诚信建设的互动关系，构建完善的诚信社会监管体系。政府诚信问题要强化问责制，企业诚信问题要强化法治。全社会要形成诚信的法治高压线，使不诚信者不敢碰、不想碰、不能碰。政府的诚信与企业家的诚信相融合，必将推动经济大发展，社会文明大提升。

完善诚信市场经济。企业家要发扬中华民族优良传统，诚信立业，童叟无欺。坚持发扬"百年老店"精神，强化质量第一是企业生命的教育，强化公平交易意识的教育，大力提升制造工艺，严格流程管理。经过数年的努力，我们将由"中国制造"提升为"中国智造"，由"品质意识"提升为"品牌意识"，中国品牌必将更好更快地走向世界。

树立诚信是企业之魂的理念。诚信是金，是企业的一项重要无形资产。企业家要构建企业诚信文化，就要把对职工进行诚信文化的教育作为己任。企业家讲诚信，功德无量。一家诚信的企业会影响千百名职工，千百名职工又会带动千万名家庭成员讲诚信，这是一股多么大的社会力量！

立志做新时期的诚信企业家。企业家要带头弘扬社会主义核心价值观，做诚信的代言人。企业家要加强自我学习、自我教育、自我提升，要克服急功近利的心态和赚钱才是硬道理的固化思维，不做"老赖"，不挣黑心钱，不卖假冒伪劣商品。当企业诚信建设赢得人们普遍赞誉时，企业家就为全面建成小康社会做出了应有的贡献。

（孙太利）

原载人民政协网、《团结报》2017 年 9 月 18 日

重振"企业家精神"应"放水养鱼"

"实体经济中，一些企业由于成本高、利润薄，不想干，所以要重振'企业家精神'，应对实体经济'放水养鱼'，让实体企业有获得感。"两会期间，全国政协委员、天津市庆达投资集团有限公司董事长孙太利在接受《中国电子报》记者采访时表示。

一、多对实体经济"放水养鱼"

我国现在面临的经济困境，主要依靠供给侧结构性改革来化解。今年是供给侧结构性改革的攻坚深化之年，承担供给侧结构性改革的主要是国有企业。因此，国企改革是重中之重。

孙太利表示，现在正在全方位进行国企混合制改革。混合什么？改革什么？需要什么？对接什么？不是光有钱就行，关键是要对接国企的不足，补足国企的短板，去掉国企的包袱。企业首先要强身健体，瞄准主攻方向，调整优化，提升内部战略目标，提升核心竞争力。在科学的管理上，需要通过管理的手段把企业模式、人才管理、人才引进和企业的目标规划好，这样才有利于激活企业中层和高层的积极性，提升企业活力。

今年的政府工作报告中提到，实体经济从来都是我国的根基。孙太利指出，实体经济和虚拟经济相比，实体经济弱化了，虚拟经济繁荣了。实体经济中，一些企业由于成本高、利润薄，不想干。所以要重振"企业家精神"，振兴、激活实体经济。

孙太利建议，首先，财税能减则减，收费能减则减，多对实体经济"放水养鱼"，让实体企业有获得感。其次，多出"惠企"政策，提振企业家精神。再次，虚拟经济应该为实体经济服务，但是企业融资"贵"，成本高，应尽快将融资成本降下来。最后，提振实体经济发展，还要营造正常的政商关系，为企业办实事。

二、补齐高端人才短板

孙太利表示，我国高端制造业虽有但是不强，缺乏高端的技术、产品和设备。发展高端制造业，首先要有人才。"高端制造业的发展说到底是人才的发展，人才集聚的发展，政府要打造良好的人才环境。"他说。

孙太利建议，补齐高端人才短板，一是要发展高质量的职业教育，提升老师的教学质量、教学结构；二是引进国外人才，鼓励他们带着正在研发的技术和项目回到国内，设立研发机构，待研发成功后，直接对接国内企业，将研究成果转化。

国家大力倡导智能制造，但是很多企业还在生存的困境中挣扎。孙太利指出，国家提出的智能制造的方向和目标是对的，要引导。传统企业按照自身发展来讲，都要创新、转型升级。在此过程中，需要国家给予大量支持，帮助传统企业进行设备的更新换代、技术的引进、人才的适应等。国家在引导，企业在努力，两者相结合，最终推动行业转型升级。

（佚　名）

原载《中国电子报》2017 年 3 月 10 日

报　道　87

去产能：以市场化路径化解阵痛

政府工作报告中提出，要着力化解过剩产能，坚持市场倒逼、企业主体、地方组织、中央支持，运用多种手段，有序退出过剩产能。

去产能涉及方方面面。职工分流安置到哪儿？企业没钱还贷，银行坏账怎么办？企业怎样才能顺利转型升级？一些全国政协委员认为，去产能企业寻求出路，要坚持市场化的改革取向。

政府工作报告中提出，要完善财政、金融等支持政策。2016 年，中央财政安排 1000 亿元专项奖补资金，重点用于职工分流安置。很多委员都认可政府去产能的决心和力度。

"困难阶段，要有点企业家精神。"民建天津市委会副主委、天津市庆达投资集团有限公司董事长孙太利委员介绍，天津一家焊材厂去年以来市场需求大大减少，需要裁员 600 人。企业决定开发新产品，将人力、资金用在技术创新上，消化了 300 人；又提升服务，在服务环节消化了 300 人。"最后，这家企业没有一个人下岗，企业也顺利转型升级。"

供给侧结构性改革，必然要经历阵痛。孙太利认为，这家焊材厂的经验值得很多企业、企业家深思，是把责任都推给政府，还是主动适应、承担责任？

（赵　琳　魏　然　齐　静）

原载《大众日报》2016 年 3 月 6 日

第三节 优化营商环境

【摘要】营商环境就是生产力,优化营商环境就是解放生产力、提升竞争力。孙太利委员长期关注这张象征经济发展的晴雨表。随着中国经济由高速增长阶段转向高质量发展阶段,他在不同时期从多个角度发出了有力声音,起到了重要作用。

2017年,中共中央提出"振兴实体经济"重要决策部署,孙太利委员认为,把企业生存发展的土壤培育好,方能激发企业内生动力,振兴实体经济。强调新时代优质营商环境是法治的营商环境、是为市场主体服务的营商环境、是以人为本的营商环境。十二届五次全国政协会议期间,他率先呼吁政府应"放水养鱼",让惠企政策落到实处,真正让农民、让中小企业有获得感。

习近平总书记在民营企业座谈会上强调,要毫不动摇鼓励支持引导非公有制经济发展,支持民营企业发展并走向更加广阔的舞台。孙太利委员作为民营企业家委员,深受感动和鼓舞,以强烈的使命感和担当精神,全方位建言优化营商环境,提出为民企提供更多金融支持、深化"政银企"三方协同合作机制、持续推进减税降负等建议,得到政府高度重视和充分吸纳,为推进经济高质量发展作出积极贡献。

2017 年 3 月，孙太利委员做客中国经济网"中经两会之夜"栏目，呼吁政府应"放水养鱼"，让惠企政策落到实处。

2018 年 3 月，孙太利委员接受《团结报》、团结网、中国青年网联合采访，畅谈共享经济的痛点与前路。

2019 年 3 月，孙太利委员接受天津电视台等多家媒体关于优化营商环境，助推实体经济高质量发展的采访。

报道 88

增强平衡性协调性　答好区域协调发展这道必答题

推进区域协调发展，不断激活高质量发展的重要动力源。形成新的增长点、增长极和增长带，对于我国经济发展意义重大。因此，区域协调发展这道必答题必须答好。

3月5日，国务院总理李克强在政府工作报告中介绍，过去一年我国推动城乡区域协调发展，不断优化经济布局。落实区域重大战略和区域协调发展战略，出台新的支持举措，实施一批重大项目。

政府工作报告中提到，支持革命老区、民族地区、边疆地区加快发展。经济困难地区要用好国家支持政策，挖掘自身潜力，努力促进经济恢复发展。

全国政协委员孙太利在调研中发现，欠发达地区产业基础薄弱、可持续发展能力和抗风险能力不足等问题依然亟待解决。在《关于聚焦政策落地，推动老区产业健康发展的建议》中提到，锁定政府发展目标，充分释放政策红利。一是加强督导，强化老区经济发展在各级政府年度考核，以成果为导向将政策在县、镇、村落实落地，确保老区多层次稳定发展更有韧劲。二是建议政府加大对欠发达老区转移支付引导资金力度。对作出贡献的中小企业加大税费减免力度，引导龙头企业通过产销订单、资产入股等方式，与老区百姓形成契约型、分红型、股权型利益联结机制，将更多就业岗位和产业链增值收益留给老区百姓，让其有更多获得感。

（程　晖）

原载中国发展网、澎湃新闻、东方财富、

《中国经济导报》2022年3月7日

报　道 89

发挥"税收杠杆"平衡作用　激活市场主体活力

　　"电商已广泛渗透我国社会、经济、生产、流通和生活等各个领域，已成为国内大循环赋能的强大动力，但由于其没有贡献与创造巨大交易额相匹配的税收，导致产品质量堪忧、过度价格竞争、诚信危机等问题逐渐突出，税收征管模式面临更大挑战。"全国政协委员孙太利呼吁，充分发挥"税收杠杆"平衡作用，促进"电商＋实体"融合发展，激发市场主体活力。

　　"不但造成了国家税收流失，'劣币驱逐良币'现象难以激发企业家精神，电商交易数据失真也影响国家宏观战略决策。"在孙太利看来，实体经济与电子商务都是促进经济高质量发展的重要市场主体，二者之间存在税收不平衡问题，不利于市场经济健康发展。

　　"税收是整个营商环境的重要组成部分，切实优化税收营商环境，对激活市场主体活力具有重要意义。"孙太利建议，健全电商纳税平台细则体系、监管体系、保障体系等，实现电商交易数据与税务端口全面对接，确保纳税规范化。同时，通过区块链等技术加快与市场监管、金融、科技、财政等部门合作，共同组建大数据中心，对接传统主体和电商主体，精准建立主体动态税收"画像"。

　　就如何加强电商企业征税监管体系建设问题，孙太利建议，对电商行业建立规范的纳税秩序，明确落地执行具体条款、界定交易税制基本要素等，完善分区县、分税种、分时段的收入实时监控体系，并建立电商企业税务诚信档案，将税务诚信评价体系作为电商经营的"绿码"，确保企业健康发展。

（李宁馨　魏天权）

原载人民政协网 2021 年 3 月 10 日

报 道 **90**

优化营商环境 增强民企发展底气

"公平、透明、可预期的营商环境和充满活力的产业生态系统，可以让广大中小企业更好发挥扩大就业、改善民生、促进创业创新等方面的重要作用，也为形成以国内大循环为主体、国内国际双循环相互促进的新发展格局奠定基础。"天津市庆达投资集团有限公司董事长孙太利日前在接受《中国经济时报》记者采访时表示，充分释放企业家潜能，要进一步创造良好的营商环境。

世界银行发布的《中国优化营商环境的成功经验》专题报告表示，近年来，中国大力营造稳定、公平、透明、可预期的营商环境，营商环境全球排名持续大幅提升。在过去两年里，中国在世界银行《营商环境报告》中排名从第78位跃升至第31位，连续两年进入全球营商环境改革步伐最快的十个经济体之列。

"好的营商环境需要聆听企业期盼，问计于企，倾听企业的诉求，同时给予企业更多的信心与底气。"孙太利分析，这需要政策制定与完善，要坚持顶层设计与问计于企统一结合，强化落实企业家献策通道，鼓励各类企业以各种方式为政策制定者积极建言，切实把企业家智慧、个体户期盼等充分吸收，增强政策系统性、可操作性，并运用信息化手段进行数据化管理和监督，实现精准对接企业需求，让惠企政策真正实现转化与应用。

值得注意的是，近年来，智慧政务在推动政府廉洁高效运转、政府政策制定更加精准、服务大众更为便捷、信息化透明化程度更高等方面发挥了积极的作用。孙太利认为，政府利用好智慧平台是优化营商环境的重要举措之一，有助于激发各环节主体创造力与活力。诸如，政府可借助数字化、信息化手段，搭建线上线下企业综合学习与应用平台，形成基于创新链共享、供应链协同、数据链联动、产业链协作、链链精准定位的融合发展模式，带动产业链上下游、产供销、大中小企业共同提升创新能力。

释放企业家潜能，除了营商环境的不断优化，孙太利还表示，企业家的创新精神作为企业的核心竞争力不可忽视。在此方面，首先，政府相关部门应鼓励企业家从多维度寻找创新契机，结合"十四五"规划发展导向，制定企业发展新战略，引导企业落实项目定位，提高管理标准化、创新产业差异化，厚植企业家精神土壤，壮大企业家群体，激发企业家内生动力，推动市场主体可持续发展。

其次，鼓励企业家以终为始，以始为终，注重科技创新，实现科研成果领先应用化，加强关键共性技术合作，促进产业链各环节市场主体之间协同创新，着力攻克产业发展重点领域的共性技术、核心技术、关键技术和产业化瓶颈，高效高质量发展内循环。

此外，对于企业家担心的因政策变化、规划调整等问题，一些地方在招商引资中出现的违约毁约行为，孙太利表示，一方面，诚信守约是营商环境的基本要求，政府机关应带头践诺。另一方面，健全因政府规划调整、政策变化造成企业合法权益受损的依法依规补偿救济机制，营造依法保护企业合法权益的法治环境，促进企业形成长期稳定发展预期，为民营企业提供无限生长的空间。

（王晶晶）

原载中国经济新闻网 2020 年 8 月 27 日

报　道　**91**

改善营商环境

党的十九大报告，就鼓励支持民营经济发展作出了一系列重大论述。习近平总书记不久前在民营企业座谈会上的重要讲话发表以后，中央和地方有关部门相继出台了一系列推动民营经济健康发展的政策措施，这让全国政协委员、天津市庆达投资集团有限公司董事长孙太利深受鼓舞。

今年两会，"促进民营经济发展"再度成为热词。当记者问到民营经济发展中可能遇到的困难时，孙太利认为，有些是企业自身的问题，有些是相关法律法规不完善、不健全，营商环境不适应造成的。他坦言："促进民营企业持续健康发展，既是我国民营经济高质量发展的需要，也是对民营企业家的爱护。"

一、应建立民营企业纾困救助机制

"当前，我国社会缺乏对民营企业的救助保障机制。"在孙太利看来，一些由于自身短板、产业链处于低端的民营企业，承受风险的能力比较脆弱，当企业出现生存危机时，企业老板或选择跑路，或躲避失联关门，而相关部门对问题企业的处罚往往比较简单粗暴，动辄查封企业，停产、停水、停电。

孙太利直言，企业关门停产之后，造成了新的企业员工失业，形成新的困难户。同时，企业许多债务无法偿还，债务链很可能又殃及其他企业。企业上下游产业链中断，库存物资积压，厂房机器设备闲置，由此形成了新的不稳定因素。

对此，孙太利建议政府及金融、司法等部门，在广泛调查研究的基础上，通过顶层设计，通过建立促进民营企业持续健康发展的救助保障机制、设立专项救助保障基金、完善企业救助纠错机制，给予面临停产企业短期的、无偿或有偿的资金、技术、管理、安全、法律等救助，帮助企业爬坡过坎渡难关。

二、构建 "亲" "清" 政商关系创造良好营商环境

习近平总书记在民营企业座谈会上的重要讲话，发出了支持民营经济发展壮大的"最强音"，给民营企业和民营企业家吃下了"定心丸"。

"法治是民营企业最好的定心丸。"孙太利指出，政府和司法部门在处罚企业负责人时，不应随便采取停产、停水、停电等手段，应减少企业的损失。司法部门应防止将经济纠纷当作犯罪处理，防止将民事责任变为刑事责任。

孙太利建议，建立帮扶型"亲""清"政商关系，监管部门对民营企业的监管应立足日常的检查督促，帮助企业对经营管理中的问题及时进行整改，

防微杜渐。同时应强化司法部门对企业纠纷的诉前调解工作，帮助解决企业间的纠纷矛盾，打造民营经济友好型的法治营商环境。

（张　原　李宁馨　魏天权）

原载人民政协网 2019 年 3 月 3 日

"建议标准制定和修订请相关企业及消费者参与"

"李克强总理在政府工作报告中指出，我国经济总量已超过 90 万亿元，我听后信心倍增，报告十分鼓舞人心。我国尽管面临复杂的国内外形势和不断加大的经济下行压力，但经济发展前景依然生机勃勃。"3 月 8 日，全国政协委员孙太利在接受记者采访时，对标准化体系创新转型升级工作对助推高质量发展起到的重要作用分析透彻。

标准是经济活动和社会发展的技术支撑，是国家治理体系和治理能力现代化的基础性制度。我国高质量发展，需要先进的标准作为技术支撑和基础保障。人民美好生活的实现，需要先进水平的标准保驾护航。没有先进的国家、行业和企业标准体系，就不会有经济的高质量发展，就会制约供给侧结构性改革。

孙太利说，我国目前标准体系大部分是高速发展时代制定的，许多标准跟不上高质量发展的需要。如有的标准落后于国际先进水平；有的标准滞后于绿色、生态、安全等；人工智能和工业互联网等新兴产业的标准还有空缺；一些食品、医药等领域的标准监管严重缺失；一些标准修订缓慢，有的一拖几年甚至更长；一些标准的制定和修订，缺乏企业和消费者的参与。

专注国家标准研究若干年并持续建言，连续担任三届全国政协委员的孙太利向记者列举了因标准滞后影响高质量发展的诸多事例。

"要全面提升国家强制性标准、推荐性标准水平。随着我国深化改革和创新驱动发展，政府应把标准化改革提到重要议事日程。首先，对现有标准进行创新转型升级。对低于国际先进水平的标准,对滞后于高质量发展,滞后于绿色、安全和老百姓健康的国家强制性标准、推荐性标准进行'优化'梳理。"他建议参照国际先进标准水平,废除一批、修订一批、创新一批;对人工智能和工业互联网等新兴产业的标准,组织专家和企业抓紧制定和完善。

"要列出时间进度表,明确责任主体,做到早改、快改、改好;对领先国际水平的先进标准,给予政策鼓励。通过优化国家标准体系,加快我国迈入世界标准强国行列。"

以创新为动力,加强对行业标准、企业标准的指导和监管十分重要。孙太利认为,行业标准要以本行业的先进企业标准为引领,带动全行业高质量发展,不能让落后的标准阻碍全行业的发展。企业要坚持技术、产品、管理和经营模式的创新发展,加强技术标准和产品标准的提升,用先进的标准打造企业自主品牌,推动企业在流程上革新,在装备上更新,在人才上提升,加快企业转型升级。

"建议国家标准、行业标准的制定和修订,应建立相关企业参与和消费者参与的机制。同时,强化标准执行的法治监管。政府要把标准化建设作为依法治国的重要内容之一。健全标准执行的法治监管体系,强化标准违法的红线,提高标准违法者的成本。"

(张　原　李宁馨)
原载人民政协网 2019 年 3 月 8 日

报道 92

2018 年《人民日报》《团结报》《经济日报》等对孙太利委员关于减税降负、促进实体经济发展建议进行多篇报道

新征程话担当·热议报告

目前,我国经济已由高速增长阶段转向高质量发展阶段。政府工作报告

提出，优化营商环境就是解放生产力、提高竞争力。要破障碍、去烦苛、筑坦途，为市场主体添活力。

为优化民营企业营商环境，建议政府加强行政许可标准化建设，打通"放管服"最后一公里，让企业跑腿更少、办事效率更高；加强顶层设计，对实体经济实施金融低利率政策，落实对小微企业和劳动密集型企业的税收优惠，切实减轻实体企业负担；强化金融监管，规范小额贷款，严厉打击非法集资的高利贷，防范金融风险，为民营企业高质高效健康发展撑起"保护伞"。

建议深化"政银企"三方协同合作机制。发挥政府部门的主导作用，强化政府对企业的金融政策指导；搭建政府服务平台，解决银企信息不对称问题，简化贷款程序，缩短贷款时间；加快普惠金融体系建设，积极创新银行融资模式，增加企业直接融资渠道，适当延长企业贷款期限，缩短续贷审批时间，满足实体经济企业多层次需求。

（李江涛　张　瑜　杨　昊）
原载《人民日报》、北方网 2018 年 3 月 6 日

降低税负　激发活力

中经两会之夜迎来全国政协委员、民建天津市委副主委、天津市庆达投资集团有限公司董事长孙太利；全国政协委员、东北财经大学教授武献华；全国政协委员、对外经贸大学保险学院副院长孙洁三位嘉宾，共同探讨"非公有制经济发展的健康发展之路"。

一、降低非税负担 助推非公企业做大做强

在今年的《政府工作报告》中提到，过去五年，我国累计减税超过 2 万

亿元，加上采取小微企业税收优惠、清理各种收费等措施，共减轻市场主体负担 3 万多亿元，未来进一步减轻企业税负，2018 年要为市场主体减轻非税负担 3000 多亿元。

孙太利委员表示，国家在营改增、减税、减费方面做了很多工作，有利于非公有制企业降低成本，但目前的税负仍旧偏高。他认为应当继续加大税费减免力度，帮助企业降低成本，提升经营效益，促进企业转型，助推非公企业做大做强。

孙太利委员介绍，当前非公企业的融资成本高、原材料贵、效益低、利润薄。"没有适当的资金供应，民营企业想创新、想升级改造都无从谈起，企业也就没办法跟上市场需求的步伐。这几年总理的政府工作报告当中，每次都有明确的给非公经济减负的具体数额，我们也希望这个能落到实处，能够支持、松绑、鼓励民营经济。"

二、民营企业走出去应走得扎实

孙太利委员指出，我国经济由过去的高速增长转化为高质量的发展，给非公有制企业提出了新的要求和希望，特别是"一带一路"倡议的提出，给企业走出去创造了良好的机会。

（佚 名）

原载《经济日报》中国经济网 2018 年 3 月 13 日

共享经济这么火，别忘系好"安全带"

共享经济与高铁、移动支付、电子商务被称为中国的"新四大发明"。今年的政府工作报告中指出，要提供全方位创新创业服务，推进"双创"示范基地建设，鼓励大企业、高校和科研院所开放创新资源，发展平台经济、共享经济，形成线上线下结合、产学研用协同、大中小企业融合的创新创业格局，打造"双创"升级版。

共享经济为何这么火？面临哪些痛点？如何更健康地发展？近日，全国政协委员、民建天津市委会副主委、天津市庆达投资集团有限公司董事长孙太利接受了《团结报》、团结网、中国青年网的联合采访。

一、如何看待共享经济这一新经济业态

孙太利：我国在共享经济发展方面已处于领跑地位。我国经济发展正处在一个变革期，由传统的经济方式转化为高质量发展，共享经济是新经济的一个代表，它是大众创业、万众创新下的产物。共享经济也确确实实起到了便民为民的作用，让老百姓更有幸福感和获得感，享受共享的快乐，但同时也给传统经济带来了冲击。比如当前销售行业有很多变革，现在倡导的是销售人员专业化、精品化、年轻化、平台化，同时销售模式、销售

孙太利委员就共享经济健康发展问题发表观点

理念、销售的产品都要新。更注重量身定做个性化产品，差异化发展和定位，这都给社会经济带来了新的活力。

二、共享经济存在哪些痛点

孙太利：共享经济是一种新经济业态，但这种经济业态还缺乏监管，保障体系尚未完善，我们应该努力完善各方面的制度使其健康发展。首先要给共享经济系上"安全带"。我们应该完善相关的法律法规，目前共享经济领域出现的问题反映出监管体系的滞后，大多是问题在先解决在后，我们需要

有预见性地增强防范意识，要有顶层设计，真正建立起共享经济的"防火墙"。这不仅是对共享经济企业的保护，也是对老百姓的保护，可以说是给共享经济的整个生态链增加了确定性、安全性，有助于共享经济的健康发展。

三、共享经济如何健康发展

孙太利：在大众创业、万众创新的大环境下，共享经济发展空间无限大，每天都会出现新的东西、新的产品、新的业态。在共享经济时代，企业家首先要有创新精神，要敢于挑战风险、挑战未知，用创新引领发展；其次要有责任意识，承担起相应的社会责任，成为社会发展的守护者；第三要讲究诚信，以德为本，守法经营，做利国利民的事。

政府也应完善相关法律法规，加强监管。例如目前移动支付已很普遍，让人们享受诸多便捷，但它亦是双刃剑，暴露出许多安全问题，在监管方面亟待完善。因此，今年两会提交了一份《关于加强移动支付安全监管，促进金融健康发展的提案》，建议加强移动支付安全监管，完善相关法律法规，严惩不法分子，共同打造安全的移动支付环境，让移动支付更好地助力社会发展。

（佚　名）

原载《团结报》、团结网 2018 年 4 月 2 日

报　道 93

政府应"放水养鱼"　让惠企政策落到实处

3 月 5 日，全国政协委员、民建天津市委副主委、天津市庆达投资集团有限公司董事长孙太利做客中国经济网"中经两会之夜"栏目。对于实体经济发展，孙太利表示，实体经济需要振兴，政府应该多出惠企政策，要把减税、

减负系列政策落到实处。

孙太利表示，提振实体经济，首先把环境打造好，一个是外部环境，一个是企业自身的内部环境。政府给予企业的承诺，要落实到位。企业生产经营也要以诚立身。此外，企业自身要适应经济社会的发展，及时调整产品结构、技术结构及组织结构，用创新的产品弥补高成本带来的压力。

孙太利认为，目前虚拟经济过热，实体经济有所退化。虚拟经济既要为实体经济服务，实体经济又要作用于虚拟经济，二者相辅相成，缺一不可。"金融离开了诚信，离开了企业，它就脱节了。"

孙太利认为，政府应"放水养鱼"多出惠企政策。确保相关政策不能仅停留在战略上，惠企、惠民、惠农政策要落地落实，真正让农民、让中小企业有获得感。

（韩　肖）

原载中国经济网 2017 年 3 月 6 日

报　道 94

供给侧改革企业要建立四大保障体系

全国政协委员、天津市庆达投资集团有限公司董事长孙太利作客"聚焦2016 两会——中经在线访谈特别节目"就"供给侧结构性改革"话题进行探讨。

孙太利委员就企业供给侧结构性改革谈了他的看法。他认为，供给侧结构性改革是总抓手，主要体现在微观上、实体经济上，企业方面是主战场。传统企业产能过剩，高端产品匮乏，在供给方面要瞄准方向，用供给侧的力量化解产能过剩，将低端的、无效的供给减掉，对高端的、有效的、技术型的产业进行有效供给，要注意和需求侧相融合，形成组合拳推动供给侧结构性改革。

他表示，政府工作报告中提出要发展一批企业，要整合一批企业，要清退一批企业。改革开放几十年来，传统企业发展很快，但包袱很沉重，在国有企业当中物耗、低端的产品非常多，企业需要人才、产品、技术全面整合。大型僵尸企业必须要退出，但这会涉及工人下岗、转岗、再就业问题，因此需要政府一手抓供给侧改革，一手出台相应配套政策确保下岗工人就业问题，这需要优化顶层设计。

在房地产去库存方面，他建议对几十万平方米，乃至几百万平方米的空城整体规划、整体提升、整体设计。将教育问题、医疗问题，以及城市配套等公共性问题加以解决，提升城镇化品质。同时，工业化、城镇化、企业化，以及农业现代化都应相应配套。

他强调，供给侧结构性改革要将供给方向调整到发展高端技术产业和高端创新产业上，同时还需要通过创新对传统企业提升、转型、优化，这一过程中需要把人才短板补上来。

孙太利委员认为，供给侧结构性改革是全方位的，包括几大要素：一是劳动力，二是资本，三是土地。技术、制度、创新是供给侧结构性改革范畴里的重要抓手，要利用这些抓手让资源配置在市场中发挥主导作用。第一，要建立产品质量保障体系，而且是具有国际竞争力的质量保障体系。第二，建立物质消耗保障体系，避免高能耗、高污染、高排放，倡导绿色、低碳生产，企业才能持续健康地发展。第三，建立企业经济效益保障体系，企业没有效益是不能生存的，所以要推动核算、精算达到效益，在国际上才能有竞争力。第四，建立安全保障体系，这是企业发展最关键的环节。

（裴小阁）

原载中国经济网 2016 年 3 月 15 日

第四节 数字化平台与工业互联网

【摘要】改革开放以来，我国经济呈现跨越式增长态势，但同时也面临着产业结构不合理、产业要素配置低效等问题。大力发展数字经济对于助力产业结构升级，加快经济发展方式转变具有重要的战略意义。孙太利委员认为，数字化转型、产业结构升级的关键环节，在于完善数字化转型和工业互联网高价值应用，助力人工智能和平台经济高质量发展，在 2019 至 2021 年间，他持续对该领域开展深入调研。

调研期间，孙太利委员奔赴中国信息通信研究院，与多位在工业互联网、数字经济领域领导以及专家进行深入探讨研究，并围绕应用工业互联网破解中小企业困境、加快发展工业互联网服务经济社会数字化转型、完善数据互联共享、推进"数字政府"建设、创新发挥数据价值驱动作用等方面提出了具有针对性和可操作性的意见建议，这些思路和建议通过政协提案、协商会议等参政议政渠道提出，得到有关部门重视与采纳。

路漫漫其修远兮，数字化发展任重而道远，但孙太利委员探索的脚步并未停歇。

2019年3月，孙太利委员赴中国信息通信研究院，与工业互联网、数字经济领域领导专家进行深入探讨研究。

2021年3月，孙太利委员接受采访，建议创新发挥数据价值驱动作用，促进经济高质量发展。

报　道 95

创新发挥数据价值驱动作用　促进经济高质量发展

　　"十四五"时期我国将进入新发展阶段，以信息技术和数据作为关键要素的数字经济在构建新发展格局、催生新发展动能、激发新发展活力等方面将发挥关键性作用，成为当今世界最为重要的经济形态。

　　随着云计算、大数据、物联网、人工智能、区块链等信息技术发展，数据化有效催生了一系列新产品、新模式、新业态，推动制造业加速向数字化、网络化、智能化、安全化变革，加速推动"硬件"日益标准化和"软件"日益个性化，大力提升信息时代生存和发展能力，培育发展新动能，创造、传递、获取新价值。数字化转型成为顺应新一轮科技革命和产业变革趋势的必然要求，而数据是继土地、劳动力、资本、技术之后的第五大生产要素，作为一种新的信用媒介，能够推动价值在线交换，提升企业价值创造能力，提高社会资源的综合利用水平，是数字化转型的关键驱动要素。

　　在政策引领和市场驱动下，国内数字技术蓬勃发展，但依然存在数据技术研发能力有待提高、数字基础设施保障能力有待提升、国家标准及产业数据标准化有待完善、专业技能人才和复合人才匮乏、互联互通水平有待优化等问题，一定程度上制约数字经济持续健康发展。

　　在"无数据不经济"的未来，需要强化重视数据资源的质量性和结构性，围绕标准化、平台化、安全化，创新发挥数据价值驱动作用，提升企业综合集成水平，提高资源的综合配置效率，为企业数字化转型提质增速，助推经济高质量发展。为此建议：

　　一、坚持与时俱进，优化顶层设计。建议以"十四五"规划为导向，精准组合供给侧结构性改革政策，培育数字化高质量发展环境。优化财政资金投入与合理资源配置，加大数据中心算力、数据安全保护技术、数据产业生态、高端行业人才等专项基金投入，助推突破关键性技术"卡脖子"

难题。优化政策要强化对以研发创新为导向的企业数字化转型的支持，形成有效政策引导。

二、坚持标准引领，强化应用创新。建议政府以达到国际领先标准为目标，加快数据安全标准体系落地，对数据安全评估、重要数据保护等重点标准的制定进展全面提速；进一步完善制定数据应用标准化体系，针对关键重要领域进行前瞻性规范，激发创新数据应用，促进数据量质并进，引领核心技术新突破；与时俱进完善标准化应用的检验体系，强化标准认证与需求对接，确保标准走在经济发展的前端。

三、超级平台赋能闭环发展。建议完善数据超级平台建设，包括科技资源和智力资源共享平台、数字内容产业服务平台、区块链金融服务平台等，统筹优化国家一体化数据中心体系布局，赋能产业链、供应链、研发链、资本链等实现融合性闭环运作，确保数字经济业态持续健康发展。

四、坚持高效监管，优化执行机制。建议完善数据常态化执法、监管机制，强化专属数据安全行政管理机构的职能作用，优化各行业数据安全保护的部门职责，引导企业形成常态化合规性审查机制，推动数据全生命周期的各环节监管落地。

五、加强复合型高端人才培养与使用。建议政府完善国家级人才平台库，通过信息化档案集中管理，对各类人才进行有序分类，为大中微企业及政府相关部门精准输送高端人才。

（孙太利）

原载《中华英才》2021年3月9日

报道 96

完善共享协调机制　加快政务数据立法

推进"数字政府"建设，重点在于实现数据互联共享。两会期间，全国政协委员、天津市庆达投资集团有限公司董事长孙太利建议，进一步完善共享协同机制，优化电子政务评价体系与政府数据质量保障体系，同时加快数据立法，实现数据依法收集、汇聚、共享、管理和应用，确保数据要素安全、可信、可控。

孙太利表示，我国将数字技术大量应用于防疫工作，信息化、数字化、智能化加速了公共卫生治理现代化，创新了政府公共服务模式，充分体现了数字政府建设对我国制度优势转化为治理效能的重要促进作用。

孙太利建议，进一步优化顶层设计，完善共享协同机制。按照"十四五"规划发展要求统筹部署，与时俱进科学合理完善电子政务评价体系与政府数据质量保障体系，形成高质量的政务数据资源，提高电子政务发展成效，同时加强一体化运营运维体系建设，整合全国一体化政务服务平台和国家数据共享交换平台等，以规范化、标准化、集约化建设和互联互通，推动数据跨层级、跨地域、跨系统协同联动和高效服务。

为了加强完善数字政府服务标准化、法治化、制度化、安全化，孙太利建议加快数据立法，确定政务数据权责利边界、规范数据产业链和数据市场发展的法律法规，实现数据依法收集、汇聚、共享、管理和应用，确保数据要素安全、可信、可控。围绕数据、技术、管理、服务、安全等方面进一步完善统一标准规范体系，形成评价、监督与推广机制闭环运作，同时完善建立网络安全保障体系，切实增强网络安全防护能力。

（刘　芳　董道勇　张斯文）

原载新华财经 2021 年 3 月 12 日

报道 97

加快工业互联网应用普及

全国政协委员、天津市庆达投资集团有限公司董事长孙太利在今年两会指出，在新发展格局环境下，中小微企业亟须数字化转型，实现高质量发展。

孙太利建议，优化顶层设计，充分发挥战略引领作用。运用供给侧结构性改革的政策组合拳，加快工业互联网应用普及，鼓励大企业带动中小企业协同发展，引导公共服务平台和解决方案提供商加大对中小微企业服务力度并提高服务质量，继续提高中小企业在试点示范、创新发展工程、产业示范基地等领域占比比重等，为数字化、网络化改造升级提质增效。

他指出，与时俱进，分类强化资金投入力度。其一，建议政府根据数字化转型发展情况，加强关注工业互联网不同应用场景的环节变化，与时俱进调整资金运用方向，依法依规落实资金运用的分类化、精准化、有效化，切实降低中小微企业数字化转型成本，分阶段分行业等有序推进工业互联网在中小微企业中的高效应用。其二，强化财政引导资金支持，引导更多民间资本进入，充分发挥基于工业互联网的供应链金融作用，以资本力量助推企业在数字化转型中人才、技术、产品等关键领域的引进、创新和应用。

另外他建议，完善构建工业互联网数据以及应用的安全生态。建议加快数据立法进程，以达到国际领先标准为目标，实现与物联网安全、人工智能安全、云计算安全等相配套。

他指出，完善搭建国家级工业互联网数据管理体系，优化赋能中小微企业高质量发展的数据共享规划方案，将工业互联网打造为精准数字经济平台，全面提升面向中小微企业的公共服务能力。

（孙永剑）

原载《中华工商时报》2021年3月11日第4版

报　道　98

强治理效能　解社会难题

今年的政府工作报告提出全年发展主要目标和下一阶段工作总体部署，

其中就涉及"加强和创新社会治理"。

加强和创新社会治理，是人民安居乐业、社会安定有序、国家长治久安的重要保障。

防疫下沉到基层，村社党组织闻令而动；"城市大脑"灵活指挥，社会力量积极参与……这场举国战疫，堪称对城市治理、社会治理的一场"实战检验"，由此带来的启发和思考，也受到许多代表委员的热议。从充实社区基层力量，到善用电子政务，再到构建智慧城市，大国之治正在不断迈向科学化、精细化、智能化。

一、通堵点、补断点、解难点

"社区承担着党建、公共卫生管理、公共安全管理、养老服务、物业管理、精神文明建设等社会职责，是政府服务百姓'最后一公里'的阵地。"全国政协委员、天津市庆达投资集团有限公司董事长孙太利建议，可以进行"小政府、大社区"试点，破解政府基层力量不足难题。

二、开启新型互联网服务模式

"疫情发生以来，中国将数字技术大量应用于防疫工作，信息化、数字化、智能化加速了公共卫生治理现代化，创新了政府公共服务模式，充分体现了数字政府建设对中国制度优势转化为治理效能的重要促进作用。"孙太利说。

孙太利认为，疫情也暴露出电子政务建设中存在的一些短板，如部分数据在部门间共享不畅、应用系统回应公众诉求不及时等。应加强顶层设计，加快数字政府建设。

（李　婕　邝西曦　刘新吾　闫　旭）

原载《人民日报》海外版 2020 年 5 月 25 日

报道 99

工业互联网：进入快速发展期，打造数字经济新优势

作为新基建主要领域之一，工业互联网一直是产业发展的热点，也是今年两会期间代表委员热议的焦点。今年政府工作报告指出，推动制造业升级和新兴产业发展。大幅增加制造业中长期贷款。发展工业互联网，推进智能制造。电商网购、在线服务等新业态在抗疫中发挥了重要作用，要继续出台支持政策，全面推进"互联网+"，打造数字经济新优势。

代表委员认为，工业互联网通过实现工业经济全要素、全产业链、全价值链的全面连接，支撑服务制造业数字化、网络化、智能化转型，重塑工业生产制造和服务体系，实现工业经济高质量发展。近年来，随着我国相关政策的落地，工业互联网发展不断提速，产业进入快速发展期。在今年年初疫情防控和企业复工复产方面，工业互联网也立下了汗马功劳。与此同时，产业发展仍然面临一些瓶颈，例如与新兴技术交叉融合还不深入，核心技术还有待突破；工业互联网平台上的数据资源价值还没有被充分挖掘和释放；典型场景应用还不够丰富等。

对此，代表委员纷纷建言献策，给出了建议。

全国政协委员、天津市庆达投资集团有限公司董事长孙太利建议，运用供给侧结构性改革的政策组合拳，推动工业互联网应用推广，提高中小企业在试点示范、创新发展工程、产业示范基地等领域中的占比。

完善民营企业专项应用指导机制，协助中小企业评估现状与未来发展的关系，助力中小企业通过数据获取市场信息，根据上下游供需变化制订生产经营策略，进行精准预测与整体优化。加强区块链、大数据等技术的融合应用，完善专项中小企业工业互联网数据平台。利用更多维度、更广来源的数据精准刻画企业经营行为、评估企业资产，为金融市场服务中小

企业提供有力依据。

（徐　恒）

原载《中国电子报》2020 年 5 月 29 日

报道 100

工业互联网：数字浪潮新焦点

3 月 1 日，距 2019 年全国两会开幕还有两天，全国政协委员、天津市庆达投资集团有限公司董事长孙太利带着今年准备提交的提案——《关于加快发展工业互联网服务经济社会数字化转型的建议》来到了中国信息通信研究院，与多位在工业互联网、数字经济方面的领导和专家进行深入探讨研究。

"党中央、国务院高瞻远瞩、审时度势，对工业互联网发展作出重大部署。在各方共同努力下，工业互联网取得积极进展，但与各产业数字化转型的需求相比还有差距，需要聚焦重点、多措并举，加快推动工业互联网创新发展。"孙太利说。

孙太利在提案中指出，首先，工业互联网为经济社会数字化转型提供关键支撑。一方面，构建一张连接人机物、打通不同行业信息孤岛、支撑各类数据有序流动的新型网络，满足各行业数字化转型对网络连接的需求，实现跨企业、跨领域、跨产业的广泛互联互通。另一方面，为各行业智能化转型升级提供计算处理平台，通过聚合云计算、大数据、人工智能、区块链等新兴技术，支撑各行业在平台上开发部署满足不同场景的智能应用服务，深度优化生产和服务流程，促进产业高端化发展。

其次，工业互联网为经济社会数字化转型提供强大驱动力。工业互联网通过跨设备、跨系统、跨地区的全面互联互通，实现全要素、全产业链、全价值链的全面连接，实现以数据流带动技术流、资金流、人才流、物资流，大幅提升传统产业的发展质量与效益，让旧动能重新焕发生机。工业互联网能够促进各类资源要素优化配置和产业链紧密协同，引导帮助企业将价值创造模式由单纯的供给产品转化为提供"产品＋服务"，大大延长价值链，不断催生网络化协同、智能化生产、服务型制造、个性化定制等新模式新业态，促进新动能蓬勃兴起。

第三，工业互联网还能为数字经济发展开辟拓展空间。工业互联网将带动云计算、大数据、物联网、人工智能、5G等新一代信息技术与制造业应用场景深度结合，以需求为导向，以应用促发展，拉动ICT产业规模急剧扩张。同时，将为工业电子商务、工业大数据分析、供应链金融等生产性服务业提供更广阔的市场，并带动共享经济、平台经济等向工业以及其他产业更大范围、更深层面拓展，壮大数字经济规模。

孙太利表示，目前，我国工业互联网也已经步入落地深耕阶段。工业互联网支撑能力持续增强。网络基础不断强化，标识解析体系五大国家顶级节点初步建立。平台能力大幅提升，重点平台平均连接设备数量达59万台（套）。安全体系加速构建，国家、省和企业级安全监测平台系统推进，自主研发的安全产品快速推广。产业生态日益壮大，工业互联网产业联盟汇聚各领域成员单位超过1000家，跨界协同全方位展开。同时，工业互联网渗透应用明显加速。工业互联网已在石化、钢铁、机械、高端装备、家电、电子、服装、能源等行业得到广泛应用，助力这些行业实现生产成本下降、产品质量优化和绿色低碳发展。依托工业互联网平台和技术，基于海量生产数据的跨界创新逐步丰富，如"平台＋金融"已成为我国的特色应用。此外，初步探索出通过全面网络连接与深度智能分析，促进产业资源优化配置的新路径。

虽然我国工业互联网已经起飞，但是还有很多制约因素亟待破解。比如，我国工业互联网还面临产业基础薄弱、融合创新深度不够、应用市场尚未完全打开、持续投入能力不足等挑战。对于发展中存在的问题，孙太利表示："发展工业互联网人才是关键。专业人才匮乏，是目前的大问题。"

除了专业人才匮乏，孙太利认为，还有核心技术有待提升，芯片传感器等基础技术缺失，一些关键芯片存在空白等问题。政策层面，设计标准、生产标准、使用标准等尚不完善，亟须健全法律法规。

因此，孙太利在提案中建议，一是加快建立工业互联网共性技术体系，瞄准高端"卡脖子"领域集中力量攻关，把握新赛道发展机遇，系统布局前沿技术，发展新型应用技术，推动形成技术研究和产业应用互促互进的良好局面；二是加快工业互联网网络、平台、安全基础能力建设，重点落实加快全光纤网络、5G 网络设施建设，推进各行业网络改造升级，建设国家标识解析体系，打造具有国际竞争力的工业互联网平台体系，同步建成多层次覆盖、多功能保障的安全技术防控体系；三是引导产业界以需求为牵引，不断探索工业互联网在实体经济各领域的深度应用，着力提升应用实施效果与普惠水平。连续开展试点示范，引导重点领域、重点行业、重点企业加大工业互联网应用投入力度，以应用促进产业健康发展与生态壮大；四是扩大国家财政支持的范围与规模，多渠道搭建产融合作平台，积极引导社会资本加快进入，为工业互联网发展提供充足的资金保障。

（曹婧逸）

原载中华工商网 2019 年 3 月 4 日

第六章
法 治 建 设

        孙太利委员坚持在法治领域做透民生选题，持续进行了防范和处置非法集资、规范民间借贷、防范金融风险等多角度调研，循序渐进，不断深化，取得了丰硕的调研成果，并相继通过全国政协会议提交提案，反馈问题和建议。他在全国政协十三届四次会议中提出必须进一步加强监管，构建全社会、全行业、全生态链常态化非法集资防控治理体系。该提案得到中国银保监会高度关注，主动到访座谈，了解提案背景、初衷和期待解决目标，在后期出台相关政策举措中采用了孙太利委员的建议。

        法者，治之端也。孙太利委员一直坚信，在良法保驾护航下，社会主义现代化事业定能行稳致远，焕发出更加强大的生机活力。

2019 年 3 月，孙太利委员接受津云、天津电视台等媒体采访，呼吁强化法治监管，防范金融风险。

2022 年 3 月，孙太利委员接受《人民日报》采访，建议通过良法善治助推经济社会高质量发展。

代表委员热议更高水平的平安中国、法治中国建设"中国之治"优势更加彰显

习近平总书记强调，我国正处在实现中华民族伟大复兴的关键时期，世界百年未有之大变局加速演进，改革发展稳定任务艰巨繁重，对外开放深入推进，需要更好发挥法治固根本、稳预期、利长远的作用。

过去一年，更高水平的平安中国、法治中国建设加快推进，有力保障了"十四五"实现良好开局。代表委员表示，要深入贯彻落实习近平法治思想，坚持依法治国、依法执政、依法行政共同推进，坚持法治国家、法治政府、法治社会一体建设，让"中国之治"成色更足、优势更加彰显，让人民群众拥有更多获得感、幸福感、安全感。

民建天津市委会副主委孙太利委员建议，进一步健全公共数据运营规则，提升数字政府运行法治化水平。同时，加快完善诚信立法，加大对守信主体支持和保护力度，加快推动社会诚信体系建设。

（金　歆　魏哲哲　王玉琳　孟祥夫　李龙伊　齐志明　刘新吾
窦瀚洋　常　钦　葛孟超　邵玉姿　史一棋　王明峰　白光迪
潘俊强　戴林峰　叶传增　李茂颖）
原载《人民日报》（第 10 版）、人民网、金台资讯 2022 年 3 月 7 日

全国人大代表、全国政协委员热议最高人民法院工作报告
——"顺应人民期待、彰显法治精神"

最高人民法院工作报告求真务实，充分体现了人民法院深化改革、不断

创新的精神，质量高、分量重，彰显了人民法院努力让人民群众在每一起司法案件中感受到公平正义的决心。过去一年，人民法院为维护国家安全稳定、推动高质量发展做了大量工作，特别是智慧法院建设迈上新台阶，及时高效处理了大量矛盾纠纷。同时，人民法院加强配套制度建设，互联网司法规则体系更加系统化，推动审判体系和审判能力现代化，切实增强了人民群众的司法获得感。

（刘　婧）

原载人民网、《人民法院报》、人民资讯 2022 年 3 月 9 日

报道 102

强化"法治营商保"机制　促进市场主体健康发展

"我在企业经营中最深切的感受是，近年来法治化水平不断提升，制度体系逐步健全，公平监管持续推进，政务服务不断优化等等，助推市场主体发展活力更强、动力更足。"

"法治是最好的营商环境。"在采访中，全国政协委员、民建天津市委会副主委、天津市庆达投资集团有限公司董事长孙太利谈到各地不断向好的营商环境时非常振奋。作为三届全国政协委员，本人又是企业家，他每年把促进企业发展的建议带到两会。

"当前市场主体遇到的困难程度前所未有，一些企业生存难、成长难、安全感不高等发展问题，是由于我国营商环境在司法保障、公平竞争、诚信服务等方面没有达到市场理想的预期。"孙太利认为，在以国内大循环为主体的新发展格局下，要强化"法治营商保"机制，为市场主体建立国家级安全保单，有利于促进市场主体放心成长，健康发展。

数据显示，2020 年全国税收总量中，国有控股企业贡献 24.3%，涉外企业贡献 16%，私营企业贡献 17.6%，全部民营企业贡献 59.7%。市场主体既是全社会财富的主要贡献者，也是推动经济发展的磅礴力量。

　　"要超前规划，确保权益安全至关重要。"在孙太利看来，法治建设要走在经济高质量发展的前列。要确保从立法、执法、司法、守法四个维度对政策法律的安全管控能够实现可持续性标本兼治。优化提升关于政府、不同所有制经济主体的罪与非罪相关法律条款，区分市场主体经济纠纷与刑事犯罪界限。他建议加快商业行为法、行政程序法、政府合同法等出台落地，严格规范涉企案件处置法律程序，依法审慎采取强制措施，提高立法的针对性、及时性、系统性和可操作性，确保权力在法治轨道安全行使。他认为，要充分发挥企业法律风控及商事审判专职部门职责，通过智库团队为企业帮扶诊断，控制节点，把握方向，完善法律援助，帮助企业固本培元，健康发展。

　　"要加快数据立法，确定政务数据权责利边界、规范数据产业链和数据市场发展的法律法规，实现数据依法收集、汇聚、共享、管理和应用，确保数据要素安全、可信、可控。"孙太利提出，要规范算法，完善信息资源整体规划及国家级数据管理平台建设，分别对政务系统、经济市场、社会保障等分类分级标准化管理，确保企业创新边界清晰可控、数据资源精准应用、政府服务互联互通。同时，优化监管与服务流程，根据真实性、应用性，强化科学区分管理高价值数据、智慧数据、信息数据，确保治理落地落实。

　　"为推动诚信守约、互利合作，国家要加快《社会信用法》立法工作进程，搭建法律高压线，明确政府、企业、自然人等信用指标及等级评价评分标准，完善阶段考评机制，定期更新，将诚信标准评价作为政府、机构经营及自然人工作生活的新名片。"孙太利告诉记者，在强化信用监管中，要明晰市场主体维权的法律流程，明晰政府、公有制经济体等出现违约情况的追溯体系，用诚信赋值赋能，激发全社会诚信守约正能量。

　　孙太利建议，要针对经济权力部门建立健全权力制约机制，强化内部层面规范化、管理队伍职业化、外部力量制约化，完善并细化第三方监管机构招标标准，严格按照标准执行评判，达到公开透明、公平公正，严防权利异化、权力寻租，净化经济生态，助力政企服务和合良性互动。

（张　原）

原载人民政协网 2021 年 3 月 10 日

报 道 103

孙太利委员在防范和处置非法集资、规范民间借贷、防范金融风险等问题上发表的观点被人民网、人民政协网、《团结报》《光明日报》等多家媒体报道并转载。

从建议提案到政策落地：
1500 项政府举措是怎样出台的

"一系列政策出台的背后，有我的一份努力。""我的履职调研建议被采纳了，心里太高兴了。""有更多人愿意向我反映需求了。"全国政协委员孙太利，是一位爱"较真"的老委员，防范和处置非法集资是他这几年一直关注的话题。

孙太利说："我身边有不少老年人，被犯罪分子以高额利息做诱饵，骗走了多年的积蓄。随着调研的深入，我发现不少大学生也成了非法集资犯罪的目标人群。"

孙太利反映的问题，也得到了银保监会的关注。2020 年，处置非法集资部际联席会议印发了《全国非法集资监测预警体系建设规划（2020—2022）》。由国务院公布的《防范和处置非法集资条例》也将于今年 5 月 1 日正式施行。

进一步防范和处置非法集资，是全国两会建议提案办理情况的一个缩影。2 月 18 日召开的国务院常务会议指出，面对建议提案数量增多、办理时间短等情况，2020 年国务院各部门创新和完善办理工作机制，共采纳代表委员意见建议约 3700 条，出台相关政策措施约 1500 项。

"得知我的提案被采纳，是在银保监会的座谈会上，当时我非常激动。"孙太利告诉人民网记者，银保监会对他的提案内容给予了肯定。

在他建议的半年多后，《防范和处置非法集资条例》正式出台。"我在提案中建议，要加强地方打击非法金融活动的力量保障，建议地方各级政府建立专门的金融执法队伍。"孙太利说，出台的《防范和处置非法集资条例》有针对性地明确了防范和处置非法集资工作机制，以及地方各级政府、监管部门和市场主体等的职责和义务，还肯定了大数据等技术手段对加强非法集资监测预警发挥的作用。

孙太利说："政协委员要履职尽责，为新时代中国民主政治增添光彩。相关部委单位的及时有效回应，是对政协委员履职的极大推动，这也反映了政府执政能力的提升。"

"人民至上，民生为本。老百姓的幸福感、安全感是考量政府治理体系和治理能力的重要标准。听民意、聚民智、为民服务，是我作为政协委员应尽的职责。"孙太利说，"今年全国两会我关注金融改革、乡村振兴、教育等话题，希望把履职工作做得更好。"

（赵竹青 高 雷 陈 炜 李 彤）

原载人民网 2021 年 3 月 7 日

加强监管严防电信诈骗

"近年来，随着信息技术迅猛发展，电信网络诈骗金融犯罪运作模式呈现更加专业化、公司化、智能化趋向发展，诈骗犯罪集团逐渐形成上下游环节勾连配合的完整链条。"全国政协委员、民建中央委员、民建天津市委会副主委、天津市庆达投资集团有限公司董事长孙太利提出，要构建常态化防控治理体系，加强法治监管，严防电信诈骗。

"几乎每家每户都遭遇过电信诈骗，有的因此家破人亡。"孙太利痛心地说。让他欣慰的是，国家从源头遏制电信诈骗，集中打击高发类案件，全力铲除诈骗窝点，重拳整治黑灰产业，防范和打击治理电信诈骗工作取得显著成效。

仅 2020 年以来全国公安机关破获电信网络诈骗案件 25.6 万起，为群众直接避免经济损失 1200 亿元。他同时指出，极低的网络犯罪门槛和成本、极强的犯罪"黑科技"、极全面的"服务平台"等造成电信诈骗发案率仍居高不下，屡禁不绝、屡骗屡新，危害正常的社会稳定和经济金融秩序，严重危害网络安全、影响广大民众安全感。

"要进一步强化法治监管，构建起常态化电信诈骗防控治理体系。"在孙太利看来，优化顶层设计至关重要。"十四五"时期要不断优化、梳理政策法规，摒弃过时旧法规、制度，超前科学谋划，从电信诈骗滋生、蔓延、处置、善后等实现超前闭环防控，构建形成各项治理工作环环相扣、无缝衔接、协同发力的全链条防控治理新格局。

他建议强化法治与行政治理合力。加快推动《中华人民共和国个人信息保护法》《中华人民共和国数据安全法》等立法工作进程，加大执法力度，树立执法权威，提高违法成本，扎实筑牢电信诈骗法律高压线。完善法律法规，对盗用信息、诈骗等违法行为提高刑事处罚力度，严惩犯罪行为，让犯罪者望而却步。地方各级政府要组建专业防电诈队伍，多发频发地区建设市、区级试点，通过专职管理部门，强化基层执法力量，推进行政处置专业化、常态化、规范化。

他提出，要完善监测预警平台建设，强化预警拦截和紧急止付工作。包括加大投入，助力高精尖侦查技术、装备等及时更新换代、高端人才及时引入并使用；加大大数据、5G、区块链等技术融合应用，完善监测预警体系，优化监测预警模型，提高预警模型精准度等，真正实现早发现、早制止；完善统一手机、电脑等网络平台信息收集标准化，防止过度收集用户资料，降低用户隐私泄露风险。落实运营商、通信软件等对于号码标记的追踪与审核，确保号码标签不侵犯用户权利，确保高危电话真实性、有效性提醒。

"强化公众教育普及，拓展宣传窗口也非常必要。"孙太利建议，针对不同群体创新宣传方式与方法，让电信诈骗无处遁形。

（张　原）

原载人民政协网 2021 年 3 月 5 日

守住风险底线
——民主党派聚焦防范金融风险

在互联网金融行业身处逆境时，如何加强金融监管，守住风险底线成了民主党派成员关注的热点。

"互联网与金融创新的结合已经越来越适应经济社会的发展。"全国政协委员、民建天津市委会副主委孙太利表示，在看到互联网金融创造价值的同时，也要警惕一些不法分子利用网络借贷监管不力、流程不畅、市场不规范的漏洞，进行非法集资等违法犯罪活动，妨害正常的金融秩序。

一直以来，高利诱惑都是不法分子开展非法集资活动的主要手段。"高收益低风险"这些诱人字眼，让很多投资者卸下了防备心，落入圈套。

"1元起投，随时赎回，高收益低风险。"这是"e租宝"的宣传口号。许多投资人表示，他们就是听信了"e租宝"保本保息、灵活支取的承诺才上当受骗的。

因此，孙太利建议有关部门坚决依法打击以互联网金融名义实施的各类违法犯罪活动，最大限度解决网络安全漏洞、个人隐私泄露等事关消费者权益的问题。

（佚　名）

原载《团结报》、团结网 2016 年 3 月 3 日

不辱使命　带着责任上会

又是一年春来到！带着殷殷重托，全国政协委员正陆续抵京，全国政协十二届三次会议即将隆重召开。亿万个中国梦将在这里交融，共同的意志又一次在民主团结求实奋进的旗帜下凝聚。

今年两会是党中央提出"四个全面"战略布局之后召开的第一次全国两会。

委员济济一堂，共商国是，为中国梦的实现出实招、谋良策、增共识，意义非同寻常。

孙太利委员：党的十八届四中全会把"法制"宣传教育修正为"法治"宣传教育，一字之变，折射出法治宣传教育理念的飞跃、内涵的丰富和领域的拓展，意味着法治宣传教育不仅要传播法律知识，更要注重塑造法治信仰。当前法治教育的深度广度还存在差距，全社会还没有形成办事依法、遇事找法、解决矛盾用法、化解矛盾靠法的习惯。本次大会上，我带来了这方面的提案，建议建设法治文化，树立全民法律信仰。依法治国战略，要求我们必须进行多层次和多领域的学法、守法教育，真正使人民信仰法律、遵守法律，建立一种良好的法律自律机制。

（张文敬　张　原　张　磊等）

原载人民政协网 2015 年 3 月 2 日

民间借贷中介行业亟待规范

全国政协委员、民建天津市委副主委孙太利日前接受记者采访时表示，近年来，我国民间融资日益活跃，借贷中介作为新兴行业应运而生，虽有效提高了民间资本的利用率，为破解小微企业贷款难提供了有效渠道，但存在较大风险，亟待规范。

孙太利表示："一些民间借贷中介机构违规披露借款人个人信息，涉嫌侵犯公民隐私权。个别不法分子打着'金融创新'的旗号，利用借贷中介渠道，从事洗钱、非法集资、放高利贷等违法犯罪活动，扰乱了正常金融秩序，阻碍了实体经济的正常发展。"

孙太利建议，尽快立法明确借贷中介的地位；成立借贷中介行业协会，加强行业自律管理；明确行业监管部门，规范经营审批，有效监管借贷中介的设立、变更、经营；对借贷中介机构的组织形式、注册资本、实收资本、从业人员数量及资质等设置一定标准，规范其经营；分步审批借贷中介的经营范围。

（王海磬）

原载《光明日报》2013 年 3 月 22 日

报 道 104

完善监管体系，为移动支付系上"安全带"

日前，全国政协委员、天津市庆达投资集团有限公司董事长兼总经理孙太利在接受采访时兴奋地说，他提交的《关于加强移动支付安全监管促进金融健康发展的建议》提案被中央统战部《零讯》采用。

"近年来，随着用户对移动支付的依赖不断增强，支付中也逐渐暴露出许多亟须解决的问题。"孙太利说，法律法规不完善、网络金融监管难、对APP软件监管不到位、移动支付用户安全意识缺失等问题，势必会影响用户对移动支付的信心，进而制约网络金融的发展。

"只有不断提高和改进移动支付安全性能，完善移动支付监管系统，才能为移动支付系上'安全带'。"孙太利建议，一要尽快完善个人信息法及相应的法律法规，细化原则性规定，包括准入门槛、行业资质、行业标准、处罚机制、监管机制、责任分工等相关规定，明确追责制度，规范金融市场秩序，促进金融市场健康、有序快速发展。二要加快研发移动支付的监管技术，出台对于异常交易、违规交易可追溯、可取证、可监管的一系列管控措施，并加大对犯罪分子的惩处力度。三要加强APP软件市场监管，加强从路由器到手机厂商的产品监督，成立专项小组，对于移动软件APP提高审核标准，提升进入门槛，对于捆绑垃圾程序、诱导扣费程序甚至是附带木马程序的软件APP一律清除。四要对支付平台加强监督，建立健全风险准备金制度和交易赔付制度，如因为产品缺陷造成的用户财产损失要进行相应的赔偿及处罚。五要加强社会诚信体系建设，加强公民网络金融安全意识的教育及引导等。

（刘 平 李国惠）

原载北方网 2018 年 3 月 12 日

报　道 105

防止审批取消了，监管没上去

近日，国务院再次取消和下放 64 项行政审批事项和 18 个子项，距离本届政府上任伊始提出的，任期内国务院部门实施的行政审批事项要减少三分之一的目标更近了一步。孙太利委员就此表示，在加快转变政府职能过程中，政府降低市场准入门槛、减少审批事项是必要的，与此同时，政府提升市场监管能力更为重要。

孙太利委员认为，长期以来，各级政府监管部门习惯用审批代替监管，重审批、轻监管的倾向比较明显。此外，多头管理使行政问责面临难题。

孙太利建议，减少审批和强化监管是转变政府职能的两个不可分离的重要任务，必须两手同时抓，两手同时硬。要防止出现审批取消了，监管没上去。

要健全、完善政府监管部门绩效考核机制。细化政府监管部门考核事项，设置政府监管项目的考核指标底线，做到职责明确，权责统一，任务到人。同时，要采取上级巡察、媒体监督、群众举报、部门自查以及使用数字化科技手段等多种方式，全面考核政府市场监管能力和工作质量。促进政府监管部门主动执法，有效管理。

此外，应建立健全科学的行政问责机制。孙太利说，目前，我国行政问责的相关规定分散在公务员法和中共中央办公厅、国务院办公厅《关于实行党政领导干部问责的暂行规定》等文件中，存在问责标准不统一等问题。建议有关部门制定《政府监管部门行政问责条例》，统一行政问责法定事项。变事后问责为日常问责；变人治型问责为法治型问责；变风暴式问责为常态式问责。对政府机关和公务员失职、渎职行为做到有责必究、有责能究、有人去究。

（杨朝英）

原载《人民政协报》2014 年 3 月 3 日

第七章

文化建设

孙太利委员长期以来一直关注文化资源的传承与产业创新，聚焦产业发展内容、体制机制、市场政策等进一步落实而不断提出新的观点和建议。

国民之魂，文以化之；国家之神，文以铸之。从产业到信仰，从经济到人文精神，孙太利委员的文化探索之路，从未止步。

　　2010 年 3 月，孙太利委员接受人民网、人民政协网等采访，建议加快发展文化产业，提升文化"软实力"。

　　2014 年 3 月，孙太利委员接受中国经济网采访，关于社会热议的扶不扶问题，他呼吁弘扬传统文化，以人为本，以诚当先。

报道 106

文化信仰出问题导致信任危机

扶，还是不扶，这是个问题。对很多人来说，这个问题有两个尴尬，一是，本来这不应该成为问题，二是，问题的答案虽然是肯定的，但很多人回答"该扶"后，都会加个"但是"，就是这个"但是"成为时下讨论的热点。

昨天，全国政协委员也纷纷来补充这个"但是"。

新文化：当您看到老人摔倒后会去扶吗？

孙太利：该扶。

新文化：从道德角度讲，每个人的答案可能都是一致的。但为什么这个事会被公众讨论，因为很多人不能马上回答该扶，而是会思考良久，甚至会回答不一定扶、有无其他人在场作证等等，原因是怕做了好事反被讹上，您觉得问题出现在哪？

孙太利：你说的是社会信任危机导致一些做好事被讹诈，有些人再面对这种事就胆怯了。中华民族有很好的传统，近些年，由于经济大发展，市场大发展，有的企业只顾经济效益、个别官员出现腐败、独生子女畸形教育培养等等，有很多缺失。民族文化引导上欠缺。当今社会迫在眉睫的首要事情，是把中华民族文化自信建立起来，要弘扬传统文化，做人以人为本，做企业的，不能为富不仁，要以诚当先。

新文化：要不要扶？扶起后会不会被讹？这些问题背后的深层次问题是什么？

孙太利：讹人事件需要反思，为什么得到了帮助的人反而还要讹人？是不是因为保障体系本身没有给他们安全感？是不是医疗费用太高从而蒙蔽了他们善良的眼睛？如果不仅仅是他们个人的问题，那就要从根源上解决。

比如说医疗，应不应该给不富裕的人或者生活上需要帮助的老人一些政策倾斜，让他们在摔倒之后不会惧怕昂贵的医疗费，当然目前看有点理想化，但如果不从源头思考，道德问题不会得到解决。

法律上，要建立健全法律法规。法律对道德的意义影响巨大，阻止道德滑坡，法律不可或缺。如果有完善的法律体系作支撑，行善者不仅会得到社会肯定，也会受到法律的保护，少些后顾之忧。相反，那些讹人者的恶行如果及时查处，无疑也是一种震慑。

另外，企业的保障制度，社会、医疗的保障制度，要有自律，时间长了就成为自然了。像治理酒驾一样，喝一次抓一次。完善一个法律，形成制度，约束规范，时间长了，自然成为一种正能量的行为，传递给孩子们，以后即使法律没有了，他们也会这么做。不仅制度上，企业、政府、公民等各个方面也要建立诚信体制，尤其是政府首先要有诚信，不能失信于民。

（邢　程）

原载中国经济网、《新文化报》2014 年 3 月 4 日

报 道 107

文化产业迎来发展"黄金期"

在过去的一年中，全球金融危机的冷意尚未散去，我国的文化产业却逆势上扬，暖意融融。2009 年 1 至 5 月，文化产业平均增幅达 17%，高于 GDP 和第三产业的增长速度。这一年，新中国首部《文化产业振兴规划》出台，第一次将文化产业发展提到了国家战略高度；这一年，文化体制改革进入攻坚关键时期，一大批艺术院团转企改制；这一年，一大批新闻出版单位和企业通过改制、重组、合并、上市成为更有竞争力的市场主体。文化产业不仅成为经济领域的新亮点，更为全年中国经济"保八"的实现贡献了重要力量。

文化产业是典型的低碳经济，资源消耗低、环境污染小、附加值高、受益时间长，并且它不受经济周期下滑的影响，十分有利于推动经济结构调整

和发展方式转变。在美国经济大萧条时期就孕育了好莱坞以及众多美国出版传媒的黄金年代；日本动漫产业的巨大发展也是出现在日本20世纪70年代经济停顿期。因此，在目前金融危机的大背景下，我国的文化产业也同样迎来了发展的契机。

然而，目前我国的文化创意产业增加值占国内生产总值的比重还不到3%，而美国的高达25%，日本达到20%，欧洲平均在10%—15%，即便是位于亚洲的韩国，该比重也高于15%。中国是一个有着上千年文化历史的大国，但却没有形成大规模的文化产业，这无疑是产业发展的一大遗憾。

现阶段，我国文化产业的发展还处于一个起步阶段。虽然它的发展势头很猛，增长速度很快，但是它的基数很低，发展还存在不少问题：一些地方政府的思想意识还不到位，尚未把发展文化产业作为推动经济发展的重要举措；文化产业管理体制不健全；促进文化产业发展的法律法规还有待完善；我国丰富的文化资源未得到有效利用；文化产业投资不足、融资难；文化要素市场发展相对滞后。例如，资金市场、设施市场、人才劳务市场、中介市场、产权交易市场等急需建设和发展；专业人才匮乏日趋严重，文化产业人才总量少、层次低、结构不合理。

为积极应对国际金融危机的影响，扩大内需，满足人民群众的文化需求，给中国经济发展打开新的空间，应加快发展文化产业，提升文化"软实力"。

提高对文化产业发展的重视程度，建立推动文化产业发展的领导机制。随着国家《文化产业振兴规划》的出台，建议各地方政府也应尽快落实当地的文化产业发展规划，把文化产业发展纳入各级政府经济社会发展的总体规划，纳入当地经济结构调整的框架，摆上各级党委和政府的重要议事日程。

深化文化体制改革，进一步促进文化产业发展。通过国有文化单位转企改制，建立以股份制为基础的现代企业制度，打造新型文化市场主体。放宽文化市场准入条件，鼓励非公有制文化企业发展，形成充分竞争的文化市场。以骨干文化企业为龙头，以资产为纽带，推进集团化建设，打造一批有活力、有实力、有竞争力的微观主体，发展壮大文化产业。

进一步完善相关法律法规。我国可借鉴国外先进经验，加强对文化产业投资制度的立法保障，通过立法对文化产业予以税收优惠，使投资者能通过对文化产业的投资尽可能降低投资成本与风险，创造尽可能多的投资效益。由此调动整个社会对文化产业投资的信心和积极性，促进文化产业的发展。

大力挖掘和整合我国丰富的文化资源，推动文化资源向文化产业的转化。我国拥有极为丰富的文化资源，有上下五千年的文明历史。各民族、各地区有着不尽相同的文化底蕴，不同民族有着独具特色的民族文化。那么，如何利用和开发我国丰富的文化资源呢？首先，要深入挖掘本地文化资源的内涵，从实际出发，寻找探索最适合本地特点的文化资源开发模式，为产业发展创造条件；其次，让科技为文化产业助力开道，这是解放文化生产力的一种有力手段；另外，要善于把产品优势打造成品牌优势，着力打造既具民族文化特色，又有市场影响力的知名文化品牌。品牌是文化生产力持续发展的不竭动力；最后，要实施"人才兴文"战略、大力发展文化产业。

加大对文化产业的金融支持力度，破解企业融资难的问题。要研究支持文化产业的金融扶持政策，量身定做适应文化产业特点的信贷政策；文化产业作为朝阳产业，金融机构要在担保条件、利率等方面给予优惠，以贷款贴息、项目补助等方式，支持国有骨干文化企业做大做强，促进文化产品和服务出口；为文化企业尤其是中小文化企业融资扩大抵押范围，丰富融资品种；对符合条件的重点文化企业，应做好进入主板、创业板上市融资的培训、辅导和推介工作，推动更多优质企业上市融资；建立文化产业投资信息服务平台，为吸引有实力的企业和民间资本投资文化产业提供信息支持。

健全文化市场体系，拓展文化产业发展空间。建立健全文化市场中介机构和行业组织，提高文化产品和服务的市场化程度。推行知识产权代理市场开发、市场调查、信息提供、法律咨询等专业化、社会化服务。加强文化市场监管，建立依法经营、违法必究、公平交易、诚实守信的市场秩序，创造公开、公平、公正的市场竞争环境。拓展文化产业的发展空间。

培养文化产业所需人才，为文化产业发展提供人力资源支持。要集中力量发展文化产业人才战略，整合优势资源建立国家人才培训基地，举办适合文化产业发展的各种特色培训班，培养文化产业精英人才。同时，重点引进与开发急需的高层次人才、复合型人才及高级技能型实用人才，从而带动全行业的发展。

（孙太利）

原载《中国政协》2010 年 6 月

不能将文化产业等同于文化事业

25 日，起了个大早的全国政协委员孙太利从天津专程赶到北京。9 点之前，作为提案人之一，他准时走进全国政协关于制定文化产业"十二五"专项发展规划提案办理协商会现场，"文化产业的发展问题我已关注多年，有这么好的与相关职能部门面对面的机会，我一定要来现场"。

前不久，国务院继纺织、轻工等规划之后出台了第十一大产业振兴规划——《文化产业振兴规划》，我国文化消费状况与国家经济发展和国民文化需求之间的不适应得以重视。早在年初两会期间，政协委员围绕文化产业发展的内容、体制机制、市场等方面已提出几十件提案，如今文化产业发展有了"大动作"，如何进一步落实成为新的焦点。

"文化产业是典型的低碳经济，资源消耗低、环境污染小，附加值高，受益时间长，重要的是不受经济周期下滑的影响，十分有利于推动经济结构调整和发展方式转变。"孙太利委员所说的当前文化产业发展的有利时机已成共识。抓住国家实施产业结构调整的机遇，将文化产业作为国家"十二五"规划的重要组成部分，制定一部全国性指导整个文化产业发展的专项规划，再一次成为与会委员们的共同呼声。

（佚　名）

原载《人民政协报》2010 年 5 月 26 日

第八章
社会建设

　　国以民为本，社稷亦为民而立。社会建设关乎民生，关乎国家长治久安，是和人民群众生活联系最紧密、利益关切最直接的关键领域。十几年来，孙太利委员持续把民生改善作为履职着力点，聚焦人民群众急难愁盼问题，助力解决实际困难，更好地满足群众需求和期待。

　　群众利益无小事，处处留心皆民生。孙太利委员以饱满热情和深厚情怀，践行着履职为民的价值追求。

2013 年 3 月，孙太利委员接受中国经济网中经两会之夜"新型城镇化路在何方"栏目访谈。

2014 年 3 月，孙太利委员作客大公访谈，提议积极发展"公建民营"养老模式，社会化运营创新养老服务。

#建议在偏远地区建机场#

今日阅读130万 今日讨论59 详情>

主持人：中国网

导语：全国政协委员、天津市庆达投资集团董事长孙太利建议：发展短途运输，发挥通用航空"小机型、小航线、小航程"特点，适应偏… [更多]

综合　实时　热门　视频　图片　问　＋

热门

中国网 🐼🐼🐼　　　　　　　✓ 已关注
4小时前　来自 微博 weibo.com

#建言中国#【#建议在偏远地区建机场# 让充满活力的通航市场助力乡村振兴】对于农村地区，尤其是交通不便的偏远地区，商品和要素流动存在较大阻碍。为此，全国政协委员、天津市庆达投资集团董事长孙太利建议：发展短途运输，发挥通用航空"小机型、小航线、小航程"特点，适应偏远地区、地面交通不便地 … 全文

2022 年 3 月，中国网直播建言中国《建议在偏远地区建机场　让充满活力的通航市场助力乡村振兴》，单日点击量超过 130 万次。

⤴ 52　　　💬 25　　　👍 143

建议推进低空空域管理改革
让充满活力的通航市场助力乡村振兴

全面实施乡村振兴和畅通国内大循环是党和国家面对新形势提出的重大战略。对于农村地区，尤其是交通不便的偏远地区，商品和要素流动存在较大阻碍，贯通生产、分配、流通、消费各环节的需求牵引供给、供给创造需求的动态平衡难以形成良性循环。为此，全国两会期间，全国政协委员、天津市庆达投资集团有限公司董事长孙太利带来了《关于推动通航物流发展，促进乡村振兴战略实施和畅通国内大循环的建议》。

孙太利认为，通航物流以航空货运为核心，实现物品"门到门"实体流动，具有服务范围广、附加值高、快捷高效等特点。近年来，我国通航物流业发展取得了一定成效，截至 2020 年 12 月，内蒙古、新疆、陕西、宁夏、青海、云南、黑龙江、辽宁等 8 个地区共开通 37 条短途运输航线。但通航物流业发展面临的挑战仍然非常严峻，市场规模较小、基础设施薄弱、融合发展不强、低空飞行受限的问题依然存在，整体行业与经济社会发展和人民消费需求存在较大差距。

为此，孙太利建议，培育通航物流市场。一是发展短途运输，发挥通用航空"小机型、小航线、小航程"特点，适应偏远地区、地面交通不便地区物资运输需求。二是扩大公益服务，发挥通用航空灵活飞行特点，鼓励和加强通用航空在抢险救灾、医疗救护等领域应用，完善航空应急救援体系，提升快速反应能力。三是加快结构改革，推动传统通航物流向现代物流转型升级，鼓励与电商、快递企业合作联营，实现规模效益，组织先行试点，逐步做大做强。四是激活市场活力，打破所有制界限，在"赛马中选马"，对于具有实力的通航物流企业给予政策支持，将其打造成具有引领示范作用的标杆性通航物流企业。

加快基础设施建设。一是优化机场布局，在地理位置偏远地区、地面交通不便地区、自然灾害多发地区、交通拥堵严重地区、农林产品主要产区扩大建设布局通用机场。二是统筹协调发展，推进通用航空物流网络省际互通、市县互达、城乡兼顾，扩大交通不便地区无人机配送网络，扩大航空货运覆盖范围。三是建设物流设施，优化机场货运设施布局和货物流线，明确发展方向和业务模式，通过机场新改扩建完善冷链仓储、快件分拣等设施建设。四是完善构建信息平台，建立公共信息服务平台，广泛应用统一条码管理、射频识别等物联网技术，提升通航物流数字化、信息化水平，打造智慧通航。

创新推进融合发展。一是创新产品体系，鼓励通航物流企业参与提升军队后勤保障效率，促进军民物流融合发展。二是培育新兴业态，支持物流企业利用通用航空器、无人机等提供航空物流解决方案，推动新兴商业模式健康发展。三是完善临空经济，充分发挥通航物流业引擎作用，加快形成通航物流与临空经济区之间相互促进、相互提升的共生发展态势，推动民航业与区域经济深度融合发展。四是推进多式联运，积极开展卡车航班等陆空联运，不断探索建立空铁联运规则，努力加强各种运输方式标准对接，形成高效、协同的多式联运物流体系。

扩大低空空域开放。一是加强组织领导，进一步强化中央空管委对全国低空空域管理改革的统一领导，加大国家顶层统管力度，加快低空空域管理改革推进步伐，加速培育充满活力的通航市场。二是科学规划空域，参照国际民航组织推荐的空域分类标准，综合考虑我国军、民航空域使用需求，对全国空域进行统一规划，在此基础上进行精细化分类和差异化管理，继续落实好"分类管理、放管结合、以放为主"的指导方针。三是提高审批效率，简化通航飞行报批手续，飞行计划实现分类报批，缩短审批时间。以互联网为平台，建设通航低空飞行审批专用网，实现飞行计划网上审批。四是推进法规修改，组织军民航有关人员，参与修订《通用航空飞行管制条例》等法律法规，大幅降低公务航空地面费用，适应通航发展需求和市场期待。

（宋柏霖）

原载中国网 2022 年 3 月 5 日

其他相关报道：《中国交通报》2022 年 3 月 08 日第 7683 期刊登《全国政协委员孙太利：深度激活低空资源，支持通用航空发展》报道　特派记者张超群

罕见病药物亟待自主创新　盼政策扶持提速

今年 2 月 28 日是第十四个国际罕见病日[2008 年 2 月 29 日，欧洲罕见病组织（EURODIS）发起了第一届国际罕见病日]。目前，世界上已有超过7000 种罕见疾病，而且数量在不断增加，每年大约有 250 种新疾病加入名单中。

罕见病患者是一个亟待社会关注的极弱势群体。据统计，截至 2020 年 2 月，我国罕见病患者总数超 2000 万人，每年新增患者超过 20 万人。

缺医、少药、费用高，概括了当前罕见病的现状。面对人数众多的罕见病患者，如何防治？近日，全国政协委员、民建天津市委会副主委、天津市庆达投资集团有限公司董事长孙太利在《中国周刊》表示，要加大支持自主创新，完善推进罕见病药物研发政策体系建设，加大对罕见病研发企业专项资金支持，促进罕见病用药发展，促进全民健康。

据悉，我国政府对罕见病治疗非常关注，相继出台了多项政策，不断解决罕见病群体在诊疗、用药和可支付上的难题。中国国家卫生健康委员会于 2016 年成立了"罕见病诊疗与保障专家委员会"。2018 年 5 月，国家 5 部门联合发布了"第一批罕见病"目录，共涉及 121 种罕见疾病。2019 年 2 月，国家卫生健康委宣布建立全国罕见病诊疗协作网，以加强中国罕见病管理，提高罕见病诊疗水平。

孙太利委员介绍，在实际调研中发现罕见病的药物研发和治疗过程尚存在以下问题：我国目前对罕见病的统计尚不完善，部分数据还缺乏准确性、一致性和及时性。据了解，在 121 种罕见病国家目录中，仅有 14 种疾病的发病率和患病率有国家数据。罕见病患者治疗药物大多依赖国外进口，价格昂贵，更有病种无药可用。相关政策尚不完善，对罕见病的界定和定义有待深化。由于相关流行病学研究稀少，如脑干肿瘤，因缺乏大规模的系统性流行病学调查，而不能纳入罕见病的病种目录。国内罕见病药物注册审评、审批通道等尚不健全，药物引进、注册、上市等需要系列配套政策法规的进一步落地。

针对上述难题，孙太利认为，国家将罕见病的流行病学、诊疗研究、药物研发等纳入"十四五"规划，制定出台罕见病战略规划，加快推进罕见病领域科研布局，整合在生命科学、生物技术、医药卫生等领域针对罕见病研发以及应用的国家重点科研体系，加大财政专项资金支持力度，加快完善罕见病目录、定义、关键药物和治疗标准，推动罕见病用药的引进和研发上市，进一步提高罕见病诊疗水平。

近年来，在国家政策支持下，越来越多的药企加入了罕见病药物的研发，如天津尚德药缘科技股份有限公司等企业，取得了一系列突破性进展，其"疗效和经济性"均可媲美国际跨国公司的产品，给我国治疗罕见病带来了曙光。

孙太利委员提出，完善推进罕见病药物研发政策体系建设。卫生、财政及税务等相关部门协同制定更多激励优惠政策，加大对罕见病研发企业专项资金支持，促进各类创新要素向企业集聚，推进罕见病产学研深度融合。对研发企业在税收抵免等方面，享有从研发、临床到上市的全链条优先扶持政策。

为了使罕见药品能快速投入市场，孙太利委员表示，建立罕见病快速审查机制，完善建立药品研发审批绿色通道，加快对罕见病相关项目加强论证、评估、立项、临床试验申报等程序优化，提高审批速度与质量。借鉴优质国际经验，对国外引进或国内研发的治疗药物，给予企业一定年限的市场独占期，保护企业知识产权及合法权益。

同时，学习引进先进技术，利用信息化助推我国罕见病流行病学、诊疗学研究。运用 5G、大数据、区块链等技术完善建立国际、国内罕见病数据库，构建国家罕见病科研材料和科技信息高端交流平台。组织引导研发企业与国家级创新平台及知名高校、科研机构等合作，推动政策链、资金链、人才链、创新链、产业链、供应链深度融合。

罕见病难诊治，根本原因在于相关专业医学人才缺乏。为此，孙太利委员提出，加大研发人才培养与使用。建议加大支持高校、职业院校培养罕见病药物研发领域中高端人才，并对该类药品研究等领域的专家型人才加强重视、引用与保护，为该类人才设置专项成果认证绿色通道，提供政策支持。鼓励吸纳国际罕见药研发高端人才，促进人才资源共联共享。

（梅淑娥）

原载《中国周刊》2021 年 3 月 9 日

报 道 110

智慧灯杆为提高公共服务质量和效率贡献力量

最近，北京、上海、深圳、南京、成都等地的消费者发现，以智慧灯杆为代表的多功能智慧塔杆已经如雨后春笋般涌现出来。有人形象地将智慧塔杆比作高速公路，而其承载的路灯设施、5G 基站设施、监控抓拍设施、信号灯设施等，就好比高速公路上飞驰的汽车。

记者了解到，通过接口标准化，越来越多的普通灯杆、电线杆等塔杆被改造为既能提供照明和监控服务，又能承载 5G 微基站、满足热点区域信号覆盖诉求的智慧塔杆，为解决 5G 基站站址资源短缺的难题提供了全新又高效的解决方案。

今年全国多地都加快了 5G 基站建设的步伐，多功能一体化的智慧路灯项目正在相继落地。

智慧灯杆是智慧城市建设的重要组成部分，是将摄像头、广告屏、充电桩、小基站等功能集于一身的新型信息基础设施，能够完成对照明、公安、市政、气象、环保、通信等多个行业的数据信息进行采集、发布以及传输。与此同时，作为 5G 时代车联网建设、云网建设以及通信网络建设的重要组成部分，智慧灯杆也将得以广泛应用。

疫情期间，智慧灯杆对城市的综合防控功能得到多方关注，对此，全国政协委员、天津市庆达投资集团有限公司董事长孙太利在接受本报记者专访时说:"在突如其来的疫情面前,全国人民团结一致,在各自的领域为此次疫情防控阻击战贡献了自己的力量。这当中,智慧灯杆也发挥着自身的光和热。"

孙太利介绍,新冠疫情发生后,有些地方迅速更换了智慧灯杆显示屏的播放内容,充分发挥了智慧灯杆的宣传优势,助力当地政府进行疫情防控、政策宣传等工作;利用智慧灯杆的信息发布系统,使用 LED 屏幕实时滚动播放防疫信息、防控要求,并通过远程广播系统全天 24 小时不间断循环播送"戴口罩、勤洗手、少出门、不聚集"等疫情防控口号;通过实时视频监控,对不戴口罩并在街上游逛的人员及时喊话,起到了很好的宣传效果。

根据孙太利的预测,即将到来的 5G 和智慧城市,将能够助力实现更好的城市管理,尤其是在发生重大公共卫生事件时,有望缓解各方面的负面影响。另外,智慧灯杆也将会成为大数据收集的极佳接入口,并为及时宣传、提高公共服务质量和效率贡献力量。

据记者了解,在国家推进智慧城市建设的过程中,城市道路照明、夜景照明工程逐渐受到重视,智慧路灯在城市日常运行中的功能性、装饰性作用举足轻重。能耗过多、控制落后、灯况不明、设施被盗等顽疾需要在智慧城市规划建设中重点解决,还要契合城市发展的需求。一系列的变化,让路灯肩负更多的智慧城市建设功能。

以近年来多个城市鼓励发展的"夜经济"为例,孙太利表示,夜间生活是城市的灵魂,是城市核心的消费动力之一,已经成为提升消费者消费力的重要场景。作为"夜经济"灵魂的智慧照明,在智慧城市的建设中扮演着不可或缺的角色。

孙太利认为,虽然疫情给"夜经济"带来一定影响,但疫情过后,其仍将继续在城市消费中扮演重要角色,智慧照明也仍将是夜幕下城市里"最灵动的眼睛"。

(张丽娜)

原载《澎湃新闻》《消费日报》、今日头条 2020 年 5 月 22 日

报 道 ¹¹¹

两会透露八大民生任务"时间表"

对于政府工作报告提出的民生任务，在两会记者会、"部长通道"等场合，相关部委负责人给出进一步回应，透露出一系列民生任务"时间表"。

住房：目前正在抓紧起草完善房地产税法律草案

政府工作报告指出，启动新的三年棚改攻坚计划，稳妥推进房地产税立法。财政预算报告明确，2018年支持新开工各类棚户区改造580万套，加大对公共租赁住房及其配套基础设施建设的支持力度。

全国政协委员、天津市庆达投资集团有限公司董事长孙太利说，中国人口众多，地区差异大，建立结构化、有弹性的住房政策体系尤为重要。一方面加大住房保障力度，推进棚户区改造和保障房建设，保障群众基本居住需求；另一方面通过科学设计与论证出台房地产税，有助于推进"分类调控""差别化调控"。

（李劲峰 刘红霞 刘 硕）

原载央视网、新华网2018年3月12日

（参与采写：宋晓东 翟永冠 陈 聪）

报 道 ¹¹²

城镇化必须重视生态效率

全国政协委员孙太利今年在全国政协第十二届第五次会议上的提案，其中一项是关于城镇化必须重视生态效率的内容。

孙太利委员说，随着我国城镇化的不断推进，资源短缺与环境污染问题日益凸显，如何深入探讨城镇化与经济发展、能源消费三者之间的关系，以最小的生态损耗获得最大的经济社会效益，是我国新型城镇化建设中面临的一个重要课题。据有关资料研究表明，一些地方城镇化水平与区域生态效率呈非对称关系，即随着城镇化水平的提高，区域生态效率不断下降，其产业结构、环境政策和技术水平都从不同方面影响城镇化的生态效率。

孙太利委员认为，我国目前城镇化生态效益低下的主要表现为：

首先是一些地区城镇化规划的生态建设滞后，呈现出在发展中造成新污染，污染了再治理的恶性循环。忽视了城镇化的大气污染、水污染、土地污染治理和生活垃圾无害化处理。

其次是由于一些地方是粗放型的城镇化，造成盲目扩张用地，致使土地利用效率低。一些地方土地闲置现象大量存在且难以得到有效处置。形成在城镇化率大幅度提高的同时，城镇人口密度却下降的问题。土地污染防治基础薄弱。

孙太利委员认为，我国城镇化建筑房屋寿命周期短，浪费大量社会资源。近年来我国城镇建筑寿命普遍是 70 年左右，有些楼房建设中，由于选材等方面的问题，出现了不少烂尾工程、豆腐渣工程，很多建筑体的寿命也只有二三十年。

在城镇化快速发展的背景下，"垃圾围城"现象十分严重。不仅破坏了环境，也给人们的生活带来巨大影响。据了解，我国每年的垃圾清运量中，县城和村镇的垃圾约占 60%。其中 88% 的垃圾是简单堆放或填埋，没有进行无害化处理。我国城镇化用水效率较低，城镇化普遍存在水质型缺水，城镇地下水资源超采，城镇普遍失去"水弹性"。

生态效率的核心思想是强调以较少资源投入和较低污染排放，创造较高质量的产品，实现经济效益和环境效益的双赢。按照"创新、协调、绿色、开放、共享"五大发展理念的要求，在"十三五"期间，应进一步转变经济发展方式，优化生态环境，提高城镇化的生态效率。

为此，孙太利委员建议：

一、政府在新型城镇化顶层设计时，应引进生态效率概念，打造升级版的新型城镇化。用生态设计统领城镇化设计，设计方案必须经生态环保专家进行评估。坚持用生态效率度量城镇化过程中的资源环境成本，形成人与自然的和谐。

二、政府土地主管部门应加强集约化、高效化利用土地的监管，建立用地效率的相关评价和监管机制。政府应加大治理土地污染专项经费，加强对污染土地的治理。禁止向土壤任意排放含有各种重金属等废物，合理施用农药和化肥，推广土壤污染治理修复技术体系。

三、新型城镇化要构建海绵型持水城镇。应该根据城镇水资源的"短板"，确定城镇化的规模和发展战略，处理好水污染问题，构建生态城镇水系统。

四、新型城镇化要强化生活垃圾的无害化、减量化、资源化处理，政府应将生活垃圾资源市场化，用市场的机制加快生活垃圾处理，打破单一行政管理渠道。激活和推广生活垃圾处理新技术的应用。生活垃圾应提倡采用"户分类、村收集、乡运输、县处理"的模式。

五、政府应将绿色建筑占有比例，作为新型城镇化建设"硬指标"加以考核。政府应对绿色建筑建设单位，给予减免税费的鼓励。对购买绿色建筑的消费者，给予政府补贴的奖励。

六、政府应将城镇文化纳入生态效率体系。城镇文化承载着城镇的历史，展示着城镇的风貌，体现着城镇的品格，是一个城镇魅力的集中展示。新型城镇化要打造百年城镇精品，形成一镇一品、特色鲜明的旅游城镇。政府建设、旅游部门要加强推广，财税部门要加大扶持力度。

七、政府应确定各地城镇化的生态保护红线，要从立法、执法等各个层面落实生态保护红线制度，强化监管力度。对肆意破坏生态环境的违法行为，通过法律的制裁，严守生态保护红线。

（梅淑娥）

原载中国经济网 2017 年 3 月 3 日

报　道　113

妥善安排下岗职工再就业

今天上午，出席全国政协十二届四次会议的全国政协委员，民建天津市委副主委、天津市庆达投资集团有限公司董事长孙太利向大会递交提案，建议在供给侧结构性改革中，妥善安置下岗职工再就业，处理好改革、发展和稳定的关系。

孙太利表示，实施供给侧结构性改革，就是要提高物质资源和人力资源的利用率，加快企业的转型升级。产业结构的调整必然带动企业劳动力结构的调整。他在调研中发现，产能过剩的产业、低附加值的企业，高消耗、高污染、高排放的"三高"行业和企业等，均将裁减职工。积极稳妥地处理职工下岗再就业，既是经济问题，也是政治问题，更是民生问题。

孙太利建议，一方面，政府应加强顶层设计，早预测、早引导，尽快出台安置下岗再就业职工的相关政策和配套文件。另一方面，应摸清去产能、去库存涉及的行业、企业的情况，涉及下岗职工的情况，有针对性地制定安置职工再就业的方案，明确责任主体，设立安置职工下岗再就业的专项资金。应鼓励企业承担社会责任，对下岗职工进行内部转岗、内部安置、内部消化。对安置再就业人员较多的企业，应实施相应的税收减免和稳岗补贴。应鼓励下岗人员挖掘自身潜能，自主创业，政府给予贴息贷款支持。

（刘　超）

原载《今晚报》、北方网 2016 年 3 月 6 日

报道 114

养老产业　一座待挖的"金矿"

对民间资本进入养老产业，政府应提供什么样的政策支持？

全国政协委员、民建天津市委副主委孙太利认为，政府首先需要制定社会养老服务机构的运营管理条例，以加强对养老行业准入、运营、管理、服务等各个环节的监管，从而形成有利于民办养老产业发展的制度环境，把公共政策与市场机制有机结合起来。

孙太利分析，目前，扶持养老产业政策的最大特点就是资金供给，各地纷纷大幅提高了养老床位一次性建设补贴标准，大多数省份都已出台了民间资本介入养老产业的优惠政策。此外，还应综合利用金融、土地、税收等手段，积极引导民营资本投资养老产业。要积极发挥金融和保险行业在养老产业中的杠杆作用，推广储蓄养老、理财养老和以房养老等。

孙太利说，根据我国现有养老机构发展不平衡问题，需要积极发展"公建民营"养老模式。可以由政府出资修建养老机构，承担基础设施建设，统筹设计绿色建筑、生态环境，然后通过委托管理、合作运营、购买服务等方式进行社会化运营，实行专业化优质服务，最终形成规模较大、管理规范、服务标准化的养老管理群体。

（潘　跃）

原载人民网、《人民日报》2014 年 2 月 19 日

报 道 115

我国带薪休假制度
落实不容乐观，成难以实现的"奢侈品"

【提案人】全国政协委员　孙太利

【提案内容】目前，我国已建立劳动用工制度，但企业双方劳动关系仍处于相对不稳定不和谐状态，有些劳动关系矛盾突出，导致争议纠纷不断增多。由于劳动争议处理渠道不畅，或地方政府重视程度不够，处理不及时，使劳动争议逐步向劳政矛盾转化。

【提案建议】政府要切实加强劳动合同管理，指导企业按国家有关法律法规签订劳动合同。加强有关劳动法规的具体准则、步骤和标准方面的立法，以法律形式确保职工工资按时发放，以促进企业的职工工资的稳步增长。

加大对工会组织的支持力度，充分发挥工会组织的监督和调解职能，做好劳动争议纠纷的预防和化解工作，加强民主协商，推动政府、工会组织和

企业的三方联动，以构建长期稳定的劳动关系。

政府要加大监督检查力度，对劳动纠纷发生较多的企业，要给予建档和重点监控，特别是在签订劳动合同、工资标准和工资支付、社会保险、工时制度、劳动标准、劳动保护等方面进行检查。

（佚　名）

原载《人民日报》人民网、中国政协新闻网 2014 年 3 月 19 日

报 道 116

发展绿色建筑产业　助推新型城镇化建设

我国是建筑大国，建筑产业在国民经济各行业中所占比重，仅次于工业和农业。为我国国民经济和社会发展作出了巨大贡献。当前，绿色建筑产业已经上升为国家战略。"十二五"期间，我国绿色建筑的发展将从"启蒙"阶段迈向"快速发展"阶段。绿色建筑产业如何助推新型城镇化建设，是我们非常关注的一个重要课题。

当前，各地推进城镇化热情很高，干劲很大，搞了一批示范点。为了深入了解城镇化建设中的问题，我们深入天津、福建等地区调研城镇化建设的情况，先后走访了建设、施工单位，深入社区和访问居民，进行调研分析。

通过调研，笔者发现许多地方小城镇建设忽视了绿色建筑产业。我们不能今天搞完城镇化建设，明天又回过头来实施绿色建筑产业改造。从一些示范点的建筑看，"绿色建筑产业"的水平不高，一是从开始规划设计上，就没有融入"绿色建筑产业"的理念，新建楼房一般化、单一化。二是新建房屋结构不先进，没有最大限度地考虑节能、节水。居民过于注重个性化装修，由此产生的二次污染和资源浪费十分严重。三是新建房屋没有更多地使用节能材料、新型材料。四是垃圾处理、污水处理不配套。空气、水污染问题依然严重，有的地方"垃圾围村庄、臭水满池塘"等现象仍然存在。

发展绿色建筑产业，倡导节能减排，降低建筑能耗与温室气体排放，对

我国实现 2020 年单位 GDP 二氧化碳排放下降 40%～45% 的目标有着至关重要的意义。绿色建筑产业事关国计民生，事关党的十八大提出的建设中国特色社会主义，事关经济建设、政治建设、文化建设、社会建设、生态文明建设"五位一体"的落实。

发展绿色建筑产业，系统推进建筑全寿命周期各个环节的规范化、标准化和绿色化，推动绿色建筑新技术、新材料、新产品的应用，对于提升我国建筑业科技创新能力，带动一批相关新兴产业的形成和传统产业的跨越式发展具有重要意义。

绿色建筑的崛起将成为减轻全球能耗的重要角色。绿色建筑是真正意义上增值保值的建筑。我国是世界上最重要的建筑市场，每年 20 亿平方米新建建筑面积消耗了全世界 40% 的水泥和钢材。到 2015 年，全世界 50% 的新建建筑将来自我国。我国政府近年来确定了一些关键目标，包括到 2015 年，能源强度降低 16%，到 2020 年，30% 的商业建筑都是绿色建筑，这就意味着到 2020 年我国将拥有全球最多的绿色建筑，一个巨大的市场正在形成。

《国家新型城镇化规划（2014—2020）》提出，城镇绿色建筑占新建建筑比重要从 2012 年的 2% 提升到 2020 年的 50%。数据显示，近 5 年，我国绿色建筑都是以每年翻番的速度在发展。截至 2013 年 12 月 31 日，我国共评出绿色建筑 1446 项，总建筑面积近 1.63 亿平方米，仅 2013 年获评的建筑数量就比 2012 年增加了 81%，面积增加了 1.12 倍。到 2015 年末，20% 的城镇新建建筑将达到绿色建筑标准要求。

绿色建筑是可持续发展建筑、生态建筑、回归大自然的建筑。绿色建筑是指建筑对环境无害，能充分利用环境自然资源，并且在不破坏环境基本生态平衡条件下建造的一种建筑，又可称为可持续发展建筑、生态建筑、回归大自然建筑、节能环保建筑等。绿色建筑评价体系共有六类指标，由高到低划分为三星、二星和一星。

根据目前国标，与普通住宅相比，绿色住宅建筑必须满足的条件包括：住区绿地率不低于 30%，人均公共绿地面积不低于 1 平方米；节水率不低于 8%，景观用水不采用市政供水和自备地下水井供水；建筑造型要素简约，无大量装饰性构件；设置密闭的垃圾容器，并有严格的保洁清洗措施，生活垃圾袋装化存放等。

新型城镇化建设要明确绿色建筑占的比例，形成"硬指标"。要充分体现三个主题：一是减少对资源能源的耗用，减少对环境的影响和冲击；二是创造健康舒适的生活环境；三是建筑物要和周围的自然环境相融合。

注重发展龙头企业，形成企业集群。建筑产业应该加快转型升级，以科技为支撑，优化产品结构、优化组织结构，使绿色理念贯穿建筑产业的设计阶段、建材生产阶段、建造阶段、建筑物运营与使用阶段的整个生命周期，对建筑产业进行全产业链的绿化。在产业优化工程中，实施龙头企业带动，扶持和培育大型企业集团和产业集群，激发市场主体，推进装配式住宅的积极性和创造性。未来将以一些企业为龙头，形成构件生产、原材料供应、结构设计、施工建造、部品生产和住宅物业管理等企业参与的企业集群。

注重解决成本问题。发展绿色建筑产业最大的困难仍然是成本问题，根据有关部门统计，以相同的地段计算，采用绿色建筑的项目售价较周边普通项目价格要高 20%~30%。目前普通建筑的建筑成本约在 3000 元 / 平方米，要达到住建部绿色建筑标准三星级的要求，建筑成本每平方米大约增加 350 元以上，如果要达到更高标准，建筑成本还将进一步提升。

绿色建筑与经济效益并无必然矛盾。根据调研，一般绿色建筑 5 至 10 年就能收回成本增量，如果加上国家补贴，回收周期更短。

有关数据表明，绿色建筑采用产业化施工，建筑节能达 80% 以上，节省材料损耗达 70% 以上，并且建筑的平均使用寿命可延长 43% ~ 100%。据香港房屋署在 15 年内对 473 栋产业化住宅数据统计，采用产业化施工可降低建筑的后续维护费用 95% 左右。鉴于上述原因，政府应给予建筑产业化一定的优惠政策。

注重建立先进的集成技术体系。建立符合我国国情的绿色建筑技术体系。我国新型城镇化建设存在较大的区域差距与城乡差距，要想缩短这种差距，建立符合我国国情的绿色建筑技术体系显得十分重要。我国绿色建筑技术已经可与发达国家比肩，但是在绿色建筑技术的集成方面还有待提高。要想改善建筑的性能需要做好系统的、集成的技术，将单项技术之和的效力发挥到最大。

我们应该寻求既是绿色的、又能够快速生产的一种方式来大批量地建设我国的绿色建筑。从国内外的发展经验来看，装配式住宅是有效的解决途径。装配式住宅有着巨大的节能减排作用，可大大提高施工效率，缩短施工周期，提升住宅品质和效能，并体现绿色建筑"四节一环保"的特点。

以万科为例，万科是在借鉴日本的管理经验和先进技术的基础上，结合中国国情设计出具有万科特色的住宅产业化体系；还有的企业参照北美的技术建立了符合国情的绿色建筑产业化技术体系。

注重纳入自然元素。新型城镇化的建筑，要将自然元素纳入绿色建筑设计范畴，要充分考虑利用太阳光、自然风等进行采光、照明、通风，实现降低能耗的作用，这种做法在体育馆、博物馆等公共建筑设施上使用得较多，在商业、居住建筑领域有推广的空间。新型城镇化建设，要鼓励使用节能新技术、新产品。要加大推广 LED 灯、保温隔热材料、双玻中空密闭窗户、太阳能热水器等技术。

注重"寿命周期"，减少碳排放量。新型城镇化建设的绿色建筑要"长寿"。我国建筑"寿命"不长是当前建筑行业的一个突出问题。我国二十世纪八九十年代的多数建筑物寿命仅为 25 年—30 年，而在发达国家，如英、法、美建筑的使用寿命分别能达到 125 年、85 年、80 年。我国每建成 1 平方米的房屋，约释放 0.8 吨碳，建筑寿命短不仅造成了浪费，而且直接加大了建筑业的碳排放量。

加强绿色建筑产业人才培养。加强绿色建筑产业人才培养，提升绿色建筑人才的职业素质，实行绿色建筑专业技术人员持证上岗制度。绿色建筑产业化的发展，对建筑工人的要求较高。与外国相比，我国的建筑工人基本是"丢掉锄头拿起钻刀"的农民工，在技能上需要大幅提升。以上螺丝为例，德国的建筑工人在上完十字形的螺丝后，能呈现出一条水平线形态的整齐外观，而我国的建筑工人不仅需要技能培训，还需要严谨的工作态度。因为只有好的技术才能形成产业技术体系，而好的技术需要靠好的建筑工人来操作。

（孙太利）

原载人民网、中国政协新闻网 2014 年 6 月 11 日

原载《中国经济社会论坛》2014 年第 5 期总第 55 期

报 道 117

小城镇建设应防止"空心化"

我国城镇化率已达到 52.6%，而发达国家城镇化率很多都超过了 80%。毋庸置疑，我国未来发展的最大潜力在于城镇化。如何积极引导城镇化健康发展，培育今后一段时期的主要增长点？政协委员们对此展开热议。

目前，在全国小城镇建设中出现了一些"空心化"的误区，有些地方在利益的驱动下，一味追求城镇化的高速度和规模扩张，一哄而起，有速度无质量。有的房子盖起来了，但是农民不搬家，土地置换不了，造成土地不能复耕，不仅没有集约土地，反而浪费了土地。

孙太利委员认为，面临 6.9 亿人口的城镇化，小城镇建设必须筹谋在前，规划先行，"先布棋局后落子"。规划要吸收国内外成功理念，全面提升规划设计水平和质量。发挥规划对城镇化建设的引导调控作用。在编制和完善规划时要充分考虑地理、人文、历史、文化等因素，做到科学规划、适度超前。

（徐飞鹏）

原载央视网、《北京日报》2013 年 3 月 6 日

和谐劳动关系先要善待员工

和谐的劳动关系是构建和谐社会的基础。没有和谐稳定的劳动关系，企业的发展、社会的稳定就难以实现。

全国政协委员孙太利根据多年企业工作经验提出，有效解决劳动争议纠

纷，对构建和谐社会、保障企业健康发展、实现劳动双方互利共赢十分重要。

　　孙太利认为，目前我国虽已建立劳动用工制度，但企业双方劳动关系仍处于相对不稳定不和谐的状态，导致争议纠纷不断增多，有的还发展成群体性事件。由于劳动争议处理渠道不畅，或地方政府重视程度不够，处理不及时，使劳动争议逐步向劳政矛盾转化。"劳动分配不合理、工资收入低、用工制度不规范是主因。另外，有些企业工作环境恶劣，缺少配备必要劳动保护设施。"孙太利说。对此，他建议积极推动企业社会责任体系建设，要提倡企业善待员工，履行社会责任，关注员工发展和心理健康；切实加强劳动合同管理，加大对违规企业资金流转的监督力度。要加快《企业工资支付条例》的立法，加强有关劳动法规的具体准则、步骤和标准等方面的立法，以法律形式确保职工工资按时发放、稳步增长。要充分发挥工会组织的监督和调解职能，做好劳动争议纠纷的预防和化解工作。对劳动纠纷发生较多的企业，政府有关部门要加大监督检查力度，给予建档和重点监控。对恶意欠薪、严重损害劳动者权益的企业要给予曝光，对积极承担社会责任的企业给予表彰。

（张　原）

原载人民政协网 2013 年 4 月 3 日

报　道　118

如何让保障性住房建设有保障

　　保障性住房是一项民生工程、德政工程。为了把保障性住房建设成"标准不高水平高、造价不高质量好、面积不大功能全、用地不多环境美"的示范工程，进一步完善保障性住房的保障机制，刻不容缓。

　　全国政协委员孙太利：加快地方性保障性住房立法，使保障性住房有统一的法规可依，使骗租、骗购保障房行为从"违规"上升为"违法"。建立保障性住房信息共享机制、健全监督管理体制。对住房保障对象、保障标准、保障资金来源、补贴额度、保障期限、收入状况、档案审核、合同签订等实施严格审核和监管，健全保障性住房的公示制度。同时，应对保障性住房投资者提供政策优惠，鼓励投资者积极参与保障性住房建设。

（张　原　刘喜梅　李树果）

原载央视网、人民网 2012 年 4 月 3 日

第九章

生态文明建设

　　万物各得其和以生，各得其养以成。生态文明建设关系人民福祉，关系千秋万代。孙太利委员对于生态文明问题的调研始于 2011 年，十几年来关注从未间断。从号召转变经济发展方式到推进海洋经济与生态环境协调发展，从呼吁依法保护地下水水质到建议黄渤海潮间带滩涂停止开发。从海洋到陆地，从空气到双碳，一条条建议是他想要对国家保护环境和发展生态经济的科学决策贡献的力量。绿色生态已成为他围绕国家大局、坚持不懈建言献策的重要领域。

　　大美河山，万物皆灵。尊重自然、顺应自然、保护自然的理念深深印刻在孙太利委员心中，他在用行动护卫和践行着生态赤子之怀。

渤海近海水域环境状况恶劣

孙太利委员建议加快治理污水排海问题

本报讯 （记者 张原）"近年来，渤海近海水域环境状况恶劣，生物多样性锐减，无生命区、无渔获区逐年扩大，许多经济鱼类消失，养殖病害加剧，赤潮频繁发生。"全国政协委员孙太利提出，渤海是我国唯一的半封闭内海，渤海湾沿岸是典型的淤泥质缓坡海岸，渤海湾又是渤海中的滞缓区，陆源排放的污染物极易造成滩涂和近岸海域的严重污染，如不加快治理将严重制约渤海海洋经济的可持续发展。

为推动渤海海洋经济与生态环境协调发展，孙太利委员提出：结合"十二五"规划，由中央政府组织天津市、山东省、河北省、辽宁省共同编制加快发展渤海海洋经济的规划方案；中央政府投入专项资金，支持渤海海洋的治理；组织四省市建立环渤海海洋经济合作机制，加强对发展渤海海洋的指导监督和协调；进一步完善海洋法律体系和海洋管理的体制及方法，建立健全相应的海洋法律法规；加大治污力度，科学实施污水排海工程。

孙太利委员提出，要优化渤海海洋经济的产业结构，大力发展海洋高新技术产业，建立专门的渤海海洋科学研究机构，为加快发展渤海海洋经济服务。

2011年3月，《人民政协报》刊登了孙太利委员《渤海近海水域环境状况恶劣 孙太利委员建议加快治理污水排海问题》的报道。

2013年3月，孙太利委员接受中国网采访，呼吁深化污染治理与生态保护法治化改革，共同建设美丽中国。

报道 119

黄渤海潮间带滩涂停止开发

"作为滨海湿地最为重要的类型，潮间带滩涂对于人类乃至整个地球都有着不可估量的价值。"全国政协委员孙太利说，近20年来，黄渤海乃至全国海岸城市进行的不合理的、超大规模的填海造地、建造海堤、围海养殖等活动，致使大量珍贵的潮间带泥质滩涂消失，"建议将黄渤海已经规划为可进行围填海、尚未填埋的间带滩涂列为禁止开发区。"

潮间带滩涂是数百种滩涂生物及鱼类重要的产卵及育苗场所，是超过世界上25%的野生水鸟的重要栖息地。特别是我国黄渤海的泥质滩涂湿地，对于东北亚的候鸟迁徙而言，就如同高速公路上的加油站及休息区。它对于人类社会和经济发展也起着消纳沿海滩涂污染、抵御台风等极端天气的重要作用。然而由于超大规模的填海造地、建造海堤、围海养殖，早在2000年，我国这一资源就已损失过半，如今，超过80%已遭围填。

"我国虽已建立为数不多的滨海湿地自然保护区，留住了少量潮间带泥质滩涂，但这些并没有对开垦湿地带来有效控制，各种生态灾难依然凸显。"孙太利说，一些政府部门只看到沙滩海岸具备旅游价值，没有意识到泥质滩涂的生态价值，因而整个泥质滩涂均未列入保护的范畴。潮间带滩涂的开垦所造成的生态损失（包括水源净化、氧气补给和土壤形成等自然过程）高达每年1800多亿元，占海产品生产总值的6%。黄渤海沿海湿地观察到的水鸟种的数量每年下降5%—9%。这个速度已导致至少33个候鸟种落入濒危、近危的生存状态。

我国潮间带滩涂生态状况正在急剧恶化，一些生态平衡已被打破，部分区域已不可恢复。为此，孙太利建议重新评估潮间带滩涂生物多样性和生态经济学价值。国家海洋局应修改《全国海洋功能区划（2011—2020）》，将已经规划为可进行围填海或尚未填埋的潮间带滩涂列为禁止开发区。各省市的海洋功能区划也应尽快按照修改后的区划进行重新编制。国家林业局与国家海洋局应联合制定全国的《海洋生态红线》，修改《渤海海洋生态红线》，将残存的潮间带滩涂列为禁止开发区。暂停批准潮间带滩涂的填海项目，加强填海项目调查，一旦发现违法，及时处罚，恢复滩涂。

（孙肖萌）

原载央视网 2015 年 3 月 12 日

报　道 120

美丽中国起步走

去年 11 月，中国的执政党中国共产党在其全国代表大会上提出，要把生态文明建设融入经济建设、政治建设、文化建设和社会建设各方面和全过程，努力建设美丽中国，实现中华民族永续发展。一时间，"美丽中国"在中国迅速蹿红，成为新闻媒体最青睐的话题和人们茶余饭后最流行的谈资。却不料，天公不作美，紧随而来的大范围、长时间、频繁光顾中国中东部地区的雾霾天气，似乎在提醒人们，美丽中国离我们还有相当大的距离。

治理污染、保护环境、建设生态文明、实现美丽中国梦想，毫无悬念地成为今年 3 月 3 日召开、历时 9 天的全国政协十二届一次会议期间政协委员们议论最多的话题之一。

孙太利委员认为，政府应尽快出台专门保护地下水水质的法规，重点加强对规划和建设部门及其主要负责人的监督，加大对违法乱纪的处罚力度。通过深化改革，实现社会治理的法治化。同时，政府应加大在水质监测方面的投入，提高设施和技术水平，定期公布水质监测数据。加强信息公开和社会监督，推动污染源信息的全面公开，建立畅通的民意渠道，将污染源状况置于公众监督之下。对破坏水源的企业及个人要依法严肃处理，以保证全民用水的安全。他还呼吁，结合中国国情，迅速修改或出台新的空气治理法案。

（策划／采写：外文局环境与气候报道组　张　放　于林涛　李国文　张学英　李　媛　姚　贝　李五洲　王　烁　殷　星　董　彦）

以上内容摘自人民网多语种网站、中国网、海外网《两会特稿：美丽中国起步走》2013 年 3 月 6 日

报 道 121

推动渤海海洋经济与生态环境协调发展

本人今年的提案涉及面较广，数量较多，共 9 件。在此着重介绍《关于推动渤海海洋经济与生态环境协调发展》的提案。

渤海是我国唯一的半封闭内海。千百年来，渤海以它富饶的资源养育了周边人民；渤海的滩涂、海域是多种名贵经济鱼、虾、贝的洄游和栖息场所，有"天然鱼仓"的美称；渤海也是贸易和能源运输的重要通道。但近年来，陆源污染排海骤增、捕捞过度、乱采滥伐、围海造地势头强劲，尤其是环渤海经济带内石化、钢铁、造纸等工业排污所造成的污染，使渤海的生态环境十分脆弱。近海水域环境状况恶劣，生物多样性锐减，无生命区、无渔获区逐年扩大，许多经济鱼类消失，养殖病害加剧，赤潮频繁发生。

同时，渤海湾沿岸是典型的淤泥质缓坡海岸，在波浪潮流作用下污染物沿岸输移趋势明显，而且渤海湾又是渤海中的滞缓区，水体交换能力更弱，陆源排放的污染物，难以交换到渤海中部或外海，从而造成滩涂和近岸海域的严重污染。

治理迫在眉睫，如不切实遏制和减少向渤海排放的污染总量，将严重制

约渤海海洋经济的可持续发展。21世纪是海洋的世纪，渤海也必将成为环渤海经济圈的长期可持续发展依赖的资源中心。国家在不同时期对治理和预防渤海环境污染进行了大量的研究和规划，如2001年实施的"渤海碧海行动"和2008年发布的《渤海环境保护总体规划》；与此相对应，在经济发展战略布局中，国家陆续批准了天津滨海新区发展规划、辽宁沿海经济带发展规划、山东半岛蓝色经济区发展规划，构成了"十一五"和"十二五"期间国家经济发展战略的组成部分。目前，河北省也开始着手编制河北沿海地区发展规划，并准备纳入国家发展战略，而三省一市的地区发展战略的内容，从战略布局到产业项目的选择以及国家鼓励政策，都有很多相似的内容表述。从历史的经验和现实的状况不难发现，2001年开始的"渤海碧海行动计划"，往往是规划很好，实施效果与规划目标差距较大。渤海周边区域经济发展水平与渤海生态环境的现状和发展趋势形成了反差。本着落实科学发展和可持续发展的要求，围绕实现建设资源节约型、环境友好型社会的目标，推动渤海海洋经济与生态环境协调发展。为此，我们提出如下建议：

一、结合国家"十二五"规划，由中央政府组织天津市、辽宁省、河北省、山东省政府和国家有关部委，对已经编制的渤海沿海经济发展规划方案进行重新审视和统筹安排，避免产业布局和相关项目的重复。建议中央政府"十二五"期间加大投入专项资金，专款专用，支持渤海海洋环境的治理。把切实落实《渤海环境保护总体规划》与环渤海各省市的经济发展规划有机结合，强化环保措施的落实，避免规划中提出的2012年中期目标的落空，促进渤海环境保护和区域经济的协调发展。

二、加强法治建设，建议制定《渤海环境保护条例》，用法律手段保障《渤海环境保护总体规划》的有效实施，建立中央垂直管理的执法监管机构，统一各地的环保措施和标准。

三、提高渤海沿海经济区内基础设施建设项目中用于环境保护工程的资金比例，切实保证项目环保措施的有效落实。

四、在环渤海地区率先推广生活垃圾无害化处理和循环再生利用新技术，建立垃圾处理补贴政策。

五、要优化渤海海洋经济的产业结构，大力发展海洋高新技术产业。在大力发展港口经济和海洋化工的基础上，还应注重海水淡化技术和产业，并由之而派生的浓缩海水、卤水资源化技术和产业；注重发展与海洋相关的监测仪器及技术；注重科学进行海岸、海洋工程设计及施工产业；注重开发海洋信息产业等。

六、建议中央政府拨专项资金，在天津滨海新区建立专门的渤海海洋科学研究机构，研发包括海洋环境保护与污染防治、海洋生物药物资源开发利用、海水淡化、海洋化工、海洋和海岸带综合管理等学科，培养海洋专业人员，为加快发展渤海海洋经济服务。

（孙太利）

原载《中华英才》2011 年 4 月 1 日第 7 期总 499 期

报　道　122

转变经济发展方式　促进两型社会快速发展

今年是"十二五"规划的开局之年。"十二五"是我国全面建设小康社会的关键时期，是深化改革开放、加快转变经济发展方式的攻坚时期。对于交通运输业发展来说，"十二五"也是一个重要的战略机遇期。

"十二五"规划提出，今后五年经济社会发展的主要目标之一是资源节约和环境保护成效显著。包括非石化能源占一次能源消费比重达到 11.4%；单位国内生产总值能源消耗降低 16%，二氧化碳排放降低 17%；主要污染物排放总量减少 8% 至 10% 等。

要实现这一目标，必须向低碳经济、生态经济、循环经济、绿色经济、海洋经济的低能耗、低污染等方式进行转变；在产品制造方面，由中国制造向中国创造去转变。

改革开放 30 多年来，我国大部分中小企业的经济发展，一直走的是高能耗、高污染、低效益的发展道路。说白了就是原来那几条路越走越窄了，问题越来越多了，遇到了瓶颈。主要表现在五个方面：一是我们现在的经济发展，使得能源资源难以支持；二是环境生态难以承受；三是国家安全难以保障；四是国家的竞争力难以提升；五是劳动关系难以和谐。

我们国家资源并不丰富，人均矿物质是世界平均水平的 1/2，水是 1/3，草地、耕地是 1/4，森林是 1/6，石油是 1/16。但是，我们现在消耗的钢、铜、水泥占世界的 1/3，甚至 2/3，这是不可持续的。

在环境生态方面，我国现在的七大水系、四大湖泊基本上都污染了，可以用一句话来讲，就是我们的生态环境局部好转，但是整体恶化。比方说，"垃圾围城、垃圾围路"方面，据调查，全国 655 个城市、2000 多个县城、20000 多个中心城镇以及农村垃圾年总量将超过 3.5 亿吨，全国垃圾累计总量近 80 亿吨，占地 80 多万亩，每年还以 5%—6%的速度增长。我国的海洋发展也面临着人口、资源、环境等共同的挑战，遏制污染和破坏海洋环境的各种行径，已迫在眉睫。我国物流业存在的问题，表现在交通运输方面为空驶率高、重复运输、交错运输、无效运输等不合理运输现象较为普遍。

国家安全方面，现在中国的减排核心技术对外依赖度基本上是 70%，而且我国是富煤、少气、缺油的国家。我国石油的对外依存度超过了 50%，我国的主要矿产如铁矿等对外依存度达 50%以上。这就对中国的发展形成了很大的约束。很多资源不能自主，要靠别人的话，中国的安全就有问题了。

国家竞争力方面，不论一个国家、一个地区还是一个企业，其发展的差距说到底就是文化上的差距、观念上的差距、视野上的差距，而非物质上的差距。加快转变经济发展方式，一定要围绕着主题、主线、主攻方向。主题就是科学发展观，主线就是转变经济发展方式，主攻方向就是调整结构。转变经济发展方式要在品牌上、科学技术上、科学管理上、提升现代服务业比重上、节能降耗环保上，积极推进原始创新、集成创新和引进、消化、吸收再创新。只有不断地创新才能使企业健康持续地发展，才能提升国际竞争力。

发展和谐的劳动关系，是社会和谐的重要基础，是贯彻落实科学发展观的必然要求，是实现"十二五"规划的需要。

这五个"难以"就是我们的现状，造成了经济容易失调；社会容易失序；

心理容易失衡；效率和公平需要调整、重建。所以我们要破解发展的难题，转变发展方式。

"十二五"规划纲要中提出，要构建绿色交通运输体系。我们可以看到，交通运输建设和发展，面对日趋强化的资源环境约束，走低碳、绿色、可持续发展之路刻不容缓。落实"十二五"减排目标，任重道远，需要全社会的努力。

构建绿色交通体系，要大力发展循环经济，鼓励路面材料、施工废料、弃渣、废旧轮胎、港口和航道疏浚土等资源的再生和综合利用。特别是对生活垃圾围路的问题，高速公路服务区的垃圾处理问题等等，都事关构建绿色交通。今年两会后，国务院总理温家宝3月23日主持召开国务院常务会议，研究部署进一步加强城市生活垃圾处理工作。会议指出，"通过努力，到2015年，全国城市生活垃圾无害化处理率达到80%以上，50%的城市社区初步实现餐厨垃圾分类收运处理"。国务院4月19日又转发了16个部委《关于进一步加强城市生活垃圾处理工作的意见》文件。

"十二五"期间，我国高速公路将达到10.8万公里，会有近5000个服务区，就会有近5000个垃圾点。通过建立收集体系，利用科技手段，将生活垃圾中分离出的废塑料用于生产生物质复合工程材料；餐厨垃圾制成生物有机肥料；渣土制砖；剩余物制成RDF燃烧棒。这样就能有力地推动绿色交通的发展。

我国发展一是要走绿色发展的道路；二是要建立绿色国家经济体系；三是要构建绿色的消费模式；四是要构建符合绿色发展要求的政府宏观调控体系；五是强化节能减排目标监督考核机制，做到目标层层落实，人人参与环境保护。

今年"六·五"世界环境日的中国主题是"共建生态文明，共享绿色未来"。因此我们只有深化改革开放、加快转变经济发展方式，才能为推进安全、畅通、便捷、绿色的交通运输体系作出更大贡献！

（该文据全国政协委员孙太利在交通运输部环境保护中心成立15周年组织召开的"2011交通环境保护高级研讨会"上的讲话编辑而成）

原载《中国海事》2011年第8期总第73期

第十章

记者眼中的孙太利委员

　　履职十五年，孙太利委员早已将为百姓发声融入自己的生活之中。至纯至粹情怀不减，笃定笃行恒心不改。政协委员不但是他的职责，更是他对于理想生活的憧憬与向往。关于孙太利委员的一篇篇报道，是记者以纸笔为媒，绘就的使命与担当。

　　客观报道记录真相，委员身份亦带去更多新希望，唯愿这意象山高水长。

2010 年 3 月，
孙太利委员接受中
央电视台记者采访。

2011 年 3 月，
孙太利委员做客天
津人民广播电台北
京演播室，接受媒
体采访。

2014 年 3 月，
孙太利委员接受多
家媒体关于国企改
革、大气污染治理、
发展混合所有制经
济等问题的采访。

2019 年 3 月，孙太利委员在全国两会期间接受中央电视台、人民网等多家媒体采访。

2020 年 5 月，孙太利委员接受《人民政协报》邀请担任特约记者记录两会实况。

报　道　123

事业巅峰辞职创业，面对千万资金缺口，他如何选择没人接手的"难啃项目"

他，曾在事业巅峰期，辞去区物资局副局长职务，下海创业；

他，单枪匹马来到陌生区域，开始了危陋平房改造工程；

他，依靠创新，让没有开发商愿意接手的"难啃项目"变身"样板工程"，

他，还在九年里，通过7件提案的不懈呼吁努力，让人造板及其制品的甲醛释放限值的国家标准，实现与国际对标。

回顾二十多年来的奋斗历程，他有着哪些心得与感悟？要对青年企业家说些什么？

天津新闻广播与民建天津市委会联合推出《观点访问》对话民建企业家栏目

《观点访问》对话民建企业家，本期专访第十一届、十二届、十三届全国政协委员，民建中央原委员、民建天津市委会原副主委、中国个体劳动者协会副会长、天津市老区建设促进会副会长、天津市庆达投资集团董事长孙太利。

一、纵横商海二十余载，他这样总结企业家应具备的精神

主持人：大家好，欢迎收听《观点访问》——对话民建企业家。本专栏

由天津新闻广播与民建天津市委会联合推出，民建会为企业云账户提供支持。每周一早间 6:00 至 6:30，周日晚间 18:05 至 18:30、22:30 至 23:00，准时与您相约。我是主持人孙阳。

主持人：今天节目我们邀请到第十一届、十二届、十三届全国政协委员，民建原中央委员、民建天津市委会原副主委、中国个体劳动者协会副会长、

天津市老区建设促进会副会长、天津市庆达投资集团有限公司董事长孙太利。孙主委您好！

孙太利：主持人好，各位听众朋友，大家好！

主持人：以观点开启对话，用故事启迪心灵，以实干提振信心。孙主委，观点访问咱先说观点，结合您这几十年的奋斗打拼，首先请

孙太利作客天津新闻广播《观点访问》对话民建企业家栏目，接受主持人孙阳专访。

您分享一下，您认为什么是企业家精神？作为来自民建的企业家，您有着怎样的观点和感悟？

孙太利：好！所谓企业家精神是企业家要把握的发展方向。首先就是要有创新精神，第二是诚信，第三是要守法经营，第四要持续地学习。那么创新是推动企业进步和持续发展的永恒力量。只有创新才能推动企业发展，只有创新，企业才能持续进步。

企业家还要承担相适应的几项责任：一是经济建设的责任，也就是企业要创造利润，为社会创造价值。二就是政治建设的责任，也就是我们守法经营、规范经营，保证企业稳定安全生产就是最大的政治。三是社会的责任，作为一个企业家来讲，承担着社会各个方面的责任。再有就是文化的责任，企业文化和国家的文化要融合在一起，推动社会进步。另外就是生态文明的责任，生态文明是我们企业发展、绿色发展所需要的选择。再有就是承担着企业传承的责任，老一代的企业家要培养公司的员工，传承发展。再有就是

企业要讲诚信，所谓诚信就是做人要以德为本，立业要以诚当先，诚信是企业发展的基石。

最后一点是学习，作为企业家一定要认认真真地学习，如果你不学习，你就会迭代，你就会淘汰，所以学习是关键。

主持人：这是您的体会和感受。您在讲我也在做记录，我梳理了几个关键词，咱们是不是可以把企业家精神定义为"创新""责任""诚信""学习"。这8个字可以说既是您对于企业家精神的理解和感悟，其实也是您纵横商海几十年积淀下来的宝贵财富。

孙主委，我想今天在我们节目中，您肯定也特别愿意把自己这些宝贵财富和大家分享，尤其是很多青年朋友，因为我知道在我们收音机前会有很多的青年企业家也在关注着我们今天这期节目，今天咱们就跟青年企业家朋友一起交流。

孙太利：好的。

主持人：我们先来说说"创新"，因为您刚才一再提到"创新"，而且把"创新"放在了非常显著的位置来和大家做分享。那么，为什么您把"创新"放到这么重要的位置？曾经我听您说过这么一句话，您觉得企业的创新，无时不在、无处不在。

孙太利：是的。企业在发展的路径当中，你的创新小于市场的变化，就等于慢慢地死亡。因为什么呢？因为企业的发展是与时俱进的，一个时期有一个时期的经济发展的风口。过去是房地产时代，当下是新经济时代。那么新经济时代，我们要关注于企业的转型。传统的企业要转型升级，那往往这些企业对于创新有一个恐惧症。大家都知道，创新之后，其他人进行模仿，一模仿企业就产品过剩，一过剩产品就淘汰。那么现在新经济时代是共享、共创、共赢的一个时代，它是平台经济。平台经济做什么？就是智慧共创、资源共享、伙伴共赢、社会生态和谐共生。这样一来就能够推动整个的创新，就是大家一起创新，创新出来的成果资源大家共享，最后利益共享，所以这是一种新的模式，应该是非常好的。

青年企业家朋友们要把握新发展理念，推动新产业、新技术、新模式、新业态，加快发展新质生产力，为科技强国贡献力量。多多关注我们的人工智能、平台经济、绿色经济、大健康经济等，这都是风口上的经济。在发展当中一定要抓住新经济时代，把握风口。我们青年企业家做事情一定要先谋后动，不谋不动，动则必成，有这样的一种思维，做任何事情都要内化于心，外化于行，以心知促心行，以心行促心知，知行合一，方能行稳致远地发展我们的企业，来推动高质量高水平的发展。

主持人：可以说，企业家非常辛苦，因为您刚才说了，"创新无处不在，创新无时不在，而且时代的发展就要逼迫着我们不断去创新，否则你的产品可能就会被淘汰，就会被迭代下去"。而且在整个和您交流的过程当中，您说了一句话特别让我入耳入心，那就是"创新不能慢于市场，否则企业就会被淘汰，企业就意味着慢慢地消亡"。我想这些话在很多的青年朋友听来，他们也会引发更多的共鸣。

二、辞职下海，单枪匹马，他如何开展危陋平房改造项目

主持人：孙主委，说到 1999 年这个年份的时候，是不是在您心里是特别有触动的，因为那一年您做出了人生当中一个非常重大的决定。在世纪之交的时候，您做出什么决定了？

孙太利：做出一个选择。响应国家的号召，领导干部也可以下海，经商经营，如果经营不好，还可以回来再安置。当时决定要下海。

主持人：您说领导干部可以下海经商，当时是顺应时代的潮流，那当时您在哪儿工作？

孙太利：当时我在西青区的物资局工作，是副局长、副总经理。

主持人：那也是副处级领导干部了。当时您怎么就下这么大的决心呢？

孙太利：当时就是实业报国，党的号召，就是我的行动！当时的风口就是城镇化建设，那个时期，各个区域都在进行危陋平房改造。通过朋友介绍的这么一个机会，我去了静海县，新华里的一个项目，它是一个 6 万平方米的项目。

主持人：那是您的第一个项目，那时候还叫静海县是吧？

孙太利：对，当时叫静海县，现在是静海区。当时和县领导们一见面研究，他们说，"这里的危陋平房改造项目，之前有六七拨都没谈成，你能谈成吗？"

创业初期参与静海危陋平房改造建设新住宅楼

创业初期参与静海危陋平房改造建设新住宅楼

这里之前是县中心最好的位置，当时已经是一片危旧平房了，政府很头疼，很难改，改不动，所以也进行招商，那么我就把这个事给接过来了。

当时我就一个人。怎么办呢？认真地策划、认真地谋划。之后，首先是进行调研。深入调研，细致调研。做了几套方案。分别找了三位德高望重的当地居民，他们分别划成了片进行调研，同时设计了三张调研表：一张表就是同意不同意改造，同意改的有多少；第二张表，你的需求，房子面积是多大；第三张表，你要什么房，还是不要房子只要钱等。这就把底儿都兜上来了。大部分，**99%** 的居民都希望改，大家渴望改，就怕改不成，因为前面有那么多次都没改成。

三、从没人愿意接手的"难啃项目"，到当地危改"样板工程"，他做了什么

主持人：也不太相信您这事儿能干成。刚刚您提到，在您之前，大概有六七个单位跟咱们属地进行过这种接洽，但是都没有谈成。是不是因为占地面积大，或者说是乡亲们的诉求比较多元，而且投入也很大，相关工作开展得不顺利，所以都没成。

孙太利：它难度是很大的。第一个难度是拆迁难。第二个难度是当时资金难，缺资金。第三点，还没有规划。究竟这里规划做什么，建什么样的房子，都没有。

主持人：可以说这是一个难啃的项目，难啃的硬骨头。

孙太利：非常难啃！

主持人：可是您又单枪匹马，当时您下海的时候，还没有真正地组建起您自己的团队。您单枪匹马来拼这么一个难啃的项目，您一定是在这个过程中很有智慧地去创新性地开展相关的工作，包括您刚才说，为了满足大家多元的诉求，您请到了咱们这些父老乡亲当中特别有威望的、有代表性的人，帮着您来先摸摸底儿。

孙太利：是的。这样一来，我摸完底之后，我把这个项目就作为了一个平台。因为我就一个人，一个是资金上、管理上、工程上、技术上、设计上等，一切都得需要组建，那得需要时间的，需要力量的。

这样一来我就想了一个办法，缺什么借什么。也就是合作、共创、共享、共赢的一种思维模式。这样我就和房管局签了一个合作的协议，建房合作社，搞合作建房。这样我就解决了财务问题，财务由他（区房管局）来管。我收上来的钱，所有的钱都归他（区房管局）管，又解决了一个资金的安全问题，那么同时又解决了一个品牌问题。因为我是第一个搞合作建房的，人家不信任你，群众信任房管局。

同时我又和"十三冶"进行合作，让他们给我组建一个监理班子，这样又解决了监理的问题！我又聘请了退休的高级工程师作为设计规划的老总，这样一来基本上班子就搭成了，就运营起来了。用了一年零三个月的时间，从拆

创业初期参与静海危陋平房改造建设新住宅楼

迁到建设再到回迁销售，全部交工，速度非常快，一般不会低于一年半。

主持人：所以您前期的谋划很关键，我们谋划好了之后，再推动下面的这些工作，就会提高效率了。其实6万平方米的一个项目，需要投入也是很大的，资金如果不到位的话，这个项目立起来推起来，那是很难的事。您是怎么解决这个问题的？

孙太利：解决资金的问题是一个大问题，当时也是一个非常头疼的问题。跟建行、建委都进行了沟通。沟通之后，还是需要自筹资金。你建到一定程度，缺资金的时候，银行可以贷给你，银行也做了承诺。但是最后我也没从银行贷一分钱，就滚动发展起来了。

那么滚动发展就是说，如果一次性立项的话，得投入千万。这样我进入了一个新的模式。因为什么？老百姓毕竟还是有顾虑的，顾虑就是你建得起来建不起来，县里边领导也在想，你建得起来建不起来？我采取一个什么办法呢？首先拿出一个方案，就是图纸的方案、进度的方案、交工的方案、所有房型的方案，都亮出来之后，召开了一个座谈会。当时有规划局、建委、房管局等相关部门，还有一些居民，一共近百人。汇报完之后，都通过了，极个别人提出一些想法，后来也慢慢地化解了。那么资金的问题，就是选择了滚动发展，先做两个样板楼，用样板楼来让居民放心。居民一看样板楼非常好，争先恐后，所以说顺利地把这个项目做成了。县领导都非常高兴，这些年来都拿新华里作为样板楼。

主持人：这个项目最终成了当地危陋平房改造的样板工程。

四、作为民建企业家，他如何回馈社会

主持人：如今，您所创办的天津市庆达投资集团有限公司，以专业的工匠精神，经过20余年的发展，已形成集健康产业、生物医药、金融投资、教育连锁、孵化平台、产业园区等多业态为一体的综合性集团。回顾这些年的发展，您如何看待民建对于企业家群体的帮助与培养？您又如何力所能及地为民建服务呢？

孙太利：我有今天的发展，我离不开党的好政策，感恩党，感恩民建，因

为民建是一个致力于经济建设的那么一个组织，所以我通过加入了民建之后受益匪浅！特别是民建的主委们、领导们特别关心企业家们。这里有社会服务部，其中还成立了一个咨询委员会，我也是咨询委员会的委员，也是副主任，参加过多次帮助企业解决问题、化解矛盾的过程。那么企业家们也要致富思源，富而思进，认真思源、科学思进，也就是说赚了钱回报社会，回报国家。

我是受益者，我也做了很多的慈善，比方说贵州省毕节黔西县的小学。因为贵州是我们扶贫的一个对口地区，我在那里捐建了小学，也请了100多名当地老师来到天津，进行为期一周的培训。这里的吃住消行，全是我来承担的，民建负责组织，我们企业也全力配合，收到的效果非常好。这是落实民建中央东部十省市千人教师培训工程。这个系统工程，天津市是第一个做的。为什么我这么做？就是回报国家、回报社会，也回报民建。

2006年6月，贵州毕节庆达双坝希望小学举行落成典礼。

主持人：刚才您也提到了，咱们民建是以经济领域为主界别的参政党，在民建的历史上又有着著名的"听跟走"的口号，其实刚才在您讲的过程当中，包括前期采访您和您交流，您也都谈到了，不论是企业的发展还是参政议政，您都是在积极贯彻民建一直以来的政治纲领和优秀的传统，那么借这个机会，一方面我们可以做一下梳理，一方面也想请您和广大的青年企业家朋友再说些心里话。

孙太利：好。也就是说民建作为一个参政党，它是致力于经济建设的，

2006年6月，孙太利委员参加贵州省毕节地区庆达双坝小学落成典礼。

赴会员企业走访调研

那么政党它也是有传承的，创始人黄炎培，他是教育家，之后王光英等，这些先贤们都为经济建设、参政议政作出了贡献。那么，我们民建的企业家、青年企业家们，首先要感恩党、感恩民建组织，要做好自己的企业，把企业做好了，回报党、回报国家、回报社会。

所以说我们作为企业家来讲，一定要全面、完整、准确地贯彻践行新发展理念，构建新发展格局，推动高质量发展，提升我们企业自身的高附加值的价值，保障绿色发展。过去的一些高能耗、高污染等都一去不复返了，都淘汰了。那么我们当下的发展，就是紧紧围绕我们的高端化、智能化和服务全场景化，创造价值，要做大做强，一定是平台化的，整合资源。所以作为企业家，要把握时机，抓住时机，为经济社会多作贡献。

五、9年时间，7件提案，这项国家标准，终与国际对标

主持人：参政议政、履职尽责，这些都是深深地印刻在您的心坎上的。

孙太利：是的。我曾连续担任三届的全国政协委员，其间我提了200多件提案。

主持人：在您这200多件提案当中，一定有给您印象特别深刻的，也一定有非常有价值的内容。如果我们再次把时间调回到2018年，有一件事儿，您一下子就能想到那件事儿对您的触动以及对当时某一个行业领域的触动。

孙太利：是的。当时我提交了修改人造板甲醛释放限量标准的提案建议。因为当时我们国家的人造板，装修用得多，生产中使用了一种名为"脲醛胶"的黏合剂，质量低劣的"脲醛胶"含有致癌物，会挥发更多的甲醛。当时我们国家生产的人造板中甲醛释放限量的标准比较低，当时是每立方米1.5毫克。

作为一名全国政协委员来讲，我具有责任感、使命感，就针对这个问题，开展深入调研，然后连续提了6年提案，6年之后又提了一次，这样一共提了7次。在这期间，国家标准委、全国人造板标准化技术委员会约我座谈，约谈了两次，第一次我没去，因为我知道他们目的是不想改，最后一次他们又找我，他们要到我公司拜访，我说我也不是做人造板的，我跟这个利益没关系。我说，"咱直接去河北省文安县，进到企业生产里，咱直接到那儿去搞一次调研，好不好？"他们说，"同意"。这样我们组成一个团队，有我们政协委员，还有国家标准委的工作人员，还有人造板材及制品行业相关的几个单位，包括木材研究所等，十几个人。

去了当地之后，厂容厂貌非常好，可就是不生产。连着去了三家，都是停工状态。根本不生产，停工。我一看，不对，这些企业明显是做了准备的，整个弄得太好了。这样一来，我就问，有没有协会的会长，把协会的会长叫来，然后我把我们来的目的，跟他交流了一下。我说，"我们是正面的调研，通过调研促进企业转型升级，提升产品质量，然后把标准提升上去。等企业转型升级之后，质量上来了，价格也卖得高了。"他听明白了之后，立刻带我们到了两家开工的厂家，到了之后，整个团队一进去都睁不开眼，呛得直流眼泪。当时所有人都感到，这个甲醛的污染太厉害了！

这里调研结束之后，我们又马不停蹄地赶到北京，调研了一家无甲醛污染的人造板生产企业，对比之后，又到木材研究所座谈。在座谈的时候，全国人造板协会的秘书长就提出来了，他说："孙委员，我给您提一个问题，您是要标准，还是要企业？您要是要标准，这一类的企业就都黄（倒闭）了。"

当时我给他的回答是："既要标准，也要企业。"我说怎么解决？就是要有一个过渡期，可以三年的过渡期，也可以五年的过渡期，也可以一年的过渡期。也就是说，有条件的，让他现在改；没有条件的，咱创造条件，逐步地改。因为国家会出台政策，给予设备升级的财政补贴，我说我相信修改完之后，我们的附加值是会提高的，企业会得到相应的效益和回报，老百姓会住上没有甲醛的房屋！我说那是多么好的一件事儿。说完之后，现场所有人都一致同意了，他们表示要修改。

2018年的5月1日标准正式修改，当时国家标准委还邀请我参加新闻发

深入河北丰宁石人沟乡考察调研

布活动，但是我没去，只要修改就可以了，我也感到有一种获得感，为百姓做了一件实实在在的事情。

主持人：从 2018 年的 5 月 1 日开始，咱们国家就实施新修订的标准了，新的标准将甲醛释放限值从每立方米 1.5 毫克提高到 0.124 毫克，这一项标准也真正实现了和国际对标，有多少个家庭从中获益啊。听着您的故事，我感到特别地受触动。

孙主委，回顾这些年您的企业的发展，您和我们交流的时候也说，活到老学到老，个人还是需要不断成长，即便现在您还在大量地阅读，特别是对中华优秀传统文化，您也是深深地挚爱。您觉得这些是不是也是咱们企业成功的密码之一？

孙太利：是的。因为企业发展的密码，首先是企业的发展方向、企业的创新、企业的文化，这些是企业内部必须具备的，但是最重要的是离不开党的好政策。所以我们作为民建的企业家，要感党恩、听党话、跟党走，感恩民建组织，企业家有问题都会给予解决，有情况都会给予帮助。

主持人：节目最后，请您选择一首自己喜欢的歌曲，我们也通过我们的广播节目，把它送给您。

孙太利：好的，那就选择一首阎维文演唱的《说句心里话》。

主持人：也特别感谢您今天在我们的节目当中说了这么多的心里话。再一次感谢孙主委在百忙当中做客我们的节目，和我们分享对企业家精神的理解和感悟，也欢迎更多的民建企业家走进我们的节目。

我是主持人孙阳，代表节目监制朱旭、编辑孙颖，感谢大家的收听。每周一早间的 6 点，周日 18:05、22:30，我们都和您相约天津新闻广播《观点访问》节目。

原载天津新闻广播与民建天津市委会联合推出
《观点访问》对话民建企业家栏目

履职15年　提交提案建议超200件

　　今年是全国政协委员、天津市庆达投资集团有限公司董事长兼总经理孙太利履职的第15年，"不负百姓重托，忠诚履职尽责"，在这位连续三届建言资政的"老"委员身上体现得淋漓尽致。

　　何以见得？每年提交多个高质量提案建议，如今已累计突破200件，京津冀产业协同、乡村振兴、为中小微企业茁壮成长打造优质营商环境，住房保障、让中医药走向世界、"双减"下教育模式探索……宏观到全国经济社会发展，具体到百姓衣食住行，孙太利的"委员作业"桩桩件件围绕时代热点，聚焦群众关切。津城大街小巷、国内大城小镇，许多地方留下过他了解民情、收集民意、深入调研的足迹。

　　"身为全国政协委员，我的任务就是做好百姓与政府间的连心桥，用脚步丈量民情民意，在建言资政、凝聚共

2022年3月9日，《今晚报》第12版刊登孙太利委员履职故事。

识方面双向发力，这样才能不负祖国不负人民。"孙太利言辞间透着履职为民的坚定。

在今年全国两会召开前夕，和平区税务局工作人员走进天津市庆达投资集团有限公司，与孙太利深入交流。"我特别关注疫情防控常态化下中小微民企所面临的困难，我把从企业家处收集的问题向税务部门反馈，能让政府部门在减税降费、惠企政策的不断出台、更新、完善上有的放矢。企业享受更多税惠红利，也坚定大家渡过难关的信心。"他说。

建言资政，孙太利坚持"没调研就不提案，不了解就不发言"。"去年我参加了全国政协委员关于人居环境的八天调研，历经三个省多个市。在调研中我并不只关注人居环境，还对当地人文、教育等方面进行深入了解，倾听基层民意和呼声，将问题摸透，才能提出有理有据、切实可行的高质量提案。"

今年参加政协会议，孙太利做了充足准备，提交了涉及经济、民生等八个不同领域的提案。他说："我要为国履职、为民尽责，在新时代展现政协委员的新作为！"

（史　莺）

原载《今晚报》、津门网、北方网、东方财富网 2022 年 3 月 10 日

报 道 125

建真言　谋良策　出实招

作为全国政协第十一届、第十二届、第十三届委员会委员，今年是孙太利连续第 14 年参加全国政协会议。从初出茅庐的"新委员"，到参政议政经验丰富的"老委员"，他始终坚持建真言、谋良策、出实招。

"政协委员要履行政治协商、民主监督和参政议政职能，其中'建真言'是根本！"孙太利表示，在全国政协会议这个大舞台上，委员必须敢于说真话、

说实话，讲述基层的实际情况和具体需求。秉持这一原则，近年来，孙太利相继递交了"修订人造板及其制品中甲醛释放量国标""修复被石油污染的环境""草原生态保护"等提案。

"'谋良策'是政协委员履职的重要途径。"孙太利说，身为全国政协委员，参会不能只是举举手、鼓鼓掌，必须拿出真本事，为国家发展、宏观建设建言献策，"'谋良策'这三个字中，'良'字尤为重要，要出好主意，观点明确。好主意从哪里来？从日常的调查研究中来、从基层工作中来、从与群众的交流沟通中来。"孙太利结合自己的经历，把关注的重点放在助推实体经济、优化营商环境、新技术产业化等领域，提出了不少良策，被国家有关部委重点关注。

"'出实招'是落脚点。"每年赴京参加全国政协会议前，孙太利都会拿出大量时间，结合日常调研，对自己的提案、大会发言进行反复推敲和考量，检验其中的建议是否具有可操作性，能不能落在实处。

经过充分的调研和论证，今年孙太利递交了多件提案和大会发言。他把关注重点放在了农业农村发展、培育资本市场生态、数据转化应用和法治赋能市场主体发展等方面。"接下来，我将结合相关部委的反馈，对这些问题进行更深入的研究，不断充实完善，来年再出更多好点子，更加深入有效地履职。"孙太利说。

（刘　超）

原载北方网、《今晚报》2021 年 3 月 8 日

报　道　126

"为民'鼓与呼'，咱就得多听民意、聚民智"

进入全国两会时间，又到委员交"作业"的时候。您知道委员带来的提案是如何产生的吗？作为连续三届的全国政协委员，孙太利用行动给出答案。

2021 年 2 月，孙太利委员赴天津尚德药缘科技股份有限公司走访调研。

优化营商环境、扶持中小微企业高质量发展、让中医药走向世界、办人民满意的教育……翻阅孙太利准备提交的提案，汇聚了当下的社会热点问题，承载了人民群众的所思所盼，每一个"点子"既有新意，又具有可操作性。当被问及这些选题从何而来，孙太利说，他的提案都是来源于身边人、身边事。

熟悉孙太利的人，都说他是一个爱"刨根问底"的人。孙太利笑着回应说："这是当了全国政协委员后落下的'职业病'，为民'鼓与呼'，咱就得多听民意、聚民智，只有心中时刻绷紧履职尽责这根弦，才能不负国家的期望和人民的重托。"

为了让一纸提案成为百姓看得见、摸得着的实惠，作为企业家，孙太利不放过每一次和同行交流的机会，把问题捞上来、把病灶挖出来；作为民建市委会副主委，在一次次调研中收集社情民意，在不断学习中寻找解决问题的"金钥匙"，行走即观察、闲坐即思考、参与即建言，孙太利以永远在路上的恒心和韧劲，把精耕细作贯穿履职全过程。

伏案打磨和来自全国各地的政协委员共同交流探讨，在每一次提交提案前，孙太利都希望尽善尽美、有质有效。他说，履职是件非常神圣的事情，需要发出声音的时候，就必须发出强有力的声音。

（韩 雯）

原载《天津日报》2021 年 3 月 8 日

报 道 127

参政议政 他有股"艮劲儿"

2 月初，新冠肺炎疫情受到全社会高度关注，防控处于关键时期，全国政协委员、民建天津市委会副主委、天津市庆达投资集团有限公司董事长孙太利通过中华思源工程扶贫基金会天津民建专户捐款，定向用于天津和湖北的疫情防控。

义无反顾相助，彰显表率作用，多年来，在勤奋实干做大企业的同时，孙太利始终心系民生，致力于社会公益事业，他主动参与助孤济困，救助困境儿童、贫困母亲及各类慈善公益主题活动。

把每一件事做实、做细、做到底，这是孙太利在商海打拼积累出的经验，也是他做事的一贯态度。靠着这股"艮劲儿"，他不仅做大了企业，更在作为全国政协委员、积极参政议政的过程中，屡有扎实之举。

全国政协十三届三次会议召开在即，孙太利准备了与工业互联网有关的提案，他告诉记者："以工业互联网为主题的提案，我已是连续第二年递交，2019 年的提案强调要多措并举，加快推动工业互联网创新发展，今年的提案强调工业互联网发展要推动高效精准应用。"以时间顺序为轴，这份提案有明晰的逻辑顺序，孙太利说："防控新冠肺炎疫情，工业互联网新兴技术在支撑产业链协同、助力企业复工复产、稳定经济和民生保障等领域中，发挥重要作用。我国工业互联网发展态势良好，有力提升了产业融合创新水平，加快了制造业数字化转型的步伐，但现阶段发展仍存在短板。我的提案旨在提供建议，以期补齐这些短板，实现产业高质量发展。"

（刘　超）

原载人民网精选资讯官方账号——金台资讯 2020 年 5 月 20 日

报道 128

深耕履职沃土　唱响履职"好声音"

不把头衔当花环，只把责任扛肩上。作为连续三届的全国政协委员，每次参加全国两会他都是有备而来，做足了功课，立足社会热点问题，建言献策，为了将提案从纸上变为现实，他曾执拗地反复发声、为民代言，"不负重托、不辱使命"，言必行、诺必践，他的履职脚步坚定而有力。

"运用工业互联网赋能，破解中小企业疫情'困扰'""区块链技术可以为'精准扶贫'贡献一分力量""加大投入，向疫苗生产强国迈进"……今年全国两会上，全国政协委员、天津市庆达投资集团有限公司董事长孙太利带来的提案不仅有数量，更是紧紧围绕社会关切。"今年是全面建成小康社会和'十三五'规划收官之年，也是脱贫攻坚决战决胜之年，任务本来就艰巨繁重，而突如其来的疫情又增加了许多不确定因素。面对如此严峻复杂的形势，这就需要我们委员发挥各自优势，认真履职尽责，积极议政建言，把中国特色社会主义政治制度的优势充分发挥出来。"孙太利说。

面对战"疫"战"贫"的加试题，如何啃下手中的硬骨头，闯过眼前的激流险滩？孙太利一次次地查阅相关资料、倾听民声民意、通过"云调研"，让自己的提案、建议接地气，有可操作性，直至提交提案前，他还向身边的委员虚心取经，反复打磨，只为交出一份高质量的"委员作业"。

除了为民"鼓与呼"，身为民营企业家的孙太利时刻不忘饮水思源、回报社会，参与国企"混改"，安置下岗人员……

"我是改革开放的参与者，也是改革开放的受益者，是党的富民好政策，才使我有了今天的发展，吃水不忘挖井人，致富不忘党的恩，我所能做的就是尽己所能，为国分忧，为民解忧。"孙太利表示，一定深耕履职沃土，唱响履职"好声音"。

（韩　雯　刘　平　孟若冰）
原载北方网、《天津日报》2020 年 5 月 25 日

报　道　129

这"一纪"我的人生很精彩

作为全国政协第十一届、第十二届、第十三届委员会委员，今年是孙太利连续第 12 年参加全国两会。"古语中，12 年为'一纪'。这'一纪'，我的人生很精彩！"面对记者，孙太利娓娓而谈。

开发低碳生物质复合工程材料、应用生物技术修复石油污染土壤、草原生态保护与建设……翻开孙太利 12 年间在全国政协会议中递交的提案和大会发言，既有针对具体问题的微观建议，又有涵盖整个领域的宏观分析。

"作为全国政协委员，我觉得还是要结合自己的经验和专长，把'好钢用在刀刃上'。"孙太利说，"乘着改革开放的春风，我创办了自己的企业，在商海中摸爬滚打，深谙其中之道，这是我的优势，也是我的专长。"找准了方向，孙太利开始关注助推实体经济、优化营商环境、新技术产业化等领域，这些年通过调研，撰写了大量的提案建议和大会发言，受到了国家有关部门的重点关注。

　　记者发现，孙太利的提案建议观点明确、可操作性强，个别提案还颇为"辛辣"。"既然肩负了全国政协委员的责任，那么在履职的过程中就不能仅是'举举手''鼓鼓掌'，要拿出真本事，为服务决策、推动工作发挥作用。"孙太利说。

　　这股劲头让孙太利成果颇丰，也得到了相关部门的肯定。在全国政协的统筹下，《孙太利：政协委员履职风采》一书在他 60 岁那年出版发行。洋洋洒洒 30 万字，收录了他在委员任期内递交的 100 件大会提案和会议发言，涵盖了民营企业、文化产业、政治生态、民生疾苦等方方面面。

　　"今年我准备的提案和大会发言，重点关注了人工智能、小微企业救助保障、企业融资的金融监管等方面。"孙太利告诉记者，"我将对这三个方面问题进行更深入的研究，不断充实完善，来年再出更多好点子。"

（刘　超）

原载北方网、《今晚报》2019 年 3 月 4 日

报　道 130

一位爱"较真"的老委员

　　从 2008 年担任全国政协委员，他珍惜每一次履职的机会，为群众说话、为人民"代言"。他连续七次在全国政协会议上执着于就同一个问题提出提案，直至落地。今年，他又在为一件提案费尽心思，一股"较真"的劲头在会场内外无处不在。

　　"这是我第二次提交《关于修改民间借贷高利率司法解释的提案》。"见到孙太利时，他正在驻地酒店完善提案内容，"我在去年提案的基础上，又增加了这一年来走访调研收集上来的新信息。只有把提案写得有理有据，才能使人信服，才能被采纳。"

　　身为民营企业家，孙太利最了解对于白手起家的创业者来说，最怕的是

资金链断裂，而融资难、融资贵却难倒了不少企业家。"造成民营企业融资难、融资贵的原因是多方面的，既有企业内部原因，也有外部营商环境问题，其中就包括有关民间借贷的司法规定和解释。"孙太利说，由于银行放贷审批时间长，不少企业只能向民办机构贷款，然而民间借贷司法解释，明确"借贷双方约定的利率未超过年利率24%，

2019年3月，孙太利委员接受人民网、新华网、《天津日报》等媒体采访。

出借人请求借款人按照约定的利率支付利息的，人民法院应予支持。借贷双方约定的利率超过年利率36%，超过部分的利息约定无效"，这就出现了游走在法律边缘的借贷，一些民办机构将贷款利息提高到24%—36%，对于困境中的民营企业无疑是雪上加霜。

"在关键时刻，若是有人能拉一把，一些企业不仅能'起死回生'，也许还会成为一个地区经济发展的'顶梁柱'，因此，我建议对不适于新时代民营经济发展的有关法律法规应加以修改、完善。"孙太利说，全国政协委员这个身份既是一种荣誉，更是一种责任，要始终坚持以问题为导向，实事求是，敢说敢言敢作为，才能不辱使命，不负重托。

一件好提案，一份实担当。作为全国两会上的"老面孔"，孙太利依然充满激情。

（韩　雯　刘　平　许　凯）

原载《天津日报》2019年3月4日

报　道 131

委员职责高于一切

"孙太利，真是个称职的政协委员！"在天津市政协统战系统，了解情况的人都这么说。

七年前，记者采访全国政协委员孙太利时就是这条路，就是这片小楼房，依然是这间不太大的办公室，办公家具也没有更换过，唯一多的是书柜里各领域的书籍，分门别类摆放着参政议政成果，也包括近年来他在全国政协提交的提案及在各种会议调研中的发言素材。

听说记者要来，他一上午都在回忆这些年来在全国政协提交的各类提案。公司的同事，民建的专家、会员等，都曾给这位做事认真的全国政协委员提供过大量社情民意信息，这些都成了他的提案线索。他说："我的提案凝聚了大家的智慧。"

一、当一天政协委员尽一天责

从担任天津市西青区政协委员、天津市政协委员到成为全国政协委员，二十几年间，他都积极主动地参加政协的各项活动。不管是学习报告会、知情视察活动还是委员提案办理协商会等等，他"来者不拒"。孙太利说，当一天政协委员就要尽一天职责。

"每次参加政协活动，都能给我下一次参政议政以灵感和启发。"

"与全国那么多高水平的专家学者在一起，同堂议政，我必须加紧学习，努力'练兵'。"

起初，孙太利颇有高处不胜寒之感。真正感受到其中的快乐，是随后的几年。他提交的提案多次被全国政协和有关部门认可。他也多次在全国两会期间的提案办理协商会上发言，并应邀参加全国政协双周协商座谈会、专题协商会并发言。

他的书柜里有一个相对薄些的文件夹——"2014 年履职记录",上面记录着他今年参政议政的成果:

2013 年 11 月 13 日《人民日报》刊登"京津冀三地委员共话治污:50 亿能否治出一片蓝天"的专题报道中,孙太利提出"治污的成败,不完全取决于资金,而是取决于科技水平的高低。应该打破地区界限、行业界限、国家界限,力争把最好的科技成果应用到污染治理上"。在 2014 年 2 月的相关座谈会上,孙太利又提出大力治理雾霾的建议。

全国政协十二届二次会议期间举行"发挥市场决定性作用和更好发挥政府作用,积极化解产能过剩"的提案办理协商会。孙太利以提交的《关于用市场的力量,推动企业转型升级,有效化解产能过剩的提案》为基础,发言提出:解决产能过剩的根本途径,就是深化经济改革,把化解产能过剩与产业结构调整、大气污染治理、布局调整优化等紧密结合起来,在化解产能过剩中推动产业转型升级,在产业结构调整中化解产能过剩。各级政府要用永恒的责任加大市场监管力度,要建立产能过剩行业、企业的预警体系和监督机制。

5 月 19 日,孙太利"打造社会需要的升级版职业教育"的提案建议在媒体刊登,他提出,政府应提高职业教育地位,择优提升部分职业大学为本科,与普通大学同批次招录,保证与普通大学平等争取优质生源。

6 月 3 日,全国政协在京召开"深化产教融合、校企合作,加快现代职业教育体系建设"专题协商会。孙太利以"关于企业招工难、毕业生就业难,亟须打造适应社会和企业需要的升级版职业教育"为题发言。

6 月 9 日,全国政协在京召开"依法行政,推进法治政府建设"专题座谈会。孙太利以"关于强化完善政府行政监管部门问责机制的建议"为题发言,提出:长期以来,各级政府监管部门习惯用审批代替监管,问责无力。他建议各级政府要通过严肃、严密、严细的行政问责制度,促进政府的监管部门依法主动有效地履行市场监管职能,做到考核机制精细化,问责机制常态化,追究机制程序化,复出机制透明化。

搞好调研,提好建议,就得花大量时间精力,他哪来这么多时间参与政协活动，哪来这么大精力专心调研建议？用他自己的话说："要当政协委员，就要舍得付出。政协委员不仅是荣誉，更是一份沉甸甸的责任。"

据不完全统计，孙太利在十一届全国政协的五次会议上，共提交 39 件提案和 11 份大会发言。在十二届全国政协一次、二次会议上，共提交 32 件提案。建议内容涉及经济、政治、社会、文化、生态文明建设等多个领域。特别在今年的提案中，他的关注点囊括京津冀一体化发展、化解产能过剩、大气污染治理、中小企业与金融改革、发展混合所有制经济等重点难点问题。

二、接地气，提案才能"落地"

孙太利提提案的眼光准，效果好，他的许多提案由于选题准，或作为提案人在全国政协会议期间的提案协商办理会上发言，或刊登在全国政协《重要提案摘报》，或推荐在协商会上发言。其中，《关于大力发展生物质复合工程材料的提案》《关于防止小城镇建设"空心化"必须坚持可持续发展的意见和建议》《关于尽快出台空气治理方案有效改善城市雾霾现象》《关于用市场的力量，推动企业转型升级，有效化解产能过剩》《关于促进我国文化产业发展》《关于推动中小企业可持续发展的对策建议》《关于进一步完善"营改增"试点政策，切实为中小企业减负的意见和建议》等提案都是坚持了问题导向。

"提提案坚持问题导向是我的特点。我会经常召开民建专委会、企业家会议，或与有关专家学者、普通百姓讨论一些国计民生问题。把社会关注度高、与百姓生产生活相关的问题与我长期关注的问题结合起来确定选题，之后进行针对性调研。"他说，提案选题、内容、结构都要自己动脑筋。

"接地气"是他提案的另一个特点。"我不是专家学者，但我有接触面广的优势，而且，只要肯到'田间地头'，就能听到百姓的真话实话。"

"我体会到，撰写提案和建议必须做到'参政议政深度化，科学选题精准化，学习调研落地化，上报成果实用化。'提案建议一定要讲真话、道实情。不能反映虚假情况，不能提超越现实可能的建议，不能提反映已经出台政策的建议，不能提言之无物的建议。建议应具有针对性、现实性和可操作性。

提案要做到言之有据、言之有理、言之有策、言之有度。"

（张　原）

原载人民政协网、《人民政协报》2014 年 11 月 4 日第 6964 期

其他相关报道详见团结网《孙太利：履职为民　委员职责高于一切》

2014 年 12 月 23 日

报　道 132

把企业目标与国家需要结合起来

"1992 年年初，邓小平提出评判得失，应以是否有利于发展社会主义社会生产力、是否有利于增强社会主义国家综合国力、是否有利于提高人民的生活水平为标准，从而理清了发展思路，也拓宽了民营经济发展的现实空间，开辟了中国经济发展的新纪元。"

1 月 6 日，全国政协委员、天津市庆达投资集团有限公司董事长孙太利在天津总部接受了本报记者专访。他说，一大批民营企业家主动投身于这股经济大潮，把企业目标与国家需要结合起来，为中国创造出举世瞩目的成绩，做出了卓越的贡献。

孙太利就是这支大军中的一员。

1999 年，孙太利以机关公务员的身份下海经商。三年后，创办了庆达投资集团。现在，他一手创立的公司已发展成为集房地产、商业地产开发、国际贸易、物流、生物质新材料研发、生物医药、物业管理、绿色农业、连锁酒店等于一体的综合性投资集团。

一部分人已经富了起来，但共同富裕仍在途中。

孙太利提出，如果说企业创业初期，更多的是出于实现个人价值，那么，改革开放三十年多来，一大批成熟的民营企业家群体仍然不懈地开拓市场，提升企业运行效率，为社会创造更多的价值，则更多的是出于社会责任的驱动，

为实现先富带后富、最后实现共同富裕贡献智慧和力量。

一、思维升级引领企业转型

"小平南方谈话一发表，就像巨大的火种，点燃了无数企业家的创新、创业激情。"孙太利说，在他下海之初，当时全国上下的创业氛围异常火爆，民营企业更是遍地开花。实践证明，无论对于一个国家也好、一个地区、一个企业或者一个人也好，发展的差距，最终表现在视野、眼界、思维方式的差距。

对于企业家而言，其思维能力、视野境界，往往决定于其学习力。

"只有学习力强，才能增强工作力，进而增强创新力，在市场上才能表现出竞争力，才会对生产力最终产生推动力。不学习、不看市场，不了解政策变化，不分析国际、国内经济政策走势，这样的企业即使短期能获利，也长远不了。"孙太利说，做企业，就要像中央提出的那样，把企业自身的发展与国家的发展结合起来、把个人的富裕与全体人民的富裕结合起来、把遵循市场法则与发扬社会主义道德结合起来，这既是发展的动力，也是发展的底线。如果违背，逆着走，不久就会被淘汰。

每年参加完全国两会后，孙太利还会在公司举行学习全国两会精神解读会，他给全体员工解读政府工作报告的相关内容，提高公司员工的政策敏感度和解读能力，并结合参加全国两会亲身感受、会议精神，畅谈对企业发展目标的意义和责任。

商海充满意外和风险。孙太利认为，企业家的使命就是解决一个又一个问题，不断面对各种急滩险礁。成败都正常。"失败是强者的清醒剂，是弱者的温床，是智者的成功之母。"孙太利说。

二、无形产业创造无限空间

什么是企业最重要的资源？决定企业竞争力的因素是什么？民营企业转型升级的方向是什么？……在孙太利看来，这一系列命题的答案都有一个共同点：无形。

"厂房、设备不是企业的全部，企业的命运存在于所有员工的智慧之中，靠的是一流团队创造财富。仅靠财富不能决定企业竞争力，决定企业家把企业做强、做大的原因也不光是钱，而是内心的追求。"孙太利解释说，看得见的资源是有限的，石油再多也有采完的一天。看不见的资源则是无限大的。日本是地理空间那么小的国家，它凭的就是许多无形的东西，靠的是智能，靠的是高科技创新体系。

从有形产业跳向无形产业，这正是孙太利现在的工作重心之一。就在接受记者采访的前几天，孙太利刚接到一个批复件：庆达投资集团投资的一家科技公司，被纳入天津市滨海新区科技小巨人企业计划。

这个项目在三年前就已经启动，由天津市庆达投资集团有限公司与中国林科院木材工业研究所合作，在滨海新区成立了"天津滨海庆达生物质新材料研究院"。这个研究院利用废弃塑料和农林剩余物，开发出低碳不含甲醛的复合工程材料，它的原材料全部是废弃物资源化利用，填补了我国无甲醛复合工程材料的空白。产品产业化后，可广泛用于汽车、航空、船舶等领域。

孙太利说，国家制定的"十二五"规划提出转变经济发展方式，其中的关键点之一，就是要实现由原来比较粗放的增长转向依靠提高高科技贡献率，依靠原始创新产生的爆发力，推动中国的竞争力从依靠卖劳力向卖智力转变，由中国制造向中国创造去转变。这个过程迟早要实现，民营企业要想在未来的全球竞争中站稳脚跟，必须在这个趋势发生之际就要尽快布局。这样，才不至于在产业中途发力时，被落在后面。

三、大业未完仍需危中寻机

2011年已经过去，但许多民营企业家都过得胆战心惊。"经济转型对每个企业家都是考验。有些企业在十字路口走不动了，瓶颈是资金链问题。有人说，现在是融到资是找死，融不到资是等死。钱太贵了。"孙太利说，"这种状态，确实让人感觉一下子就蒙了。"但冷静分析，这个过程，优胜劣汰已不可避免。

"死掉一批，壮大一批，又产生一批新的。这是经济周期的正常调整，也是我们要建立市场经济所要面临的必然现象。"孙太利说，"实践说明，抗风险能力强、在逆境中不断壮大的企业，最突出的表现不是有多少钱，而是文化传统深厚、视野宽广。"这样的企业，平时就注重危机意识，危机是天天讲、年年讲，长期防范，等全球性危机来了，就剩"机"没有"危"了，正是整合资源的好时候。

透过眼前的危机，孙太利的目光更长远。"我国经济现在是大国而非强国，即使受到经济形势的影响，我们仍处在发展期，未到成熟期。城市化、工业化两个建设仍在过程中。这个过程，就是民营经济发展最大的商机。"孙太利说，工业化仍需下大力气，我们总说中国是世界工厂，实际上在高端制造业上，与国际一流水平仍有距离，许多关键设备、装备仍依赖于进口。

孙太利以城市垃圾处理为例。他说，城市生活垃圾围城的现象已经引起全民关注，但具体解决路径仍不清晰，障碍之一就是我们的装备制造跟不上。"这个问题在发达国家已经解决了，比如国外就有成熟的技术设备，能把餐厨、生活垃圾转化成生物柴油。"天津市庆达投资集团有限公司正在积极探索解决这个难题。

天津市庆达投资集团有限公司在天津滨海新区还成立了天津庆达生物工程研究院，研究成果已经拓展到生物肥料、生物农药和中药原料药。

"改革开放的路还要继续下去，中国经济发展还需若干代创业者、企业家的努力。"孙太利最后说，庆达人要发扬企业原始创业的艰苦奋斗精神，先富带后富，缩小贫富差距。我觉得人生的价值不能用钱来衡量，金钱只是过路客，只有文化财富、精神财富和情感的价值才是永恒的。

（杨朝英）

原载《人民政协报》2012 年 1 月 16 日

报道　133

一个有社会责任感的民营企业家

5 月的津城，柳绿桃红，生机盎然。不经意间，路边花坛的月季花已经盛开。我如约走进庆达集团，采访本文的主人公——孙太利。

孙太利，十一届全国政协委员、民建天津市委会副主委、天津市庆达投资集团有限公司董事长。这是一位典型的北方汉子，1.8 米的个头，慈眉善目，面色红润。当双手有力地握着笔者的手时，让你感到亲切、真挚。作为全国政协委员、民主党派成员和企业家，他始终把高度的社会责任感作为己任，带头做到爱国家、爱企业、爱员工，把企业的发展同国家的利益相结合，把员工的利益和企业的发展融为一体，表现出强烈的社会责任感。

由于他的突出贡献，2000 年荣获中共天津市委统战部、天津市工商联共同颁发的"双文明优秀企业"称号；2004 年被中共天津市委统战部、天津市工商联授予"优秀民营企业家"；2006 年、2009 年分别被评为天津市第一、二届非公有制经济人士优秀中国特色社会主义事业建设者；2010 年被民建评为"全国优秀会员"。2010 年被天津市委统战部、工商联评为"党建之友"。面对荣誉，他说，我只做了一些自己应该做的事情，我的成长离不开党和国家的培养，离不开大家对我的信任。

一、社会需要是企业发展的方向

孙太利创建的天津市庆达投资集团有限公司在市场经济中，历经艰难，逐渐发展壮大，现已发展成为集房地产开发、国际贸易、环保装备制造、生物质新材料、生物研发、仓储物流、物业管理、连锁酒店等于一体的综合性企业集团，取得了良好的社会效益和经济效益。

面对激烈的市场竞争，他十几年来带领庆达集团稳扎稳打，审时度势，求新求变，服务于民。

他在静海城区开发建设新华小区时，就提出了"高质低价"的经营理念，主动降低利润，让利于中低收入的老百姓。他开发的"庆达园"住宅小区，及时帮助解决了教育系统困难教职员工的住房问题。

近年来，在党和国家提出全面建设社会主义新农村号召的大背景下，他以积极服务的主动态势，参与了新农村建设，规划建设出高标准住宅小区和多条商业街、大型封闭市场等配套工程。这些工程大大改善了当地农民的居住水平，吸纳了近千人就业，现已成为天津市小城镇建设的示范工程。

2008 年，面对国际金融危机，集团在科学发展观指导下，实施高科技发展战略。先后与中国林科院木材工业研究所合作，在滨海新区成立了天津滨海庆达生物质新材料研究院，利用废弃塑料和农业秸秆，开发出低碳无甲醛复合工程材料，该项目填补了我国无甲醛复合材料的空白，达到了原料资源化、产品可塑化、使用环保化、成本经济化、回收再生化。同时，在高新技术园区成立了天津庆达生物工程研究院，其研发成果已扩展到生物肥料和生物农药。围绕"十二五"规划，集团与天津市百利阳光环保设备有限公司合作，生产环保系列产品，包括六大成套设备：城市生活垃圾综合处理成套设备；废塑料生物质复合工程材料成套设备；餐厨垃圾处理成套设备；生物堆肥成套设备；工业垃圾制砖成套设备；污泥处理成套设备以及破碎机系列产品。使垃圾变成了资源，废塑料变成了生物质复合板材，垃圾筛下物制作成有机肥料，建筑垃圾制成了砖。

停顿了一下，孙太利庄重地说：这些项目不仅是企业未来发展的方向，同时也符合国家绿色、节能、环保的产业发展方向，是利国利民的项目。作为一个企业家，能为国家分忧解难，做点有意义的事，就是在承担社会责任，在为百姓做实事。言语中表达了孙总的睿智、正直。

二、社会需要是提案的源泉

2008 年，孙太利担任第十一届全国政协委员。他说："当时我心情十分激动，深感肩负着党和广大民建会员的信任和嘱托。全国政协委员绝不是我们头上的一顶光环、一个荣誉，更是一份沉甸甸的责任，责任重大，只有尽心、尽力、尽责，才能不负人民的信任和重托。"他将参政议政、建言献策作为自己对社会的一份担当、一份职责。在担任全国政协委员的四年中，他紧紧围绕国计民生和社会难点热点问题，认真履职尽责，积极参政议政。

每次撰写提案的过程，对孙太利来说都是一个学习、调研、反复思考、反复论证的过程。他经常利用各种机会和渠道到基层体察民情，了解实情，努力掌握第一手材料，注意听取不同层面、不同方面的意见。孙太利说，对他来讲，提案有三个原则：国家关注、民生需要、自己熟悉有条件做。

孙太利关注食品安全问题已经很多年了。农作物的农药残留、重金属、激素问题屡见报端，作为全国政协委员，他忧心忡忡：长此下去，不是要把中国人吃坏了吗？让老百姓吃上安全、放心的食品，自己要做点什么。俗话讲"庄稼一枝花，全靠肥当家"。他发现，农民大量使用化肥，不仅农作物会有残留，而且会使土地板结。通过大量调研，集团利用垃圾筛下物制成复合生物化肥，不仅改善了土壤，还有利农作物生长。孙太利通过实验基地，为农民讲课传授知识，还免费让农民试用。通过使用生物肥料，原来种植芹菜的一个标准大棚产量增长了，生长期缩短了，而且质量有明显提高。种植的茄子也由原来的大小不一、死果多到个大、色泽光亮，几乎没有死果，对黄斑病控制效果显著。为此，2009 年，孙太利在全国政协大会提出了《大力发展生物肥料和生物农药的提案》。

2011 年的全国政协大会，孙太利以《关于加快转变经济发展方式，促进生活垃圾处理零排放和资源化的提案》和《关于加速发展我国环保装备制造业的提案》，再次引起政协大会关注。那是在 2010 年，孙太利与环保装备方面的专家，在北京、山东、河北省等地就城市生活垃圾状况进行了调研。调研中他发现，大多数垃圾场空气中弥漫着令人窒息的恶臭，成群结队的苍蝇四处飞舞，严重污染着地下水质，使土地失去了利用价值。据调查，全国 655 个城市、2000 多个县城、20000 多个中心城镇以及农村垃圾年总量将超过 3.5 亿吨，全国垃圾累计总量近 80 亿吨，占地 80 多万亩，每年还以 5%～6% 的速度增长，垃圾与人争地。为此，孙太利在今年政协会议上提出了《关于加快转变经济发展方式，促进生活垃圾处理零排放和资源化的提案》和《关于加速发展我国环保装备制造业的提案》。在提案中提出了"垃圾是'放错了地方的资源'，生活垃圾处理的'零排放'和'资源化'是一个系统工程"，提出了"应对生产环保装备企业给予减免税收、财政补贴以及信贷优惠政策"的建议。两会后，国务院温家宝总理 3 月 23 日主持召开国务院常务会议，研究部署进一步加强城市生活垃圾处理工作。会议指出"通过努力，到 2015 年，全国城市生活垃圾无害化处理率达到 80% 以上，50% 的城市社区初步实现餐厨垃圾分类收运处理"；"强化对垃圾处理技术和设备研发的支持"。这两件提案的主要观点和建议，与国务院关于加强城市生活垃圾资源化处理工作要求完全相合拍，多处被采纳，有力地推动了城市生活垃圾资源化处理的落实。

听着孙太利的介绍，看着他提案的内容，你不得不佩服他的提案是有备而来，既有微观的企业家自身的实践，呼吁政府支持的角度，又有宏观的全国政协委员支持助推国家政策的思考。

孙太利提案严肃认真，一丝不苟，个中艰辛，只有他本人清楚。几乎每件提案都要多方查阅资料，多次调研，反复修改。为了写好一件提案，有时甚至用了一年时间。

四年来，在全国政协会议上，孙太利共提交了 23 件提案和 10 份大会发言材料。有的提案被选入全国政协主编的《把握人民的意愿》文选集；有的被承办单位列为重点办理提案；有的被多家媒体转载报道。

总结几年来参政议政、撰写提案的体会，孙太利说，一是撰写提案要做到选题科学、思路开阔、资料翔实、建议可行。二是调查研究是提案的基础性工作，搞好调查研究一定要深入一线，全面跟踪。三是立足本职，发挥优势，把本职工作和提案工作结合起来，往往能起到事半功倍的效果。在提案角度的选择上，要大处着眼，小处入手，注重"新、深、实、准"。只有这样才能不断提高参政议政的质量。

三、社会需要是我的责任

孙太利的办公室挂着一幅条幅：处事德为本，立业诚为先。这正是他承担责任、信守承诺的真实写照。

2004 年 7 月，孙太利作为民建天津市委会选派的唯一代表，随全国人大原副委员长、民建中央原主席成思危到贵州毕节地区黔西县考察。炎炎盛夏，孙太利耳闻目睹着毕节地区经济社会的落后情况，心中感慨万千，一路沉默缄言。但当他看到贫困山区的娃娃们在四面透风的简陋教室里念书时，这个北方大汉的心一下子疼起来，看着娃娃们稚嫩的脸，泪水不禁在眼眶打转。他询问当地干部，盖一所希望小学需要多少钱？当听说需要 15 万元时，他斩钉截铁地说道：好，我代表民建天津市委会捐款 15 万元，给孩子们盖所像样的学校！一石激起千层浪。孙太利率先捐款，带动了同行的各省市民营企业家纷纷解囊，成思危频频点头，毕节地区领导热泪盈眶。

后来每当人们提起他在毕节的善举，孙太利总是谦虚地更正道："不是善举，是善缘，我跟那里的孩子们有缘啊"。2010年4月，民建中央张榕明副主席在天津视察工作时，表达了对西南旱情的关注，孙太利立即向贵州省毕节地区黔西县捐赠了10台喷灌设备和大型饮水机，共计25万元。黔西县新仁乡党委和人民政府在收到喷灌设备和大型饮水机后发来的感谢信中说："涓滴成海，大爱无疆，你们的无私援助，鼓舞了我乡人民抗旱救灾的斗志和勇气，更加坚定了我们战胜困难、打赢抗旱救灾攻坚战的信心和决心。"2011年孙太利又捐款20万元，帮助蓟县修建一所"出头岭龙泉寺中心小学"。是啊，孙太利自创业站稳脚跟后，就广结善缘，回报社会。孙太利对身边的同志，不管谁遇到困难，不管是干部，还是工人、农民工，他都乐于资助，与爱同行。据不完全统计，近几年，孙太利和他的庆达集团在扶贫、助残、救灾、支教等各项慈善公益事业中，为社会累计捐款600余万元。

与爱同行，获得了无数荣誉。面对鲜花和掌声，孙太利异常低调。他不愿宣传自己，不愿接受媒体采访，他总是强调，自己企业不大，贡献不多，赶上了党的好政策，改革开放的好时代，是中共天津市委统战部和民建市委会的全力扶持下才有今天。

我们祝福孙太利，企业得到更大发展；同时贡献社会，朝着自己的人生目标扎实前行。

（孟宪才）

原载《天津统一战线》2011年第4期（总第190期）

感　悟

　　十五年全国政协委员的经历，在人民政协七十余年发展的历史长河中不过是沧海一粟，但这是人生中弥足珍贵的一份记忆。新时代赋予了本人新的使命，唯有擎起这份沉甸甸的责任，方能不负初心，不负人民！在三届全国政协委员履职中，本人虽没有惊天动地的豪言壮举，也没有可歌可泣的动人事迹，但所遇之人、所感之事，无不成为增长智慧、增强定力、拓宽视野、提升境界的强大助力。那些藏在时光里的民生故事，慢慢浸润在生命的年轮里，这点点滴滴构成了本人不断前行与成长的光芒和力量。感恩人民政协让本人在履职尽责的平台上得以实现报国心愿，涵养人生格局。

　　最初与人民政协结下不解之缘是在 1993 年，刚过而立之年，本人经组织推荐担任天津市西青区政协常务委员，从此，心中的那盏灯火开始燃烧起来，继而发光发热。2003 年成为天津市政协委员，2008 年担任全国政协委员，到如今已走过三十个年头。而担任全国政协委员的这十五年，我国经历了百年未有之变局叠加世纪罕见疫情，回顾了改革开放四十年的光辉历程，隆重庆祝中国共产党成立一百周年，如期打赢了脱贫攻坚战，在中华大地全面建成了小康社会，胜利实现了第一个百年奋斗目标。在全面建设社会主义现代化国家新征程、向第二个百年奋斗目标进军的关键时刻，党的二十大胜利召开，为今后中国进一步发展指明了方向。在祖国历史进展的那么多重要时刻，本人参与着、努力着、奉献着，撰写的每一件提案都有着固定的时光坐标，它们共同串联起国家发展的脉络，记录并见证着祖国时代万象之变，身为中华儿女、身为人民政协大家族的一分子，本人生逢其时，躬逢其盛，与有荣焉，幸甚至哉！

习近平总书记提出："广大政协委员要坚持为国履职、为民尽责的情怀，把事业放在心上，把责任扛在肩上，认真履行委员职责。"本人何其幸运，得到组织的培养和教育，能够一直坚守着担当使命、履职尽责的初心。政协委员极其重要的职责是把握国之大势，做到知情明政，深入调研收集社情民意，双向发力议政建言。这十五年间，探索真实的调研过程犹如攀登峰顶，有艰难的跋涉与磨砺，亦有快乐和惊喜。在提交的二百余件提案建议中，98%以上立案率，许多被列入全国政协重点提案和重点督办提案。推动成果转化，切实助力解决社会难点、痛点问题等，便是这喜悦的根源。

回首自己在政协一路走来的历史记忆，感触最为深刻的是人民政协为人民，它是一所大学校，也是一个大舞台。它富有中国特色的民主形式，是一个体现中华民族优秀文化的政治制度。政协委员要珍惜、热爱、自觉服务于这个崇高的事业，要时刻聚焦党和国家中心任务履职尽责，以改革创新精神为原动力，努力践行"懂政协、会协商、善议政"的基本要求，把思想认识落实到行动上。本人有很多美好的时光都在政协履职过程中，政协已融入了本人甘苦乐忧的生活，也是本人多年精神追求的实践。回忆是思考，也是对自己上一堂再教育课，略谈几点感受，亦是希望能锁住本人与政协的深厚情谊。

一、守正取势，正心明道，进德优术

"取势、明道、优术"，源自中国古代哲学的商学智慧。作为企业家，深知这份经营智慧的战略意义。作为委员，本人亦深感这同样是履职之路的导航仪，而守正之姿、正心之态、进德之为则是这践行之魂。

正，即正气，代表正义之精神和至大至刚的人格力量。守正，守住良知，要胸怀浩然正气、行事果敢刚毅。每个委员身后都有一方水土、一方百姓，恪守正道才能守住责任与担当。"凡人谋利，智者谋势"，取势实为远见与预见，大局环境与形势、宏观战略方针、各级政策导向均为势。委员要端正政治态度，提高政治判断力。顺势而为，借势而上，履职成效方能事半功倍。

心乃人之主，道乃规律、原则、事物的本质。委员要守护初心，提高政治领悟力。把握履职与尽责的本质和规律，明确参政议政目标、方向和价值观。要砥砺心志，身正影直，始终坚守一颗公正无私之心，不论所处何等领域，都遵道而行，做到以国家发展为导向，以人民为中心。

德为立身之本。进德有如根，优术有如干，履职有如花果。根扎愈深，干越粗壮，自然花果繁茂。委员要基于德之价值，提高政治执行力。坚持日日有进，提升爱国爱民之公德、诚信敬业之道德、互尊互助之仁德，在解决实际问题时要合理把握适应的方法与策略。

本人坚信，无论在社会中扮演任何角色，以立足本我、超越自我、追求无我的精神，平凡之人也可以获得不平凡的人生，平凡的工作同样可以创造不平凡的成就。

二、政治为先，精进笃学，行而致远

政协委员是一个负有重要政治责任的特殊社会群体，担负着政治协商、民主监督、参政议政三大职能。首先，要旗帜鲜明地讲政治。牢固树立政治意识、大局意识、群众意识、履职责任意识，树立明确的学习导向、思维导向、践行导向，做到以人为本，履职为民。要把关系群众切身利益的实际问题作为履职重点，把人民群众对美好生活的向往作为履职方向，与党和国家同心、同向、同行。

百事之基在于学。重视学习是政协委员必须有的政治自觉。学习获取知识和智慧，厚积其储，以大效于世，担起肩上那时代赋予的重任。在担任全国政协委员初期，本人自身能力和水平都相对有限，内心一直思考的是如何才能不辜负"政协委员"的称号。因此，积极参与各类学习报告会、知情视察活动、其他委员提案办理协商会等，在学习中总结参政议政的灵感和启发。通过积累，随后提交的提案多次被全国政协和有关部门认可和采纳，并在全国两会期间召开的提案办理协商会上发言。多次应邀参加全国政协双周协商座谈会、专题协商会并发言等，切切实实感受到作为一名全国政协委员的价值和意义。

"勤学如春起之苗，不见其增日有所长。"持续学习是最高级的自律，是自我激发自我调动的重要方法。以自身经验而谈，委员学习形式并不限于阅读书籍、浏览新闻、参观、调研、考察，亦可以是归纳经验、总结教训，以深思笃行获真知、开眼界、提格局。本人总结的四条学习经验，希望对新晋委员的成长有所借鉴。

第一，学政策。要根据自身关注的议政建言方向，全面学习、掌握党和政府的相关政策规定、未来五年规划，以及现行政策存在的问题、短板等，强化预研预判力。找准关键问题，结合现实客观规律，提出具有法理和政策依据的切实措施，精准助推党和国家方针政策的贯彻落实。

第二，学法规。注重学习与提案相关的法律知识，通过撰写提案做到知法、懂法、普法，弘扬法治文化，提升法律素养。

第三，跨界学。跨越自己所属领域的边界，通过与其他领域专业人才分享资源、参与讨论、互动协作等，实现多元交叉，掌握更多专业知识，拓宽眼界、挖掘潜力、提升能力，成为跨界领域中的"内行"。

第四，学哲学。哲学是智慧之学，人类在社会活动中离不开两个问题，一个是能否解决，另一个是如何用低成本、高效能解决，哲学就是提供思路和方法的工具。参政议政中需要充分运用唯物辩证法，遵循"去粗取精，去伪存真，由此及彼，由表及里"的原理，透过现象捕捉本质，用立体思维克服简单化、主观化、片面化的局限性。

以上四点都是在参政议政实践中助力本人理性思考、合理谏言的重要帮手，也是多年来自我探索的成长之道。任何学习真正做到持续践行都并非易事，更需要以心知促心行，以心行促心知，做到学思用贯通、知信行统一。使命与责任之心，正是这细悟笃行、躬身实践的动力，助推委员行稳而致远。

三、坚定本真，不忘初心，可度关山

政协委员的初心和使命是心系人民和社会，围绕中心、服务大局，联系界别、为民发声，擎起政治责任与担当。本人是一名企业代表委员，来自基层，更代表基层，内心坚守着履职尽责的意义不仅是解决问题，更要让人们感受到政协离得很近，委员就在身边。参政议政十几年来，本人并未局限于发挥自身擅长的行业和领域优势，而是全面投身经济、政治、法治、文化、社会、

生态文明建设之中，拓宽知情知政的途径。从局部看整体，以宏观认识结合微观探析，致力于提出具有广泛代表性、全局性、公共性、全国性的问题和建议。

本人认为高质量履职应做到与时俱进，对党和政府的中心工作、重点工作、难点工作做到心里有数，围绕事关长远、涉及未来发展的重大问题，谋良策、建诤言。秉承理性和建设性发声，不为自身利益呼吁，全力为社会作出积极贡献，所提建议能为更多的群众谋幸福，践行创新履职、凝聚共识的政治追求。这些年参政议政主要聚焦社会热点和难点问题，多来源于周围的人和事，走进车间、工地、社区、学校和田间地头，倾听社会各阶层的呼声，是这些声音丰富了本人的履职经历，使提案建议更加真实、客观和全面。

十年前，中国渡过金融危机后，中央稳定经济增长，注重供给侧结构性改革，提出"三去一降一补"，去杠杆成为当时宏观调控的重点，企业去杠杆更是重中之重。在此背景下，"融资难融资贵"成为社会焦点问题。当时，许多企业都因融资问题出现生存困难甚至倒闭的情况，作为企业经营者，本人着实不忍看到这般景象，于是下定决心借助政协平台为众多中小微企业发展寻找一条金融突破门。通过多方面深层调研得知，银行向中小企业发放贷款从申请到批准需经过多道复杂程序，超长的审批周期严重制约企业顺利生产经营，中小企业从正规金融机构融资难度相当之大。此时民间高利借贷，成了这些艰难企业的唯一出路，但对中小微企业设置的超高刚性利率，远远覆盖企业平均利润率。同时，银行对中小企业断贷、抽贷等频频发生，造成诸多相关企业因高利贷而破产。2016 年至 2019 年间，本人将"建议修改民间高利率司法解释"作为议题，连续四年提交提案并做大会发言，每一年职能部委都通过不同途径进行回应，但利率调整依然难以落地，可坚持就有希望。2020 年 8 月 20 日，最高人民法院正式发布新修订的《最高人民法院关于审理民间借贷案件适用法律若干问题的规定》，明确了以一年期贷款市场报价利率（LPR）的 4 倍作为民间借贷利率司法保护上限。《规定》出台，使民间市场的利率与金融机构法定利率之间形成了有机联动，压缩了非法转贷、非法集资等行为的空间，让企业能够真正把资金用在发展上，为实体经济带来了实实在在的利好，为更多中小微企业创造了有利的营商环境。这是案例，是心血，更是成果和价值。

谈到中小微企业，在众多类型市场主体中，中小微企业是全社会财富的主要贡献者，是就业主力军，也是推动国民经济发展的主要力量，而在市场竞争中，中小微企业的抗风险能力无疑较弱。作为企业家委员，本人有责任为中小微企业发声，因此从担任全国政协委员起，时刻关注中小微企业发展问题。本着对事实负责的态度，从身边案例着手，深入代表性企业调研考察，了解企业最深处、最真实的困难，根据不同切口挖掘问题背后的原因，寻找合适的、科学的解决方案。十五年来，坚持每年递交关于中小微企业的提案，涵盖扶持小微企业发展、改善融资环境、数字化转型、助企纾困等等。媒体说这是本人的"小微情结"，希望这份情结能感染更多委员，同本人一起努力，助力中小微企业发展更广阔、更美好的明天。

四、立体调研，听真实话，交真诚心

"服民之心，必得其情。"调研是政协委员履职过程中非常重要的部分，做好专业调研、跨界调研、基层调研是撰写提案的基本功，没有调研就没有发言权、没有建议权。立体性做好调查研究要深入、全面和跟踪。深入即下到基层，体察民情，了解实情，努力掌握第一手材料；全面即要听取不同层面、不同方向的意见，做到兼听则明；跟踪则是调研要有连续性、长期性，直至问题解决。这样调研成果转化更具有针对性、代表性和说服力。

担任全国政协委员后，变化的不仅是身份，更是内心的使命感和责任感。那时，劣质板材泛滥，甲醛超标事件屡见不鲜，人造板装修甲醛污染问题给许多家庭带来诸多伤害和困扰。因关系到千家万户的生命安全，本人逐步对甲醛污染形成过程展开深入调研，希望以委员的身份建言资政，提出合理化建议，降低污染源对人身体的伤害。

最初，先通过网络调研了解到文安县是全国人造板生产集中之地，人造板生产是当地主要产业和经济支柱。2008 年 12 月，本人与林科院专家到该地实地调查，为真实掌握第一手资料和反映基层生产工人的工作环境，我们直接走进人造板生产车间，但扑面而来的刺眼、刺鼻的气味着实让人泪流不止、无法呼吸，亲身感受到含有甲醛的人造板家具，严重危害着人们的生命和健康。

据了解，当地多数企业都是使用尿醛胶等高甲醛释放胶粘剂制造人造板材，而这只是冰山一角。据有关部门统计，当年我国人造板产量近九千万立方米，九成以上是用含甲醛的化工原料为黏合剂制造。当时中国林科院 863 项目可以生产不含甲醛的人造板，有利于产业转型升级，但该项技术并未得到企业的接纳。在座谈中了解到，企业生产的产品符合国家标准，销售良好，没有费钱费力转型升级的理由。这再次引起我的深思，开始研究人造板国家标准，通过数据调研发现我国强制性标准水平远远低于国际标准水平，对甲醛释放量规定过于宽泛是形成当时问题的重要原因。作为企业经营者，本人更明白国标不修改，企业受利益驱动，很难自行改进，该问题便不会有根本性妥善解决的可能。要让污染从源头制止，必须从修改人造板及其制品甲醛释放限量标准开始，本人便将此作为重点选题。但这无疑是当时最孤独的声音，无论所属行业还是相关部门，对于标准的修改都不抱乐观态度，而本人始终认为只要能够代表百姓意愿，坚持做正确的事情，就一定可以成为现实。可执着之路很难走，这一提就是八年，八年里有困难也有成果。本人花费了大量时间和精力，找症结挖根源、出实招破难题，从多个角度提了七次提案。随着调研逐步深入，以及持续不断的座谈和追踪，想法逐步完善，建议也越发充分，直到最终被接受、被采纳。十一届三次会议提交的《关于大力开发生物质复合工程材料》提案，被列为政协会议首批重点协商办理提案，国家发改委、科技部、工业和信息化部、财政部、环保部等部委领导参加了提案办理协商会，引起社会各界广泛重视。在第十二届二次会议提交的《关于加快国家标准修订，促进人造板产业转型，保障人居环境安全的提案》，引起国家标准化委员会高度重视，作为标准委当年重点督办提案。十二届五次会议提交的《关于"十三五"期间加快修订人造板甲醛释放限量国家标准的建议》提案，被中央统战部编入《零讯》，得到国务委员王勇的重要批示。

在得到批示之时，成就感与幸福感油然而生，深感一切付出都是值得的。渐渐地，在这条路上同行的委员越来越多，共同为此鼓与呼。在我们不断地补充、建议下，2017 年 4 月 22 日《室内装饰装修材料人造板及其制品中甲醛释放限量》（GB18580—2017）正式公布，并于 2018 年 5 月 1 日强制实施，人民的健康从此有了更好的保障，人造板产业得到绿色升级，这是我们所有为之努力的委员最大的欣慰。

生命安全无小事，健康发展方始终。2013 年，党的十八届三中全会《决定》提出"积极发展混合所有制经济"，国企民企的融合成为新一轮国资国企改革的重头戏。随着各项改革次序深化，中国经济发展面临众多两难选择。2014 年，本人就关于发展混合所有制经济，促进国企转型和产能过剩等问题进行深入调研。为确保数据翔实、问题准确、建议可行，共走访四家企业。先后到国企控股和民营资本控股的混合所有制企业、计划与国企合作的民营企业、国有独资服务业企业等典型代表企业调研，与企业经营者、基层工人交流座谈，听取企业发展成功经验，总结问题教训。而后，深入天津社会科学院企业所、天津经济发展研究所等科研机构，与有关专家交流协商，推动对策建议切实可行。再赴天津市国资委和市中小企业局，细致了解市区发展混合所有制的相关数据，与领导座谈并听取发展计划和推动措施。通过这多维度、多层面的专题调研，在全国政协十二届二次会议中提交《关于用市场的力量，推动企业转型升级，有效化解产能过剩》的提案，该提案被列入全国政协会议主席督办重点协商办理提案。提交的大会发言材料《发展混合所有制经济推动国企改革，防止穿新鞋走老路》，被选入全国政协《国是建言》第三辑。

这次调研，天津电视台新闻部"两会专题"栏目组全程进行跟踪，用视频与文字记录调研的一举一措，这既是对本人履职的充分认可，也是对取得提案成果的翔实见证。他们的加入更深层次实现了基层声音的传递，推动了每一个实际问题的解决，对参与调研的每一个人心存感恩与敬畏，亦是改革企业与本人共同的信念。

以上案例，不只在履职中取得丰硕成果，也将这时代价值沉淀在本人的人生之路上。希望借案例以阐明调研之重及关键核心方法，将价值继续传递。总结下来主要有四部分：一是在调研选题方面，要树立问题意识，对照问题设计科学合理的提纲，力求切口小、入口深、求实效。二是在掌握实情方面，要拓宽调研信息渠道，深入一线、深入群众，解疑释惑、解忧帮困，让人民感受到改变和实惠，促进群众多说话、说真话。听取意见要坚持网络与实地相补充、高层与基层相结合、本地与外地相融合。准确掌握问题实质和要害，做出正确判断，做到言之有理、言之有据。三是调研成果形成及转化方面，要拥有前瞻性眼光，善于探寻问题根本原因，能够挖掘出根源性、关键性信息，根据事实依据，提炼总结形成观点，确保提出建议及时科学。四是委员自身能力培养方面，要具备较强的洞察、观察能力，以及高度政治敏锐性。摒弃个人私心杂念和荣辱得失，不存旁观之心，不为虚浮之事，坚持实事求是。

五、盱衡大局，精耕提案，臻于至善

政协提案是党和政府听取民声民意、科学民主决策、推动改进工作的重要渠道，是委员履行职能最直接、最有效的方式和载体，具有全局性意义。

政协提案是郑重、严肃的政治行为。提案的撰写要坚持"围绕中心、服务大局"的原则，在准确性、宏观性、超前性、可行性基础上，紧扣国家关注、民生需要、业态熟悉三个领域，围绕经济建设、政治建设、社会建设、文化建设、生态文明建设的五位一体总体布局，更深层次反映各界人士和广大人民群众的呼声和愿望。一是要符合客观事物发展规律，具有高度的信息含量、知识含量和政策建议含量，经得起历史考验；二是要注重"精、专、深、实"，即科学选题精准化，学习调研专业化，问题导向深度化，上报成果实用化；三是要切口小、道理硬、靶向准，建议明确具体并符合实施的条件和时机。这便需要更加注重时间性、空间性、政策性、守正创新的主观能动性。提案提出时间要与当时国情、社会发展相适应，提出过早无法引起广泛重视，过晚则失去其作用和价值。选题和意见建议要对准行业，善于运用政策红利撬动解决问题。在恪守正道的基础上充分发挥智慧指导实践的能动作用，达到化解难点、痛点、堵点的目的。

在本人的认知内，提案有质量，履职才能有生命，优秀的提案应字字句句牵动国计民生。十几年来，本人一直坚守提案质量是参政议政的生命，实效是建言献策的价值，正确把握提案数量与质量的关系，力求每件提案都能有助于推动某一方面工作，解决某一类型问题。因为提案质量是数量之魂，数量是质量之体。以质统数，以数得质，质数合一，方能推动提案建议发挥最大的效用。

好的提案是反复精雕细刻的过程，立足精准才能提高参政议政的质量。真正写好一件提案并非易事，每个环节都要经过仔细琢磨、反复推敲、多次修改，只有力争把话说透、把事说准，才能不忘初心。履职提交的两百余件提案对于本人来讲，任何一件都非常值得纪念。它们是在慎重选题、反复思考后经过深入调查研究提出的，凝聚了基层百姓、专家学者、政府工作者等众多参与者的智慧、心血和汗水，是共同尽职尽责的成果。

随着时间的积累，结合理论和实践，本人归纳提案撰写需要遵循八个步骤：问题导向—精准选题—采集资料—专题调研—对口沟通—专家论证—编辑撰写—办理跟踪，只有形成闭环才能有始有终。但落实高质量提案的撰写更需注意三个要点：

（一）选题要科学。选题是提案的主题和中心思想，直接决定提案的质量和社会效果。选好题、选准题是提案成功的一半。

科学选题，要研究"大题目、小切口"。即着眼宏观，入手微观。要始终紧紧把握"三个围绕"，即围绕改革、发展、稳定的大局，围绕人民群众的切身利益，围绕社会普遍关注的热点、难点问题。从中找到可以牵一发而动全身的切入点，选择具有综合性、全局性、前瞻性、可行性、科技性的课题，提出具有凝聚力、执行力、影响力的合理化建议。从小切口中找到大规律，把握大趋势，提炼大政策，引导大格局。

例如，可通过研究各部委工作报告，获取与国家发展导向相契合，助力政府解决实际问题的选题信息；通过积极参与各部委专题调研和视察考察活动，深挖问题根源，寻找最迫切、最突出的方向作为选题突破口；通过积极参加移动履职平台网络议政、远程协商、读书群等活动，了解最新参考选题方向，注重阶段性课题与长远性课题研究，以务求实效的理念、标准和要求选题研题。

（二）结构要清晰。优秀的提案需以调研为基础，论证要聚焦，建议注重创新、可行和有效，俗话讲就是有情况、有分析、有建议，骨架丰满、有血有肉。要主题明显突出，内容简明扼要，条理缜密清晰，措施精练具体。"接地气"是撰写提案的一个重要特点，尽量运用生动朴实的群众语言，以不超过1500字的篇幅，讲出要紧话、点出重要因、多用关键词。

提案结构一般可分为四部分。一是阐述当下议题的政治背景。二是深层调研，发现问题现状。详尽掌握与课题相关的信息和数据，并确保客观真实、有根有据。三是论证分析，突出问题导向。以解决问题为方向，聚焦找准症结。四是提出科学合理化建议，确保措施务实能落地。提案能否立案或采纳，建议起着决定性作用。

（三）提案建议要可行。提案建议要坚守准确性、全局性、前瞻性、可行性原则。结合国家视角、问题根源、化解方法等，提出适度超前、具备有效性和可操作性、具有可操作部门和可操作时限的建议对策。从建议内容来讲，离不开七个方面。

第一，与时俱进优化顶层设计。变化是事物发展的客观规律，任何领域的规划都需要不断更新和优化，与时俱进是跟上发展脚步的前提。

第二，调整政策，引领方向。好的政策是国家发展之基。引导不同领域发展，需要相应的政策释放，吸引资金、资源、资本、人才、技术等要素聚集，拉动行业导向性发展。

第三，解决资金需求。发展如鱼，资金如水，解决问题与创新发展均离不开财政支持。无论是专项资金，还是引导社会资本注入，只有持续用好用足"财政力量"，发展才有支撑。

第四，标准的制定与完善。"物无妄然，必有其理。"标准是经济活动和社会发展的技术支撑，是国家治理体系和治理能力现代化的基础性制度。国家标准、行业标准、企业标准等需日臻完善才可满足不同阶段社会需要。

第五，营造优质营商环境。营商环境就是生产力，优化营商环境就是解放生产力、提升竞争力。营商环境关系着每个市场主体的幸福感与满意度，是企业生存发展的土壤，没有最好只有更好。

第六，注重人才培养与使用。"功以才成，业由才广。"人才是第一资源，世上一切创新成果都是人做出来的，推进事物发展，人才是基本保障。

第七，加强监管与监督。行稳方能致远，自律方得自在。新老政策的实施落地、市场秩序的公平透明、各类产品的质量安全保障等，都需要监管与监督发力。这是统筹发展和安全、效率和公平、活力和秩序等，完善市场经济体制的务实举措。

2019 年至 2020 年间，身边不少老年人被犯罪分子以高额利息为诱饵等骗走多年积蓄。随着调研不断深入，发现电诈黑手逐步伸向学生群体，社会危害巨大。于是，在全国政协十三届四次会议中，提交《关于加强监管，构建常态化非法集资防控治理体系的建议》提案。该提案分别从顶层设计角度，建议将构建常态化非法集资防控治理体系纳入"十四五"规划；从法治化标准化角度，建议进一步推动《防范和处置非法集资条例》立法进程；从监管角度，建议运用智慧技术完善监测预警平台及投资者教育互动平台等。详细阐述建议措施，得到中国银保监会高度关注，主动到访座谈，了解提案背景、初衷和期待解决目标，在后期出台相关政策举措中部分观点被采纳。2020年，处置非法集资部际联席会议印发《全国非法集资监测预警体系建设规划（2020—2022）》。由国务院公布的《防范和处置非法集资条例》也于 2021年 5 月 1 日正式施行。案例说明，按照规律提出切实可行的建议，能更大程度得到相关部委及时有效的回应，对政协委员履职尽责具有强大的推动作用，建议被采纳更充分印证了人民政协对中国式民主的全面阐释。

提案撰写是反复学习、思考、论证的过程，一字一句皆是荣誉，更是责任。现将执笔经验与心得汇成短句分享于此：

　　　　委员写提案，责任重于山。

　　　　问题是导向，民意是关键。

　　　　调研是基础，翔实要全面。

　　　　选题需精准，深思切入点。

　　　　措施接地气，切忌空泛泛。

　　　　贵在可行性，操作能实现。

　　　　提案反复改，方能出经典。

　　　　委员勇担当，建言作贡献。

六、小　结

光阴荏苒，孜孜不息。与全国政协共度的十五个春秋，给本人留下了很多美好的回忆。感恩人民政协滋养、教育、激励、鞭策着本人，政协岁月让本人深刻感悟到人民的事业是最广阔、最有生命力的舞台，完全彻底地融入人民的事业，才有无限光明的未来。

东风浩荡，梦想催征。经过新时代十年非凡历程，我国的发展站上新的更高起点，全面建设社会主义现代化国家进入新的关键征程。赤子之心，执着之意，浓缩在十五载履职路上。建言献策，寄望发展，贯穿于一生政协之情。无论身在何处，身份如何，本人将继续守好这份事业，踏实做事，无问西东。

履职报道的记录反映了过去现实社会的各方面需求及成果，媒体渠道万万千千，最终汇集一处——承载着本人十五年履职精华的这本书。书内的报道是对珍贵的社会记忆、时事痕迹的再现，面对文字仿佛再次感受到记者笔下的温度和镜头里的时间，真诚感谢每一位媒体记者对本人履职点滴用心、用情、用力的记载。如今本人将所能找到的报道整理成集，是希望记者朋友们笔尖的光芒继续被更多的不同人遇见、感知、拥抱，在现今社会中发挥更大的价值。

岁月无痕，文字有迹。十五年斗转星移，那一个个履职故事，都将在《议事谏言　媒语百篇》一书中娓娓道来。

（孙太利）

图书在版编目（CIP）数据

议事谏言　媒语百篇 / 孙太利编著 . -- 北京：中
国文史出版社, 2024. 11. --（政协委员履职风采）.
ISBN 978-7-5205-4749-9

Ⅰ. D627-53

中国国家版本馆 CIP 数据核字第 2024AY3146 号

责任编辑：全秋生

出版发行：中国文史出版社
地　　址：北京市海淀区西八里庄路 69 号　　邮编：100142
电　　话：010-81136602　81136603　81136606（发行部）
传　　真：010-81136655
印　　装：北京联兴盛业印刷股份有限公司
经　　销：全国新华书店
开　　本：787 毫米 × 1092 毫米　　1/16
印　　张：22.5
字　　数：320 千字　　彩页：8
版　　次：2025 年 1 月北京第 1 版
印　　次：2025 年 1 月第 1 次印刷
定　　价：88.00 元